Nachwuchsförderung in der Wissenschaft

Isolde von Bülow
(Hrsg.)

Nachwuchsförderung in der Wissenschaft

Best-Practice-Modelle zum Promotionsgeschehen – Strategien, Konzepte, Strukturen

Mit 33 Abbildungen und 9 Tabellen

Herausgeber
Dr. Isolde von Bülow
Ludwig-Maximilians-Universität
München

ISBN 978-3-642-41256-1   ISBN 978-3-642-41257-8 (eBook)
DOI 10.1007/978-3-642-41257-8

Die Deutsche Nationalbibliothek verzeichnet diese Publikation in der Deutschen Nationalbibliografie; detaillierte bibliografische Daten sind im Internet über http://dnb.d-nb.de abrufbar.

SpringerMedizin
© Springer-Verlag Berlin Heidelberg 2014
Dieses Werk ist urheberrechtlich geschützt. Die dadurch begründeten Rechte, insbesondere die der Übersetzung, des Nachdrucks, des Vortrags, der Entnahme von Abbildungen und Tabellen, der Funksendung, der Mikroverfilmung oder der Vervielfältigung auf anderen Wegen und der Speicherung in Datenverarbeitungsanlagen, bleiben, auch bei nur auszugsweiser Verwertung, vorbehalten. Eine Vervielfältigung dieses Werkes oder von Teilen dieses Werkes ist auch im Einzelfall nur in den Grenzen der gesetzlichen Bestimmungen des Urheberrechtsgesetzes der Bundesrepublik Deutschland vom 9. September 1965 in der jeweils geltenden Fassung zulässig. Sie ist grundsätzlich vergütungspflichtig. Zuwiderhandlungen unterliegen den Strafbestimmungen des Urheberrechtsgesetzes.

Produkthaftung: Für Angaben über Dosierungsanweisungen und Applikationsformen kann vom Verlag keine Gewähr übernommen werden. Derartige Angaben müssen vom jeweiligen Anwender im Einzelfall anhand anderer Literaturstellen auf ihre Richtigkeit überprüft werden.

Die Wiedergabe von Gebrauchsnamen, Warenbezeichnungen usw. in diesem Werk berechtigt auch ohne besondere Kennzeichnung nicht zu der Annahme, dass solche Namen im Sinne der Warenzeichen- und Markenschutzgesetzgebung als frei zu betrachten wären und daher von jedermann benutzt werden dürfen.

Planung: Joachim Coch, Heidelberg
Projektmanagement: Judith Danziger, Heidelberg
Lektorat: Stefanie Teichert, Itzehoe
Projektkoordination: Eva Schoeler, Heidelberg
Umschlaggestaltung: deblik Berlin
Fotonachweis Umschlag: © Sebastian Lehnert, München
Herstellung: Crest Premedia Solutions (P) Ltd., Pune, India

Gedruckt auf säurefreiem und chlorfrei gebleichtem Papier

Springer Medizin ist Teil der Fachverlagsgruppe Springer Science+Business Media
www.springer.com

Vorwort

Auf Empfehlung des Wissenschaftsrates wurde gegen Ende der 1980er-Jahre das Programm »Graduiertenkollegs« konzipiert. Das Programm hatte zum Ziel, den wissenschaftlichen Nachwuchs durch Beteiligung an der Forschung zu fördern und gleichzeitig zur Strukturentwicklung des Studiums beizutragen. Seit der Etablierung im Jahr 1990 ist es mithilfe des Programms »Graduiertenkollegs« gelungen, wesentliche Veränderungen im Promotionsprozess an den Universitäten anzustoßen. Derzeit finanziert die Deutsche Forschungsgemeinschaft (DFG) rund 230 Graduiertenkollegs und 43 Graduiertenschulen mit einem Gesamtfördervolumen von rund 185 Mio. Euro pro Jahr; über 3 000 Doktoranden sind in diese Kollegs und Schools integriert.

In Ergänzung zu den DFG-geförderten Graduiertenkollegs wurden in vielen Bundesländern Landes-Graduiertenprogramme gegründet. Außeruniversitäre Wissenschaftsorganisationen haben parallel dazu eigene Programme etabliert. Besonders hervorzuheben sind hier die über 60 International Max Planck Research Schools der Max-Planck-Gesellschaft sowie die Graduierteneinheiten an Helmholtz- und Leibniz-Instituten (jeweils ca. 20 Graduiertenschulen/Promotionskollegs an den genannten Einrichtungen). Zusätzlich haben Stiftungen wie die Volkswagen Stiftung oder auch die Hans-Böckler Stiftung eigene Doktorandenprogramme entwickelt.

Darüber hinaus wurden in den vergangenen Jahren im Zuge verschiedenster Reformprozesse im deutschen Hochschulwesen zusätzlich zu den Promotionsprogrammen zentrale Serviceeinrichtungen für Doktoranden[1] ins Leben gerufen, Weiterbildungsangebote geschaffen, Qualitätsstandards für die Betreuung eingeführt und vieles mehr. An Neuerungen hat es in jüngster Zeit also nicht gefehlt. Doch welche davon haben sich bewährt, können als »Best-Practice-Modelle« dienen, und wo besteht nach wie vor Handlungsbedarf?

Die vorliegende Publikation »Nachwuchsförderung in der Wissenschaft« basiert auf den Beiträgen einer Fachtagung, zu der das GraduateCenter[LMU] der Ludwig-Maximilians-Universität 2012 eingeladen hatte. Die Tagung »Best-Practice-Modelle in der Nachwuchsförderung« fand am 22. und 23. Mai 2012 in den Räumen des Historischen Kollegs in München statt. Die Veranstaltung, die sich in erster Linie an Vertreter zentraler Einrichtungen zur Nachwuchsförderung sowie an Programmkoordinatoren großer Graduierteneinheiten richtete, fand ein außerordentlich positives Echo.

Da die Zahl der Tagungsteilnehmer begrenzt war, werden die Vorträge nun für einen größeren Interessentenkreis in Form einer Tagungspublikation zusammengefasst und zur Verfügung gestellt. Im Rahmen dieser Tagung wurden 17 beispielhafte Konzepte aus dem Bereich der Nachwuchsförderung und hier insbesondere dem Promotionsgeschehen, vorgestellt und diskutiert. Bei der Zusammenstellung des Programms war es den Organisatoren ein besonderes Anliegen, Themen zu identifizieren, die erfahrungsgemäß von zentraler Bedeutung für die Gestaltung der Nachwuchsförderung sind. Die ausgewählten Beispiele decken daher ein breites Spektrum bewährter Konzepte ab und repräsentieren Lösungsmodelle für

---

1 Alle Personen- und Funktionsbezeichnungen gelten für Frauen und Männer in gleicher Weise.

die unterschiedlichen Herausforderungen im Promotionsgeschehen von der Rekrutierung über die Erfassung, Betreuung, Qualifizierung sowie möglichen Formen der Kooperation.

Diese Publikation richtet sich insbesondere an Vertreter wissenschaftlicher bzw. wissenschaftsunterstützender Einrichtungen in Hochschulen, Fördereinrichtungen, Stiftungen und Ministerien. Wissenschaftsmanager und Programmkoordinatoren werden durch die Weitergabe von Erfahrungen aus der erfolgreichen Gestaltung von Promotionsprogrammen Anregungen für die tägliche Arbeit in Graduiertenschulen und Promotionskollegs gewinnen. Darüber hinaus werden Einblicke in Maßnahmen und Konzepte vermittelt, die bisher so nur an wenigen Standorten erprobt wurden, durch ihren innovativen Charakter aber wegweisend für zukünftige Entwicklungen im Bereich der Nachwuchsförderung sein können.

Aufbau der Publikation   Das Tagungsprogramm war in fünf Themenblöcke gegliedert, die sich den vielfältigen Aufgabenfeldern zentraler und dezentraler Graduierteneinheiten widmeten. Alle Referenten konnten für ihre Beiträge auf umfangreiche persönliche Erfahrungen zurückgreifen und stellten Konzepte vor, die sich in der Praxis der letzten Jahre bewährt haben. Die gewählten Themen deckten ein weites Spektrum ab und boten zahlreiche Anregungen für die Gestaltung und Umsetzung von Graduiertenprogrammen unterschiedlichsten Zuschnitts. Themenschwerpunkte waren Organisationsformen, Konzepte und Strategien zentraler Graduierteneinrichtungen, die Handlungsfelder Rekrutieren und Erfassen, Gestaltung der Übergangsphasen zwischen Predoc – Doc – Postdoc, Aspekte der Qualitätssicherung und unterschiedliche Formen des Kooperierens auf der Ebene von Graduiertenschulen und Promotionsprogrammen.

Die vorliegende Publikation orientiert sich am Ablauf der Tagung und beginnt mit dem Vortrag »**Promovieren in Deutschland – Kontext, Entwicklungen und Perspektiven**«. Beate Scholz skizziert wesentliche Entwicklungen des Promovierens in Deutschland, um den Hauptaugenmerk ihres Beitrags auf aktuelle Trends und Perspektiven zu richten.

Daran schließen sich die Beiträge zu den **Zentralen Graduierteneinrichtungen** an, die Auskunft geben über unterschiedliche **Strategien, Konzepte und Strukturen**, wie sie an den Universitäten Freie Universität Berlin, Technische Universität München, Karlsruher Institut für Technologie und Ludwig-Maximilians-Universität München in den letzten Jahren entwickelt und etabliert wurden.

In ihrem Beitrag »**Lost in Translation: The Flow of Graduate Education Models Between Germany and the United States**« beschreibt Anne MacLachlan, Senior Researcher am Center for Studies in Higher Education (University of California, Berkeley), wie sich die deutsche und die amerikanische Graduiertenausbildung in den letzten 150 Jahren wechselseitig beeinflussten und welches die Gründe für die unterschiedlichen Ausprägungen in den beiden Systemen sind. Sie analysiert die Herausforderungen vor denen die amerikanische Graduiertenausbildung zurzeit steht und gibt damit wichtige Anregungen für eine kritische Betrachtung aktueller Entwicklungen im deutschen akademischen System.

Die nachfolgenden Beiträge sind einzelnen herausragenden Best-Practice-Beispielen aus dem Alltag der Nachwuchsförderung gewidmet:

Im Themenblock **Rekrutieren und Erfassen** stellt Hans-Jörg Schäffer das Online-Bewerbungsverfahren im Rahmen des Rekrutierungsprozess an der International Max Planck Research School for Molecular and Cellular Life Sciences (IMPRS-LS) vor. Gunda Huskobla von der Graduiertenakademie Jena berichtet über die erfolgreiche Etablierung einer Datenbank, die der Erfassung der Doktoranden dient und eine umfassende Online-Verwaltung des gesamten Promotionsverfahrens ermöglicht.

Die **Gestaltung der Übergangsphasen Predoc – Doc – Postdoc** ist das Thema der beiden anschließenden Beiträge. Anja Soltau zeigt auf, wie an der Leuphana Graduate School in den letzten Jahren Master- und Promotionsstudium miteinander verzahnt wurden, und beschreibt, wie die damit einhergehenden Herausforderungen angegangen wurden. Mirjam Müller widmet ihren Beitrag der Kompetenzentwicklung für Postdocs und erläutert die Arbeitsweise des Academic-Staff-Development-Programms an der Universität Konstanz.

Qualitätssicherung ist ein zentrales Anliegen im Rahmen des Promotionsgeschehens. Manuela Braun (vormals Schmid) stellt das Evaluationskonzept des GraduateCenter^{LMU} für Promotionsprogramme vor, bei dem qualitative und quantitative Befragungsmethoden eingesetzt werden, um ein differenziertes Stärken- und Schwächenprofil der Programme zu erarbeiten. In einem zweiten Beitrag berichtet Italo Masiello über das Doctoral Supervision Training am Karolinska Institutet (KI) in Stockholm, das das Ziel verfolgt, die Qualität der Betreuung und der Promotionen nachhaltig zu sichern.

Im Themenbereich **Kooperieren** erläutert Martin Zierold, wie sich das integrierte Netzwerk zur »Internationalisierung am International Graduate Centre for the Study of Culture« an der Justus-Liebig-Universität in Gießen entwickelt hat. Der Beitrag von Heike Küchmeister zeigt, wie die Graduiertenschule der Universität Potsdam (PoGS) als integrierende Kraft in einem regionalen Netzwerk universitärer und außeruniversitärer Einrichtungen wirkt. In dem Beitrag »Interdisziplinär promovieren« beschreibt Annette Winkelmann die Herausforderungen, die sich aus der Bearbeitung interdisziplinärer Promotionsprojekte an der Berlin School of Mind and Brain ergeben. Den Abschluss bilden zwei Beiträge in denen Doktoranden Veranstaltungen vorstellen, die nun schon seit mehreren Jahren von Doktoranden für Doktoranden geplant und durchgeführt werden. Anne Draeseke stellt das Life Science Symposium <interact> vor. Sylvia Jaki und Tanja Pröbstl berichteten von »languagetalks«.

Isolde von Bülow
München, im September 2013

Danksagung

Wichtig ist es mir an dieser Stelle noch einmal darauf hinzuweisen, dass bei der Auswahl der Themenbereiche und Einzelbeiträge immer der Gedanke im Vordergrund stand, erst den Tagungsteilnehmern und nun auch einer größeren Leserschaft Beispiele und Lösungsmodelle vorzustellen, die in gewisser Hinsicht Vorbildcharakter haben. Mein erster Dank als Herausgeberin richtet sich daher an die Kolleginnen und Kollegen, die anlässlich der Tagung bereit waren, über Lösungsansätze zu ausgewählten Tätigkeitsschwerpunkten an ihren Einrichtungen zu berichten. Das außerordentlich positive Echo und die anhaltenden Fragen nach den Beiträgen ließen die Idee entstehen, einen Tagungsband zu publizieren. An dieser Stelle sei daher den Autoren ganz besonders dafür gedankt, dass sie sich der Mühe unterzogen haben, ihre Vorträge ein zweites Mal in die Hand zu nehmen und für den Abdruck in der vorliegenden Publikation zu überarbeiten.

Meines Erachtens ist es den Autoren auch in der vorliegenden Form der Beiträge besonders gut gelungen, die speziellen Herausforderungen, die in der Entwicklung und Etablierung ihrer Konzepte lag, anschaulich darzustellen. Mit den Absätzen zu »Lessons learned« geben die Autoren wichtige Hinweise, worauf zu achten ist, wenn diese Best-Practice-Modelle als Anregung genutzt werden sollen. Für die Bereitschaft, ihre Erfahrungen mit den Lesern in dieser prägnanten Form zu teilen, gebührt den Autoren ganz besonderer Dank.

Des Weiteren möchte ich den Mitarbeitern des GraduateCenter^{LMU} dafür danken, dass sie den zusätzlichen Arbeitsaufwand, der mit der Durchführung einer solchen Tagung einhergeht, mit außergewöhnlicher Einsatzfreude, Umsicht und Mitgehensbereitschaft bewältigt haben. In der Vorbereitung der Tagung und der Publikation wurde ich in vielfacher Weise tatkräftig von ihnen unterstützt. Ich möchte mich daher bei dem ganzen Team sehr herzlich für Rat und Tat bedanken, für die Entlastungen und wohl auch gelegentliche Nachsicht, die mir gewährt wurde. Ohne die unschätzbare inhaltliche Mitwirkung und organisatorische Hilfe durch Tina Kleine und Manina Ott, Manuela Braun, Alexandra Stein, Dietmar Plank und Roseline Schreiber wäre weder die Tagung noch die Publikation zustande gekommen.

Nicht vergessen möchte ich auch die institutionelle und finanzielle Unterstützung, die unsere Arbeit im GraduateCenter^{LMU} durch die Hochschulleitung der LMU erhält. Das Vertrauen, das unserer Arbeit in den zurückliegenden Jahren entgegengebracht wurde, war ein wichtiger Ansporn für die Entwicklung unserer eigenen Best-Practice-Modelle und soll weiterhin motivieren, ganz im Sinne von »work in progress« neue Modelle zu entwickeln und auf die Eignung für das Promotionsgeschehen sowie die qualitätsvolle Weiterentwicklung zu prüfen.

Den Verlagsmitarbeitern Herrn Joachim Coch und Frau Judith Danziger sowie der Lektorin Frau Stefanie Teichert danke ich für die vielen hilfreichen Anregungen und die kompetente Unterstützung bei der Realisierung des Publikationsvorhabens.

Keinesfalls vergessen möchte ich an dieser Stelle den Dank an meine Familie, die meine Absorption durch das Publikationsvorhaben während vieler Wochen und Wochenenden mit Aufmunterung, Verständnis und liebevoller Geduld begleitet hat.

Isolde von Bülow
München, im September 2013

Inhaltsverzeichnis

1   Promovieren in Deutschland – Kontext, Entwicklungen und Perspektiven 1
       Beate Scholz

I   Zentrale Graduierteneinrichtungen – Strategien – Konzepte – Strukturen

2   Dahlem Research School an der Freien Universität Berlin 19
       Martina van de Sand

3   TUM Graduate School an der Technischen Universität München 35
       Michael Klimke

4   Karlsruhe House of Young Scientists (KHYS) am Karlsruher Institut
       für Technologie 49
       Britta Trautwein

5   GraduateCenter^{LMU} an der Ludwig-Maximilians-Universität München 63
       Isolde von Bülow

II   Keynote lecture

6   Lost in Translation: The Flow of Graduate Education Models
       Between Germany and the United States 79
       Anne J. MacLachlan

III   Rekrutieren und Erfassen

7   Rekrutierung an der International Max Planck Research School
       for Molecular and Cellular Life Sciences, München 93
       Hans-Jörg Schäffer

8   Doktorandenerfassung an der Friedrich-Schiller-Universität Jena 109
       Gunda Huskobla, Matthias Jakob, Jörg Neumann

IV   Gestaltung der Übergangsphasen Predoc – Doc – Postdoc

9   Predoc – Doc – Postdoc: Phasen gestalten – Vom Master zur
       Promotion an der Leuphana Graduate School 125
       Anja Soltau

10   Kompetenzerwerb für Postdocs – Kompetenzförderung on the job
       und off the job am Beispiel von Zukunftskolleg und Academic Staff
       Development der Universität Konstanz 137
       Mirjam Müller

V Qualitätssicherung

11 Evaluation von Promotionsprogrammen an der
Ludwig-Maximilians-Universität München 155
Manuela Braun

12 Doctoral Supervision Education at Karolinska Institutet 169
Italo Masiello

VI Kooperieren

13 Von Einzelmaßnahmen zu integrierten Netzwerken:
Internationalisierung am International Graduate Centre for the Study
of Culture (GCSC) 183
Martin Zierold

14 Außeruniversitäre Kooperationen der Potsdam Graduate School (PoGS) 197
Heike Küchmeister

15 Nach der gemeinsamen Sprache suchen - Interdisziplinär promovieren
an der Berlin School of Mind and Brain 207
Annette Winkelmann

16 <interact> Münchner Doktorandensymposium in den Life Sciences 219
Anne Draeseke

17 Languagetalks – Eine interdisziplinäre Graduiertentagung
des linguistischen und des literaturwissenschaftlichen
Promotionsprogramms an der Ludwig-Maximilians-Universität
München (LIPP und ProLit) 225
Sylvia Jaki und Tanja Pröbstl

Anhang

Stichwortverzeichnis 233

Die Autorinnen und Autoren

- **Die Herausgeberin**
von Bülow, Isolde, Dr.
Leiterin des GraduateCenter^{LMU}, Ludwig-Maximilians-Universität München
Dr. Isolde von Bülow hat in Tübingen Biologie studiert und war während ihrer Promotion Stipendiatin in einem der ersten Graduiertenkollegs. Nach Abschluss der Promotion zum Dr. rer. nat. folgte ein Postdoc in der Pharmaindustrie. Anschließend koordinierte sie das interdisziplinäre Graduiertenkolleg Neurobiologie in Tübingen. Seit 1995 ist Isolde von Bülow an der Ludwig-Maximilians-Universität München beschäftigt. Bis 2007 lag der Schwerpunkt ihrer Tätigkeit in der Beantragung und Koordination von nationalen und internationalen Drittmittelprojekten (DFG, BMBF, EU und Exzellenzinitiative). Seit Anfang 2008 leitet sie das GraduateCenter^{LMU}, die zentrale Koordinations- und Serviceeinrichtung zum Thema Promotion an der Ludwig-Maximilians-Universität München.

- **Die Autorinnen und Autoren**
Braun, Manuela, Dipl.-Soz.
Referentin für Sozial-, Wirtschafts- und Rechtswissenschaften des GraduateCenter^{LMU}, Ludwig-Maximilians-Universität München
Dipl.-Soz. Manuela Schmid studierte Soziologie in München und Auckland (Neuseeland) sowie Interkulturelle Japankompetenz in Tübingen und Kyōto (Japan). Danach koordinierte sie am Pilotzentrum Internationales Doktorandenforum der Technischen Universität Kaiserslautern das Projekt »Personalentwicklung junger Forschender«, das vom Stifterverband für die Deutsche Wissenschaft finanziert wurde. Seit 2008 ist sie am GraduateCenter^{LMU} Referentin für die Sozial-, Wirtschafts- und Rechtswissenschaften. Schwerpunkte ihrer Arbeit sind die Unterstützung von Hochschullehrern bei der Konzeption und Umsetzung strukturierter Promotionsprogramme sowie die Entwicklung und Durchführung von Evaluationen.

Draeseke, Anne, M.Sc.
Helmholtz Zentrum München
Anne Draeseke, M.Sc., erhielt ihren Bachelor of Science in Biology 2006 von der Hochschule Bonn-Rhein-Sieg und 2008 ihren Master of Science in Biologie von der Technischen Universität München. Zurzeit beendet sie ihre Doktorarbeit in der Arbeitsgruppe von Dr. Zimber-Strobl am Helmholtz Zentrum München, wo sie sich auch in der Doktorandeninitiative engagiert und zwei Jahre lang Doktorandensprecherin war.

Huskobla, Gunda, Dr.
Wissenschaftliche Referentin der Graduierten-Akademie, Friedrich-Schiller-Universität Jena
Dr. Gunda Huskobla studierte Betriebswirtschaftslehre an der Europa-Universität Viadrina in Frankfurt (Oder) und der University of Stellenbosch (Südafrika). Ihre Promotion erfolgte im Rahmen ihrer Tätigkeit als Wissenschaftliche Mitarbeiterin am Lehrstuhl für Controlling an der Europa-Universität Viadrina. Seit 2011 arbeitet sie als Wissenschaftliche Referentin an der Graduierten-Akademie der Friedrich-Schiller-Universität in Jena. Ihre Aufgabengebiete sind u. die allgemeine Promotionsberatung, die Konzeption des Studienprogramms der Graduierten-Akademie sowie die Mitarbeit in nationalen und internationalen Netzwerken. Seit Mai 2012 leitet sie die Geschäftsstelle des Universitätsverbands zur Qualifizierung des wissenschaftlichen Nachwuchses in Deutschland (UniWiND e.V.).

Jaki, Sylvia
Stiftung Universität Hildesheim, Institut für Übersetzungswissenschaft und Fachkommunikation
Sylvia Jaki promovierte von 2009 bis 2013 im Rahmen des Linguistischen Internationalen Promotionsprogamms (LIPP) der Ludwig-Maximilians-Universität München über modifizierte phraseologische Einheiten in Zeitungsüberschriften und arbeitet seit Mai 2013 als wissenschaftliche Mitarbeiterin am Institut für Übersetzungswissenschaft und Fachkommunikation der Universität Hildesheim.

Die Autorinnen und Autoren

Matthias, Jakob
Wissenschaftlicher Mitarbeiter der Graduierten-Akademie, Friedrich-Schiller-Universität Jena
Matthias Jakob studierte Psychologie an der Friedrich-Schiller-Universität (FSU) Jena. Seit 2009 arbeitet er als wissenschaftlicher Mitarbeiter an der Graduierten-Akademie der FSU. Seine Aufgabengebiete sind unter anderem die Leitung der zentralen Anlaufstelle für Nachwuchswissenschaftler sowie die Betreuung und Koordination der Weiterentwicklung der Promotionsverwaltung doc-in.

Klimke, Michael, Dr.
Geschäftsführer der TUM Graduate School, Technische Universität München
Dr. Michael Klimke ist Geschäftsführer der TUM Graduate School (seit 2009) sowie der International Graduate School of Science and Engineering, die durch die Exzellenzinitiative gefördert wird (seit 2006). Nach dem Studium der Luft- und Raumfahrttechnik an der Universität Stuttgart arbeitete er beim Deutschen Zentrum für Luft- und Raumfahrt (DLR) in Köln an neuartigen Missions- und Energieversorgungskonzepten für die Raumfahrt. 1998 wechselte er als Geschäftsführer zu HOPE worldwide Deutschland in Berlin und verantwortete Hilfsprojekte für Senioren, Obdachlose, Waisen- und Flüchtlingskinder im In- und Ausland. 2000 wurde er an der Universität Stuttgart mit einer Arbeit über solare Energieversorgungssysteme zum Dr.-Ing. promoviert. 2003 kam Michael Klimke als Wissenschaftlicher Referent des Präsidenten an die Technische Universität München.

Küchmeister, Heike, Dr.
Geschäftsführende Leiterin der Potsdam Graduate School, Universität Potsdam
Dr. Heike Küchmeister ist seit 2007 Geschäftsführerin der Potsdam Graduate School (PoGS) der Universität Potsdam. Sie ist verantwortlich für die Umsetzung international anerkannter Qualitätsstandards für Promotionsbedingungen sowie berufsvorbereitende Weiterbildung von Promovierenden und Postdocs. Zu ihren beruflichen Erfahrungen gehören die Leitung des internationalen Promotionsprogramms »Integrative Plant Science« am Lehrstuhl für Molekularbiologie (Universität Potsdam), die Koordination des BMBF-Verbundprojekts GLOWA Jordan River und die Tätigkeit als Dozentin am Lehrstuhl für Vegetationsökologie und Naturschutz (Universität Potsdam). Sie war wissenschaftliche Mitarbeiterin am Helmholtz-Zentrum für Umweltforschung in Leipzig und leitete die Forschungsstation einer NGO zum Schutz der Regenwälder in Peru. Heike Küchmeister lehrte als Gastdozentin an der Universidade Federal do Acre in Rio Branco (Brasilien).

Anne J. MacLachlan, Ph.D.
Senior Researcher, Center for Studies in Higher Education, University of California, Berkeley
Anne J. MacLachlan, Ph.D., senior researcher, Center for Studies in Higher Education, UC Berkeley, focuses her research on access and success of women and underrepresented minorities primarily in science in postsecondary education. She examines issues of first year students through faculty with a special focus on graduate students. Anne MacLachlan has provided professional development to graduate students since 1987, conducted several studies on their success, professional preparation and concerns, and was an assistant graduate dean. She has given over 60 papers and invited talks since joining the Center in 1997, and worked with several US federal agencies: NSF, NIH, and AAAS. She has been supported by the DAAD, the Max-Planck-Gesellschaft, the Spencer Foundation, etc. Her Ph.D. is in German economic and social history.

Masiello, Italo, Ph.D.
Associate Professor, Karolinska Institutet
Italo Masiello, Ph.D., is Associate Professor of Medical Education at Karolinska Institutet at the Department of Learning, Informatics, Management and Ethics and the Medical Management Centre. He is the Research and Education Coordinator at the Clinical Skills and Simulation Center, Karolinska University Hospital. Since 2009 he is a Course Director of the Introductory Course in Doctoral Supervision and the continuing course Leadership, Group Dynamics and Creativity at Karolinska Institutet, two very successful courses. His research interest lies in medical education and simulation, and he has published more than 20 articles in different subjects of medical education. He has now just been elected president of the newly established Swedish Association for Clinical Training and Medical Simulation.

Müller, Mirjam, M.A.
Referentin für Academic Staff Development, Universität Konstanz
Mirjam Müller, M.A., ist Referentin für Academic Staff Development an der Universität Konstanz. Nach dem Studium der Osteuropäischen Geschichte, Politikwissenschaft und Slawistik in Freiburg, Moskau und Berlin arbeitete sie als Teamleiterin für Qualitätssicherung in einem mittelständischen Unternehmen sowie im Wissenschaftsmanagement an der Humboldt-Universität zu Berlin, als persönliche Referentin des Vizepräsidenten für Forschung, als Koordinatorin für alle drei Förderlinien der Exzellenzinitiative und als Koordinatorin der Humboldt Graduate School. Dabei war sie unter anderem für die Konzeption und Umsetzung von Strategien und Fördermaßnahmen für den wissen-

schaftlichen Nachwuchs auf allen Karrierestufen verantwortlich. Als zertifizierter Systemischer Coach ist sie seit mehreren Jahren als Karriereberaterin für Akademiker mit wissenschaftlichen und außerwissenschaftlichen Berufszielen tätig.

Neumann, Jörg, Dr.
Geschäftsführer der Graduierten-Akademie, Friedrich-Schiller-Universität Jena
Jörg Neumann studierte Psychologie an der Friedrich-Schiller-Universität Jena. Begleitend zu Tätigkeiten als wissenschaftlicher Mitarbeiter am Lehrstuhl Sozialpsychologie und in der Abteilung Kommunikationspsychologie des Instituts für Psychologie der FSU Jena schloss er im Jahr 2000 seine Promotion ab. Als wissenschaftlicher Koordinator betreute er von 2002 bis 2006 das Internationale DFG-Graduiertenkolleg »Conflict and Cooperation between Groups«, und war zeitgleich als wissenschaftlicher Mitarbeiter in der DFG-Forschergruppe »Discrimination and Tolerance in Intergroup Relations« tätig. Derzeit ist Dr. Jörg Neumann Geschäftsführer des Prorektorats für Forschung, des Prorektorats für wissenschaftlichen Nachwuchs und Gleichstellung sowie der Graduierten-Akademie.

Pröbstl, Tanja, M.A.
Ludwig-Maximilians-Universität München
Tanja Pröbstl promovierte von 2009 bis 2013 an der Ludwig-Maximilians-Universität München im Rahmen des Promotionsprogramms Literaturwissenschaft (ProLit) zum Thema »Zerstörte Sprache – gebrochenes Schweigen: Foltererzählungen als Restitutionsversuche?« Sie war Doktorandin in der DFG-Forschergruppe »Anfänge (in) der Moderne« und ist seit 2013 für eine internationale Stiftung tätig.

Schäffer, Hans-Jörg, Dr.
Koordinator IMPRS for Molecular and Cellular Life Sciences, Max-Planck-Gesellschaft
Dr. Hans-Joerg Schäffer studierte Biologie in Stuttgart und promovierte im Rahmen eines strukturierten Promotionsprogramms an der University of Virginia (USA) in Biochemie. Nach einem Postdoc an der University of Virginia ging Hans-Joerg Schäffer an das Max-Delbrück-Centrum für Molekulare Medizin in Berlin, wo er auf dem Gebiet der Signaltransduktion und Krebsentstehung forschte. Anfang 2005 wechselte er in das Wissenschaftsmanagement und übernahm den Aufbau und die Leitung der International Max Planck Research School for Molecular and Cellular Life Sciences (IMPRS-LS), einer gemeinsamen Einrichtung von Münchner Max-Planck-Instituten, der Ludwig-Maximilians-Universität München und der Technischen Universität München.

Scholz, Beate, Dr.
Geschäftsführerin, Scholz – consulting training coaching
Dr. Beate Scholz ist Geschäftsführerin von Scholz – consulting training coaching. Sie arbeitet international als Strategieberaterin, Gutachterin, Trainerin und Coach in Hochschulen, Forschungseinrichtungen sowie Wissenschaftsorganisationen und berät internationale Einrichtungen wie die EU-Kommission, die European Science Foundation oder die OECD. Ihre Beratungsaufgaben beziehen sich auf die Entwicklung, Umsetzung und Evaluation von Strategien und Programmen zur Förderung wissenschaftlicher Karrieren und internationaler Forschungskooperationen. Davor war sie zwölf Jahre lang bei der Deutschen Forschungsgemeinschaft (DFG) tätig, wo sie unter anderem den Bereich »Nachwuchsförderung und wissenschaftliche Karriere« aufbaute und acht Jahre lang leitete. In diesem Rahmen war sie an der Entwicklung des Programms »Graduiertenschulen« der Exzellenzinitiative beteiligt.

Soltau, Anja, Dr.
Geschäftsführende Leiterin der Leuphana Graduate School, Leuphana Universität Lüneburg
Dr. Anja Soltau war nach ihrem geistes- und sozialwissenschaftlichen Studium von 2003 bis 2008 in einer privatwirtschaftlichen Bildungseinrichtung tätig. Deren Fokus lag auf der Entwicklung und Durchführung von internationalen, weiterbildenden Masterprogrammen sowie der Akquise und Organisation von Weiterbildungskursen für internationale Führungskräfte. Zuletzt als Geschäftsführerin tätig, ist sie im Juni 2008 als geschäftsführende Leiterin der Graduate School an die Leuphana Universität Lüneburg gewechselt. Ihre berufsbegleitend angefertigte Dissertation widmet sich dem Thema der Hochschulinternationalisierung und wurde 2009 von einer Hamburger Stiftung ausgezeichnet.

Trautwein, Britta, Dr.
Geschäftsführerin des Karlsruhe House of Young Scientists, Karlsruher Institut für Technologie
Dr. Britta Trautwein studierte Geologie in Heidelberg und wurde 2000 an der Eberhard-Karls-Universität Tübingen promoviert. Sie absolvierte jeweils mehrmonatige Forschungsaufenthalte in Brasilien, Spanien und Österreich. Nach der Promotion folgten eine Weiterbildung in Projektmanagement und Tätigkeiten in der freien Wirtschaft. Britta Trautwein war mehrere Jahre Referentin für Öffentlichkeitsarbeit und naturwissenschaftliche Bildung beim Arbeitgeberverband Chemie Baden-Württemberg e.V., bevor sie 2007 als Geschäftsführerin des Karlsruhe House of Young Scientists (KHYS) an das Karlsruher Institut für Technologie (KIT) wechselte.

Die Autorinnen und Autoren

van de Sand, Martina, Dr.
Geschäftsführerin der Dahlem Research School, Freie Universität Berlin Dr. Martina van de Sand ist seit 2008 Geschäftsführerin und seit 2010 geschäftsführende Direktorin der Dahlem Research School (DRS) an der Freien Universität Berlin. Die DRS bildet das strategische Zentrum zur Förderung des wissenschaftlichen Nachwuchses und ist Teil des Zukunftskonzeptes der Freien Universität. Martina van de Sand hat Agrarbiologie studiert und im Fach Bodenkunde promoviert. Nach verschiedenen beruflichen Stationen, unter anderem am Seminars & Studies Department des Technical Centre for Agricultural & Rural Cooperation (CTA) in Wageningen (Niederlande) übernahm sie 1998 an der Universität Hohenheim in Stuttgart die Geschäftsführung des Tropenzentrums und 2001 die Leitung des Akademischen Auslandsamtes. Im Jahr 2006 wechselte sie an die Goethe Universität Frankfurt, um die Otto Stern School, die Vorläuferin der heutigen Goethe Graduate Academy (GRADE), aufzubauen.

Winkelmann, Annette, M.A.
Geschäftsführerin der Berlin School of Mind and Brain, Humboldt-Universität zu Berlin
Annette Winkelmann, M.A., ist seit 2007 Geschäftsführerin der Berlin School of Mind and Brain an der Humboldt-Universität zu Berlin. Sie studierte Judaistik und Osteuropäische Geschichte an der Universität zu Köln und am University College London. Seit 1992 ist Annette Winkelmann im Wissenschaftsmanagement tätig. Sie arbeitete unter anderem als Koordinatorin eines EU-TEMPUS-Projekts zwischen Großbritannien, Deutschland und Polen (Universität Oxford), als Leiterin der Geschäftsstelle der European Association for Jewish Studies (Universität Oxford), als Koordinatorin des Leopold-Zunz-Zentrums zur Erforschung des europäischen Judentums (Universität Halle-Wittenberg), als Referentin in der Koordinierungsstelle für Kulturgutverluste (Kulturministerium Sachsen-Anhalt in Magdeburg) sowie als Koordinatorin des Masterstudiengangs Osteuropastudien im Elitenetzwerk Bayern (Ludwig-Maximilians-Universität München und Universität Regensburg).

Zierold, Martin, Prof. Dr.
Professor für Kulturmanagement und Kulturwissenschaft, Karlshochschule Karlsruhe
Prof. Dr. Martin Zierold studierte Kommunikationswissenschaft, Englische Philologie und Kultur, Kommunikation & Management in Münster, dort wurde er 2006 am Lehrstuhl von Siegfried J. Schmidt promoviert. Im Anschluss daran arbeitete er zwei Jahre als Pressesprecher des internationalen Musik-Festivals Grafenegg in Österreich. Von 2007 bis 2013 war er als Wissenschaftlicher

Geschäftsführer und Principal Investigator des International Graduate Centre for the Study of Culture (GCSC) der Justus-Liebig-Universität Gießen tätig. Seit September 2013 hat er eine Professur für Kulturmanagement und Kulturwissenschaft an der Karlshochschule inne. Zudem ist Martin Zierold seit mehreren Jahren freiberuflich als Systemischer Coach und als Trainer im Bereich Wissenschaft und Wissenschaftsmanagement tätig.

Mitarbeiterverzeichnis

von Bülow, Isolde, Dr. (Hrsg.)
Ludwig-Maximilians-Universität München
GraduateCenter^LMU
Geschwister-Scholl-Platz 1
80539 München, Deutschland
E-Mail: ivb@lmu.de

Braun, Manuela
Alramstraße 27b
81372 München, Deutschland
E-Mail: manu.schmid@gmx.net

Draeseke, Anne, M.Sc.
Mitterhoferstraße 4
80687 München, Deutschland
E-Mail: anne.draeseke@helmholtz-muenchen.de

Huskobla, Gunda, Dr.
Graduierten-Akademie der Friedrich-Schiller-Universität Jena
Zur Rosen – Haus für den wissenschaftlichen Nachwuchs
Johannisstraße 13
07743 Jena, Deutschland
E-Mail: graduierten.akademie@uni-jena.de

Jaki, Sylvia
Stiftung Universität Hildesheim
Institut für Übersetzungswissenschaft und Fachkommunikation
Marienburger Platz 22
31141 Hildesheim, Deutschland
E-Mail: jakisy@uni-hildesheim.de

Jakob, Matthias
Graduierten-Akademie der Friedrich-Schiller-Universität Jena
Zur Rosen – Haus für den wissenschaftlichen Nachwuchs
Johannisstraße 13
07743 Jena, Deutschland
E-Mail: graduierten.akademie@uni-jena.de

Klimke, Michael, Dr.-Ing.
Geschäftsführer
TUM Graduate School & TUM International Graduate School of Science and Engineering
Technische Universität München
80290 München, Deutschland
E-Mail: klimke@tum.de

Küchmeister, Heike, Dr.
Potsdam Graduate School, Universität Potsdam
Am Neuen Palais 10
14469 Potsdam, Deutschland
E-Mail: heike.kuechmeister@uni-potsdam.de

MacLachlan, Anne J., Ph.D.
Senior Researcher
Center for Studies in Higher Education
759 Evans Hall MC 4650
University of California
Berkeley, CA 94720-4650, USA
E-Mail: maclach@berkeley.edu

Masiello, Italo, Ph.D.
Medical Management Centre, Department of Learning, Informatics, Management and Ethics
Karolinska Institutet, Stockholm, Sweden
Tomtebodavägen 18A
17177 Stockholm, Sweden
E-Mail: Italo.Masiello@ki.se

Müller, Mirjam
Academic Staff Development
Universität Konstanz
Universitätsstraße 10
78457 Konstanz, Deutschland
E-Mail: mirjam.mueller@uni-konstanz.de

Neumann, Jörg, Dr.
Graduierten-Akademie der Friedrich-Schiller-Universität Jena
Zur Rosen – Haus für den wissenschaftlichen Nachwuchs
Johannisstraße 13
07743 Jena, Deutschland
E-Mail: graduierten.akademie@uni-jena.de

Pröbstl, Tanja, M.A.
Fakultät für Sprach- und Literaturwissenschaften
Schellingstraße 3
80539 München, Deutschland
E-Mail: tanja.proebstl@gmx.de

Schäffer, Hans-Jörg, Dr.
Max-Planck-Institut für Biochemie & IMPRS-LS
Am Klopferspitz 18
82152 Martinsried, Deutschland
E-Mail: schaeffe@biochem.mpg.de

Scholz, Beate, Dr.
Scholz – consulting training coaching
Bonn office: Humbroichweg 1A, 53227 Bonn, Deutschland
Trier office: Philosophenweg 10, 54293 Trier, Deutschland
E-Mail: bs@scholz-ctc.de

Soltau, Anja, Dr.
Leuphana Universität Lüneburg
Graduate School
Scharnhorststraße 1
21335 Lüneburg, Deutschland
E-Mail: anja.soltau@leuphana.de

Trautwein, Britta, Dr.
Karlsruhe House of Young Scientists (KHYS)
Karlsruher Institut für Technologie (KIT)
Straße am Forum 3
76131 Karlsruhe, Deutschland
E-Mail: britta.trautwein@kit.edu

van de Sand, Martina, Dr.
Freie Universität Berlin
Dahlem Research School
Hittorfstraße 16
14195 Berlin, Deutschland
E-Mail: martina.van-de-sand@fu-berlin.de

Winkelmann, Annette, M.A.
Humboldt-Universität zu Berlin
Berlin School of Mind and Brain
Luisenstraße 56, Haus 1
10099 Berlin, Deutschland
E-Mail: annette.winkelmann@hu-berlin.de

Zierold, Martin, Prof. Dr.
Meerwiesenstraße 16
68163 Mannheim, Deutschland
E-Mail: martin@martinzierold.de

Promovieren in Deutschland – Kontext, Entwicklungen und Perspektiven

Beate Scholz

1.1 **Ein Blick in die Geschichte – 3**
1.1.1 Graduiertenkollegs: Der Nucleus – 3
1.1.2 Agglomerationen strukturierter Promotionsprogramme – 3
1.1.3 Ein neues Paradigma entsteht – 4

1.2 **Aktuelle Entwicklungen und Trends – 5**
1.2.1 Struktur und Professionalität – 6
1.2.2 Diversität – 7
1.2.3 Bezugsrahmen: Wissenschaftssystem und -biografien – 8
1.2.4 Kompetenzentwicklung – Global currency of the 21st century – 9
1.2.5 Neue Mobilitätsformen – 10
1.2.6 Freiheit der Wissenschaft – 11
1.2.7 Karrieren und Werdegänge im Blick – 12

Literatur – 14

In den letzten 20 Jahren hat das Thema »Promotion« in Deutschland eine neue Aufmerksamkeit erfahren – aus Sicht von Promovierenden als wissenschaftliches Qualifizierungsmodell und Karrieremotor, für Institutionen als Möglichkeit zur Profilentwicklung, für das Wissenschaftssystem als wirtschaftlicher und gesellschaftlicher Wachstums- und Wettbewerbsfaktor. Durch die Plagiatsfälle der jüngeren Vergangenheit, die nicht nur das deutsche Wissenschaftssystem erschüttert haben, ist die Promotion neuerdings in Gefahr, in Misskredit zu geraten. Dennoch: Die Promotion bleibt für das Thema »Wissenschaftliche Qualifizierung« von zentraler Bedeutung, weil sie die Schnittstelle ist zwischen Bildung und Forschung, zwischen Ausbildung und Profession.

Salzburg-Prinzipien

Dieser Beitrag zeichnet wesentliche Entwicklungen des Promovierens in Deutschland im historischen Kontext, beginnend in den 1990er-Jahren, nach und beleuchtet aktuelle Trends und Perspektiven. Mein besonderes Augenmerk gilt dem Thema »Strukturierte Promotionszusammenhänge«, wobei die Qualität von Einzelpromotionen nicht infrage gestellt werden soll. Im Wesentlichen verstehe ich unter Promovieren das, was 2005 im Rahmen des Bologna Seminars »Doctoral Programmes for the European Knowledge Society« als sogenannte »Salzburg-Prinzipien« in die Geschichte einging (Koch Christensen 2005). Dazu zählen:

> 1. The core component of doctoral training is the **advancement of knowledge through original research**. At the same time it is recognised that doctoral training must increasingly meet the needs of an employment market that is wider than academia. […]
> 2. Universities as institutions need to assume responsibility for ensuring that the doctoral programmes and research training they offer are designed to meet new challenges and include appropriate **professional career development** opportunities. […]
> 4. Doctoral candidates as **early stage researchers**: should be recognised as professionals – **with commensurate rights** – who make a key contribution to the creation of new knowledge. […]
> 5. In respect of individual doctoral candidates, arrangements for **supervision and assessment** should be based on a transparent contractual framework of shared responsibilities between doctoral candidates, supervisors and the institution (and where appropriate including other partners). […]
> 7. Duration: doctoral programmes should operate within appropriate time duration (**three to four years full-time as a rule**). […]
> 9. Increasing mobility: Doctoral programmes should seek to offer **geographical** as well as **interdisciplinary and intersectoral mobility and international collaboration** within an integrated framework of cooperation between universities and other partners. […]
> 10. Ensuring **appropriate funding**: the development of quality doctoral programmes and the successful completion by doctoral candidates requires appropriate and sustainable funding. […] «

1.1 Ein Blick in die Geschichte

1.1.1 Graduiertenkollegs: Der Nucleus

Bis vor etwa 25 Jahren war das Promovieren in Deutschland geprägt vom Humboldt'schen Ideal der Promotion in »Einsamkeit und Freiheit« und dem viel zitierten Meister-Lehrlings-Modell, gekennzeichnet durch eine 1:1 Betreuungsrelation von Promovend und Doktormutter bzw. in der Regel Doktorvater (Scholz 2009, Kehm 2008). Das Jahr 1990 markiert hier einen Wendepunkt: Seinerzeit führte die Deutsche Forschungsgemeinschaft (DFG) auf Anregung der Fritz Thyssen-Stiftung und der Volkswagen Stiftung das Programm »Graduiertenkollegs« ein, das bis heute im Förderportfolio der DFG einen hohen Stellenwert genießt. Den Promovierenden wird hier eine Qualifikation mit »Blick über den Tellerrand« angeboten, d. h., ihre Promotionsarbeit ist Bestandteil eines größeren thematischen Zusammenhangs, dem sich das Graduiertenkolleg widmet. In der Regel wirken an einem Kolleg mehrere Wissenschaftlergenerationen mit: etablierte Wissenschaftlerinnen und Wissenschaftler, Promovierte und Promovierende sowie gegebenenfalls Studierende, die an die Promotionsphase herangeführt werden. Neben der originären wissenschaftlichen Arbeit an ihrer Dissertation oder – im Falle einer kumulativen Promotion – an ihren Publikationen erhalten die Promovierenden eine weiter gehende wissenschaftliche und professionelle Qualifizierung, die sie auf einen größeren als den rein akademischen Arbeitsmarkt vorbereiten soll. In der Regel werden sie von zwei oder mehr Personen wissenschaftlich betreut (DFG 2010).

Das Modell der im Wettbewerb mit anderen ausgewählten Graduiertenkollegs hat inzwischen international Schule gemacht und dazu beigetragen, dass von einem »German model of PhD qualification« die Rede ist (Scholz 2009). Zu dieser internationalen Modellbildung hat die DFG auch selbst beigetragen, indem sie 1997 die Programmkomponente »Internationale Graduiertenkollegs« einführte und damit einen wichtigen Beitrag zur Internationalisierung des Promovierens in Deutschland leistete.

1.1.2 Agglomerationen strukturierter Promotionsprogramme

Bereits knapp zehn Jahre nach Einrichtung des Programms der Graduiertenkollegs zeigte sich, dass das Modell nicht nur international auszustrahlen begann, sondern auch in Deutschland Wirkung gezeigt hatte. So hatten einzelne Bundesländer – z. B. Bayern, Bremen, Nordrhein-Westfalen – begonnen, eigene Länderwettbewerbe durchzuführen. Mit den International Max Planck Research Schools der Max-Planck-Gemeinschaft (MPG) und den Helmholtz-Kollegs der Helmholtz-Gemeinschaft Deutscher Forschungszentren (HGF) stimmten die beiden größten außeruniversitären Forschungseinrichtungen in Deutschland in das Konzert des strukturierten Promovierens ein. Der Deutsche Akademische Austauschdienst (DAAD) komplementierte diese Entwicklung, indem er mit den »Internationalen Promotionsprogrammen« einen Katalysator für die weitergehende Internationalisierung des Promovierens in Deutschland anbot (Scholz 2009, Hauss u. Kaulisch 2012).

Symposium zum Thema »Strukturiert Promovieren in Deutschland«

So unsortiert und unkoordiniert diese Entwicklung zunächst erschien, so deutlich begann sich damit eine Entwicklung abzuzeichnen: Schon 2003 hatte die DFG ein Symposium zum Thema »Strukturiert Promovieren in Deutschland« veranstaltet, dem eine umfangreiche Analyse vorausging (DFG 2003). Dabei zeigte sich, dass es an manchen Standorten – z. B. Berlin, Gießen oder Göttingen – zu Zusammenballungen verschiedener strukturierter Promotionsprogramme gekommen war. Die Beispiele, die bei der Tagung präsentiert wurden, wiesen auf die Tendenz hin, dass verschiedene Programme an den jeweiligen Standorten angefangen hatten, sich untereinander zu verschränken und gemeinsame, zum Teil übergeordnete (Leitungs-)Strukturen zu etablieren. Einige davon, z. B. Göttingen, bezogen außeruniversitäre Forschungseinrichtungen mit ein bzw. in Einzelfällen waren diese sogar zum Motor der Bewegung geworden (DFG 2003).

Die erwähnte Tagung offenbarte aber auch, dass an vielen Universitäten nach wie vor erratische Ansätze zur Promotionsphase vorherrschten. Insbesondere schienen, anders als von den Salzburg-Prinzipien gefordert, institutionelle Lösungen rar und Steuerungskonzepte kaum vorhanden zu sein. Damit einher gingen oft intransparente Mittelzuweisungen oder schlimmstenfalls das völlige Fehlen angemessener Finanzierungsquellen, ganz zu schweigen von Strategien zur Evaluation von Resultaten oder systematischen Qualitätssicherung der Promotionsprozesse.

1.1.3 Ein neues Paradigma entsteht

Graduiertenschulen

Im Rahmen der Exzellenzinitiative war es erneut die DFG, die durch die Entwicklung des Programms »Graduiertenschulen« neue Standards setzte. Anders als bei den Graduiertenkollegs ging es nun um einen Wettbewerb international ausgewiesener Forschungsschwerpunkte oder sogar -zentren und deren Konzepte zur Förderung wissenschaftlicher Karrieren – mit der Promotion im Mittelpunkt. Im Fokus sind folglich nicht mehr eng zugeschnittene Forschungsprogramme und kleine Gruppen an Wissenschaftlerinnen und Wissenschaftlern, sondern Forschung in breiten Themengebieten und umfassende Qualifizierungskonzepte, die durchaus auch weitere Phasen der wissenschaftlichen Karriere in den Blick nehmen. Bereits in der ersten Runde der Exzellenzinitiative konnten sich auch universitätsweite Programme um eine Förderung bewerben.

Wie eine Untersuchung des Instituts für Forschungsinformation und Qualitätssicherung (iFQ) aus der frühen Umsetzungsphase der Programme der Exzellenzinitiative zeigt (Sondermann et al. 2008), sind weitergehende Struktureffekte erkennbar. Diese sind mittlerweile durchaus auch an Standorten sichtbar geworden, die nicht im Rahmen der Exzellenzinitiative gefördert werden. Dazu gehören die in folgender Übersicht aufgeführten Ansätze und Einrichtungen.

Exzellenzinitiative

> **Struktureffekte der Exzellenzinitiative (Sondermann et al. 2008)**
> - Umfassende institutionelle Ansätze zur Strukturierung der Promotion, z. B. Graduiertenzentren als Sockel- oder Dachstrukturen, welche die jeweiligen Promotionsprogramme integrieren.
> - Definierte Steuerungsmodelle mit einem System von Checks and Balances.
> - Interinstitutionelle Kooperationen: So kooperierten bereits in der ersten Phase der Exzellenzinitiative 87 % der geförderten Universitäten mit außer-universitären Einrichtungen und 51 % mit Unternehmen.
> - Entwicklung von Nachwuchszentren, die Bachelor-Absolventen über sogenannte Fast Tracks den Einstieg in die Promotion ermöglichen, Maßnahmen zur Förderung der Postdoc-Phase sowie Nachwuchsgruppen oder Juniorprofessuren integrieren.
> - Professionalisierung der Betreuung von Promovierenden, z. B. durch Thesis Advisory Committees.

1.2 Aktuelle Entwicklungen und Trends

Aktuell verwenden sowohl wissenschaftlich als auch wissenschaftspolitisch Tätige in Deutschland, Europa und international gleichermaßen große Aufmerksamkeit auf das Thema »Promotion« und die damit verbundenen Prozesse. Dass dem so ist, hängt unter anderem damit zusammen, dass die Promotion als Scharnier gilt zwischen dem Europäischen Bildungs- und Forschungsraum, weswegen sie in Ergänzung zu Bachelor und Master einfach nicht zu einer weiteren Phase im Bologna-Prozess und damit zur Studienphase wurde. Diese Tatsache haben die europäischen Wissenschaftsminister im April 2012 in der Bologna-Folgekonferenz in Bukarest (EHEA Ministerial Conference 2012) unterstrichen.

Das bisweilen hartnäckig von manchen Wissenschaftsbereichen vorgebrachte Argument, die Strukturierung der Promotion ebenso wie ihre Betrachtung im Zusammenhang des Bologna-Prozesses hätten zu einer »Verschulung« geführt (z. B. 4ING 2006), haben sich – von einzelnen Beispielen vielleicht abgesehen – weder in der Theorie noch in der Praxis in großem Maßstab bewahrheitet.

1.2.1 Struktur und Professionalität

Zusammenwirken von Bottom-up und Top-down

An den Standorten, an denen sich Promotionsstrukturen in den vergangenen Jahren erfolgreich etabliert und entwickelt haben, fällt in der Regel ein produktives Zusammenwirken von Bottom-up und Top-down auf. Sowohl in Deutschland auch im internationalen Vergleich deutet vieles darauf hin, dass oft besonders erfolgreiche Forschende zu Motoren von Promotionsprogrammen wurden. Insofern wurde deutlich, dass solche Programme offenbar geeignet sind, bestehende Forschungsstärken und -prioritäten an einer Institution oder einem Standort weiterzuentwickeln. Damit sich eine neue Promotionskultur erfolgreich etablieren kann, gehört dazu auf der zentralen bzw. der Leitungsebene von Hochschulen und Forschungseinrichtungen in der Regel die Verwirklichung neuer Managementansätze und Governancestrukturen sowie die Einrichtung administrativer Einheiten, die prinzipiell dem Modell der amerikanischen Graduate Schools folgen (Nerad 2008). Dennoch besteht eine begriffliche Unschärfe fort: Was in Deutschland oder bisweilen auch in anderen europäischen Ländern als »Graduate School« oder »Graduiertenschule« bezeichnet wird, würde in den USA eher als »Graduate Program« bezeichnet. Auch fehlt gerade in Deutschland oftmals noch eine analoge Funktion zu der des amerikanischen Graduate Dean, die weit oben in der universitären Hierarchie angesiedelt ist und über weitreichende Budget- und Entscheidungskompetenzen verfügt.

Professionalisierung der Qualifizierung von Promovierenden

Dennoch: Für die Professionalisierung der Qualifizierung von Promovierenden in den Ländern des Europäischen Forschungsraums entlang der Salzburg-Prinzipien sprechen auch die in folgender Übersicht genannten Aspekte.

Vorteile professioneller Qualifizierung auf Basis der Salzburg-Prinzipien
- Das Vorhandensein von Angeboten zur Personalentwicklung, die auf die Bedarfslagen der einzelnen Promovierenden und ihren individuellen Erfahrungshintergrund zugeschnitten sind
- Die regelmäßige Mehrfachbetreuung Promovierender, gegebenenfalls durch »Thesis Advisory Committees« (Wissenschaftsrat 2011)
- Die internationale Einbettung von Promotionsprogrammen
- Die Entwicklung von (Qualitäts-)Standards durch professionelle Vereinigungen, wie den Council of Doctoral Education unter dem Dach der European University Association oder den »Universitätsverband zur Qualifizierung des wissenschaftlichen Nachwuchses in Deutschland« (UniWiND), die Aktivitäten der League of European Research Universities (LERU) oder die Tagung auf Initiative des GraduateCenter^{LMU}, die Anlass zu der vorliegenden Publikation gab

- Das Nebeneinander unterschiedlichster Programmarten, die bei aller sich abzeichnender Konvergenz auch ein großes Maß an Diversität zulässt, um die Besonderheiten einzelner Standorte ebenso zu ermöglichen wie die Spezifika verschiedenster Wissenschaftsgebiete.

1.2.2 Diversität

So unterschiedlich die Programme sind, so verschieden sind erst recht die Personen, die sie gestalten und an die sie sich wenden. Bei allem Wunsch nach Standardisierung, insbesondere im Hinblick auf Qualitätsanforderungen, gehört es zu den besonderen Qualitätsmerkmalen eines Programms, dass es strukturierte Individualität ermöglichen kann. Dies bestätigen Befragungen Promovierender (u.a. Scholz 2011). Insbesondere wenn es um die Frage nach der Entscheidung für ein bestimmtes Programm geht, überwiegen regelmäßig die folgenden Aspekte.

Strukturierte Individualität

Qualitätsanforderungen an die Programme
- Qualität der Forschung und Forschenden vor Ort sowie der vorhandenen Infrastruktur
- Hohe Erwartungen an die Fairness, Regelmäßigkeit und Objektivität der Betreuung, die auch die weitere Karriereentwicklung der Betreuten in den Blick nimmt
- Vorhandensein eines individualisierten Qualifizierungsangebots, das den Blick über den fachlichen Tellerrand ermöglicht
- Verlässlichkeit der Förderung
- Transparenz, Berechenbarkeit und Effektivität des Promotionsprozesses
- Service-Orientierung der Gesamtorganisation

Diese hohen Erwartungen beziehen sich in der Regel in besonderem Maße auf die Betreuenden, die damit oft in ein besonderes Spannungsverhältnis geraten: Der Freude und Begeisterung am Zusammenwirken mit der potenziell nächsten Wissenschaftlergeneration und der Wahrnehmung von Betreuung als wichtiger Führungsaufgabe steht allzu häufig ein Mangel an organisationsseitigem Feedback, Anreizen und Anerkennung und bisweilen unzureichende Möglichkeiten zu eigener Qualifizierung entgegen. Nicht von ungefähr suchen hervorragende Angebote zur Aus- und Fortbildung von Betreuenden, wie die des Karolinska Instituts, besonders in Deutschland nach wie vor ihresgleichen. Im Sinne der amerikanisch-deutschen Wissenschaftssoziologin Maresi Nerad braucht es in unserer Zeit ein »global village«, um die nächste Generation an Promovierten zu qualifizieren (Nerad 2011). Daher rückt das Thema »Betreuung« immer mehr in

Betreuung als herausragende Aufgabe zur Qualitätssicherung im Promotionswesen

das Zentrum von aktuellen Diskussionen und Ansätzen zur Qualitätssicherung im Promotionswesen (Byrne et al. 2013).

Jegliche zukunftsorientierte Betreuung und Qualifizierung Promovierender sollte in dem Bewusstsein erfolgen, dass sich Karriereverläufe, insbesondere wissenschaftliche Karrieren, in unserer Zeit grundlegend verändert haben. War zu Beginn der 2000er-Jahre häufig noch von der wissenschaftlichen Karrierepipeline die Rede (European Commission 2002), wird dieser Begriff zunehmend durch die sogenannte Portfoliokarriere abgelöst (ESF 2010), die oftmals durch einen Baum symbolisiert wird. Damit verbunden ist die Vorstellung von der nachlassenden Pfadabhängigkeit wissenschaftlicher Karrieren. Diese wird beispielsweise dadurch gekennzeichnet, dass Personen, die sich etwa für eine Professur qualifizieren möchten, außerakademische Berufserfahrung sammeln oder sich neben ihrer wissenschaftlichen Tätigkeit in einem bestehenden institutionellen Kontext auch freiberuflich oder selbstständig engagieren oder privaten bzw. familiären Aufgaben nachkommen können. Diese Entwicklungen stellen sowohl hohe Anforderungen an Wissenschaftssysteme und -organisationen als auch an Personen innerhalb der Wissenschaftssysteme und -organisationen, die nach wie vor dem Pipelinedenken verhaftet sind.

1.2.3 Bezugsrahmen: Wissenschaftssystem und -biografien

Das Promovieren steht im Fokus – von Entwicklungen auf unterschiedlichen Ebenen des Wissenschaftssystems ebenso wie von individuellen (wissenschaftlichen) Berufs- und Karrierebiografien. Im Zeitalter der Globalisierung sind es globale Entwicklungen, die auf die Ausgestaltung des Promovierens gleichermaßen Einfluss nehmen wie supranational/europäische, nationale und regionale Tendenzen und Trends (Nerad u. Heggelund 2008, Scholz 2009).

Dies bedeutet, dass sich Wissenschaft und Wissenschaftsmanagement insbesondere bei der Einrichtung und Weiterentwicklung von Promotionsprogrammen vergegenwärtigen sollten, an welchen Referenzrahmen sie sich orientieren möchten. Fragen sind etwa: Wie bettet sich das Programm in den internationalen Forschungskontext ein? An welchen Qualitätsstandards orientiert es sich? Wie sieht der mögliche Arbeitsmarkt für Promovierte aus?

Stellenwert der Promotion für die weitere jeweilige (Berufs-)Biografie

Nicht nur solche Meta-Einflüsse (◘ Tab. 1.1) sind bei der Qualifizierung Promovierender von Bedeutung, sondern auch der Stellenwert, den die Promotion für die weitere jeweilige (Berufs-)Biografie hat. Bei allem Wunsch nach Individualität in der (wissenschaftlichen) Karriereentwicklung bzw. gerade wegen dieses Trends der Individualisierung und der damit verbundenen Unübersichtlichkeit (ESF 2010) wird der Ruf nach Information und Orientierung – vor allem bei Wissenschaftlerinnen und Wissenschaftlern in Übergangsphasen – immer lauter. In diesem Zusammenhang ist die Bedeutung des von der EU-Kom-

1.2 · Aktuelle Entwicklungen und Trends

Tab. 1.1 Ausgewählte Einflussfaktoren auf Promotionsprogramme

Ebene	Einflussfaktoren (Beispiele)
Global	Wettbewerb um wissenschaftlich qualifizierte Arbeitskräfte
Supranational	Salzburg-Prinzipien
National	Exzellenzinitiative
Regional	Elitenetzwerk Bayern

mission gemeinsam mit den Mitgliedsländern entwickelten European Framework for Research Careers nicht hoch genug einzuschätzen.

European Framework for Research Careers (European Commission 2011a)
- **R1** First Stage Researcher (up to the point of PhD)
- **R2** Recognised Researcher (PhD holders or equivalent who are not yet fully independent)
- **R3** Established Researcher (researchers who have developed a level of independence)
- **R4** Leading Researcher (researchers leading their research area or field)

Die Deskriptoren der einzelnen Karrierestadien dieses europäischen Rahmens sind sektorneutral gewählt und supranational abgestimmt. Insofern kann der jeweilige Deskriptor, wenn er konsequent zur Klassifizierung von Förder- und Beschäftigungsangeboten angewendet wird, Promovierenden eine wichtige Orientierung bei der Vorbereitung ihrer weiteren wissenschaftlichen Qualifizierung und Berufstätigkeit vermitteln. Einrichtungen, wie die DFG oder die Helmholtz-Gemeinschaft, die schon seit Langem über vergleichbare Orientierungsrahmen verfügen, sollten ihre Angebote auf die Kompatibilität mit dem europäischen Modell überprüfen. Ebenso sollten Hochschulen bedenken, inwiefern sie den europäischen Rahmen nutzen könnten, um Werdegänge und Fördermöglichkeiten zu illustrieren. Der Eintritt in eine wissenschaftliche Karriere nach der Promotion erscheint vielen – oft besonders gut qualifizierten Wissenschaftlerinnen und Wissenschaftlern – nach wie vor als Gleichung mit zu vielen Unbekannten. Hier muss dringend Abhilfe geschaffen werden.

1.2.4 Kompetenzentwicklung – Global currency of the 21st century

Wissenschaftliche Karrieren erscheinen vielen Promovierenden und Promovierten allerdings zu Recht als riskant und unberechenbar. Dies hängt auch damit zusammen, dass der einmal eingeschlagene Weg

Professional Skills als globale Währung des 21. Jahrhunderts

allzu oft als irreversibel erscheint bzw. ein Verlassen dieses Weges von den Betroffenen und ihrem Umfeld oftmals als Scheitern empfunden wird. Studien über den akademischen Arbeitsmarkt (Haberfellner u. Sturm 2012) zeigen jedoch, dass Personen mit einer hohen wissenschaftlichen Qualifizierung, die zusätzlich zu ihren wissenschaftlichen weitere Kompetenzen (professional skills oder transferable skills) erworben haben, in der Regel seltener von Arbeitslosigkeit betroffen sind als vergleichbar Qualifizierte ohne solche Kompetenzen oder weniger hoch qualifizierte Personen. Nicht von ungefähr hat sich die Organisation für Wirtschaftliche Zusammenarbeit und Entwicklung (OECD) seit dem Jahr 2012 dem Thema »Skills« in besonderem Maße verschrieben und bezeichnet sie als »global currency of the 21st century« (OECD 2012).

Rahmen zur Personalentwicklung in der Wissenschaft

Für die Kompetenzentwicklung im Rahmen der Promotion, insbesondere in strukturierten Promotionsprogrammen, bedeutet dies, dass sie sich in erster Linie von zwei Faktoren leiten lassen sollte: einem möglichst international abgestimmten Rahmen zur Personalentwicklung in der Wissenschaft (ESF 2012b) sowie den individuellen Kenntnissen und Erfahrungen der zu qualifizierenden Person als direkter Wegweiser. Auf diese Weise kann die Entwicklung von Kompetenzen, die über die wissenschaftlichen Kernkompetenzen hinausgehen, auch zur intersektoralen Mobilität von Absolventinnen und Absolventen zwischen öffentlichem Wissenschaftsbereich, Wirtschaft und Verwaltung beitragen. Da die Kompetenzentwicklung aber keineswegs mit dem Abschluss der Promotion beendet sein sollte, sind Universitäten und Forschungseinrichtungen gefordert, Modelle zur kontinuierlichen professionellen Entwicklung von Forschenden und im Wissenschaftsmanagement Tätigen zu erarbeiten und zu implementieren. Dieser Weg wird mittlerweile an erfreulich vielen Standorten in Deutschland beschritten.

1.2.5 Neue Mobilitätsformen

Transfer von Wissen

Die beschriebene intersektorale Mobilität ist eine der Mobilitätsformen, die gegenwärtig im Zusammenhang mit wissenschaftlichen Karrieren beschrieben werden. Früher war die Vorstellung gemeinhin, dass Mobilität in Wissenschaftskarrieren in der Regel einen Wechsel des Hochschul- oder Forschungsstandortes innerhalb eines Landes und gerne auch grenzüberschreitend impliziere. Die Erwartung war bzw. ist, dass die physische oder geografische Mobilität die geistige Flexibilität der mobilen Wissenschaftlerinnen und Wissenschaftler sowie den Transfer von Wissen in besonderem Maße begünstigt. Diese Errungenschaft von Mobilität, wenn sie individuell jeweils den gewünschten Effekt erzielt, soll in keiner Weise bestritten werden. Mittlerweile ist jedoch anerkannt (ESF 2012b, European Commission 2012), dass es neben der geografischen und der intersektoralen Mobilität mindestens zwei weitere Mobilitätsformen gibt, die für Karrieren von Wissenschaftlerinnen und Wissenschaftlern relevant sind: die virtuelle sowie die interdisziplinäre Mobilität.

Virtuelle Mobilität

Virtuelle Mobilität (ESF 2012b, European Commission 2014) bezieht sich in der Regel auf grenzüberschreitende Forschungskooperationen, die beispielsweise in gemeinsame Publikationen münden, ohne dass damit notwendigerweise eine längere Präsenz am anderen Standort einhergeht. Nicht von ungefähr wird diese Art der Mobilität insbesondere von Wissenschaftlerinnen und Wissenschaftlern mit anderweitigen, z. B. familiären, Verpflichtungen begrüßt. Die Promotions- und die Postdoc-Phase sind zweifellos mobilitätsintensiv im Sinne geografischer Mobilität. Allerdings sollten Promovierende und Promovierte etwa durch regelmäßige Konferenzbesuche auch die Möglichkeit erhalten, eigene (internationale) Netzwerke zu etablieren, auf die sie später im Rahmen virtueller Mobilität bauen können.

Interdisziplinäre Mobilität

Besonderer Handlungsbedarf scheint nach wie vor hinsichtlich interdisziplinärer Mobilität gegeben. Auch wenn der Ruf nach interdisziplinärem Arbeiten immer lauter wird, stellt die Bearbeitung von Themen an den Grenzen zwischen den Disziplinen oder der Wechsel des Wissenschaftsgebietes im Verlaufe einer Forschungskarriere immer noch eine besondere Herausforderung dar. Dies gilt in besonderem Maße, wenn Begutachtungs- und Auswahlprozesse weiterhin monodisziplinär organisiert sind (ESF 2011). Der Qualifizierung in der Promotionsphase kommt hier insofern eine besondere Verantwortung zu, als sie bei aller Orientierung an interdisziplinären Zielen immer auch eine solide fachliche Ausbildung ermöglichen sollte, um den Promovierten im Anschluss Wahlmöglichkeiten für ihre weitere wissenschaftliche Orientierung zu bieten.

1.2.6   Freiheit der Wissenschaft

In ihrem Grundlagendokument zum anstehenden neuen EU-Forschungsrahmenprogramm »Horizon 2020« hat die EU-Kommission die Notwendigkeit eines produktiven Nebeneinanders von freier, grundlagen- und anwendungsorientierter Forschung bis zur Förderung von Produktinnovationen betont (European Commission 2011b):

> Produktives Nebeneinander von freier, grundlagen- und anwendungsorientierter Forschung

» An inclusive approach open to new participants, including those with ideas outside of the mainstream, ensuring that excellent researchers and innovators from across Europe and beyond can and do participate; the integration of research and innovation by providing seamless and coherent funding from idea to market. «

Einblicke in unterschiedliche Arten der Forschung

Promotionsprogramme sollten in diesem Zusammenhang vor allem eines gewährleisten: Freiheit, um sich der Erforschung wissenschaftlicher Grundlagen mit dem gleichen Recht zu widmen wie der anwendungsnahen Forschung. Idealerweise ermöglichen sie den Promovierenden Einblicke in unterschiedliche Arten der Forschung, damit diese Präferenzen für ihre nachfolgenden Karriereschritte ausbilden können. Sie sollten Promovierende auf diese Weise auch befähigen, sich als eigenständig denkende Persönlichkeiten weiterzuentwickeln, die sich in hohem Maße an ethischen Maßstäben und insofern im Sinne Immanuel Kants am Kategorischen Imperativ orientieren. Diese Aspekte hat die LERU (2010) in ihrer Empfehlung »Doctoral degrees beyond 2010« in den Blick genommen, als sie die Anforderungen an eine zukunftsorientierte Ausbildung von Promovierenden beschrieb:

» Train researchers to become **creative, critical and autonomous intellectual risk takers**, pushing the boundaries of frontier research. […] Excellent training also for roles in public, charitable and private sectors, where deep **rigorous analysis** is required. «

1.2.7 Karrieren und Werdegänge im Blick

Lohnt sich die öffentliche Förderung kostspieliger Programme?

Um die nächsten Schritte Promovierter und sich daraus entwickelnde Werdegänge rankt sich gegenwärtig eine aktuelle wissenschaftspolitische Diskussion in Europa. Insbesondere Institutionen und Programme, die Promovierende qualifizieren, sehen sich in zunehmendem Maße der Erwartung gegenüber zu zeigen, was aus ihren Alumni geworden ist. Dahinter steht nicht zuletzt die gesellschaftspolitische Frage, ob sich die (öffentliche) Förderung kostspieliger Programme gelohnt hat und welche Wirkung diese zeigen. Auch wenn sich ein solches Ursache-Wirkungs-Verhältnis sicher kaum eindeutig beschreiben lassen wird, ist es dennoch wichtig mit- bzw. nachzuvollziehen, was aus Absolventinnen und Absolventen wird. Zu diesem Zweck sind gegenwärtig viele Einrichtungen dabei, Alumni-Konzepte zu entwickeln. Diese werden allerdings nur dann mehr als schlaglichtartig Berufsbiografien und Life Histories erhellen können, wenn sie sowohl auf einem soliden methodischen Fundament beruhen als auch eine Vergleichbarkeit zwischen Institutionen, Programmen und idealerweise international ermöglichen, ohne jedoch nationale oder fachliche Spezifika zu ignorieren.

Hier versuchen Wissenschaftseinrichtungen in Europa derzeit, unter dem Dach der European Science Foundation (ESF) und in Abstimmung mit der EU-Kommission sowie der OECD, Neuland zu betreten und das Ziel eines European Research Career Observatory zu verwirklichen (ESF 2012b, ESF u. FNR 2012, European Commission 2012). Die Grundlagen zu einer International Platform for Research Career Tracking and Monitoring wurden im Februar 2012 bei einer internationalen Tagung gelegt, die das Thema »How to track researchers' careers« erstmals in großem Maßstab auf die internationale wissenschaftspolitische Agenda brachte (ESF 2012a). Die beteiligten Einrichtungen verfolgen damit das Ziel, einen abgestimmten und zugleich flexiblen Rahmen für Career Tracking entlang der gemeinsam verabschiedeten Definition zu ermöglichen (ESF u. FNR 2012):

» Initiatives that follow up researchers' careers over a certain time period to understand researchers' career pathways. Surveys that trace back careers over several years, cohort studies at several moments in time (not just one) or longitudinal surveys are considered to fit the definition. «

Damit steht sowohl den Verantwortlichen für Promotionsprogramme und -prozesse als auch den Promovierenden und Promovierten selbst demnächst eine wichtige empirische Grundlage zur Verfügung, wenn es darum geht, Strukturen und Inhalte zum Wohl von Wissenschaft, Wissenschaffenden und Gesellschaft weiterzuentwickeln.

Lessons learned

- Die »Salzburg-Prinzipien« haben einen Qualitätsrahmen für das Promovieren in Europa geschaffen. Mit Promotionen beschäftigte Personen, Programme und Institutionen sollten ihr Handeln regelmäßig im Hinblick auf diesen Rahmen überprüfen.
- Eine funktionierende Promotionskultur etabliert sich im Zusammenwirken von Bottom-up (Wissenschaft) und Top-down (Leitung und Management von Wissenschaftsorganisationen). Bei aller Neuausrichtung des Promovierens in Deutschland fehlt nach wie vor die Funktion von »Graduate Deans« mit weitgehender Budget- und Entscheidungskompetenz.
- Trotz des Trends zur Konvergenz bleiben Promotionskontexte divers und am Individuum orientiert und sollten auch künftig so bleiben.
- Entsprechend der vielfältigen Anforderungen an die Betreuung Promovierender hat sich das Zusammenwirken unterschiedlicher Personen und Perspektiven bewährt. Regelmäßiges Feedback, Qualifizierung, wechselseitige Wertschätzung und institutionelle Anerkennung sind wichtige Elemente einer gelingenden Betreuungskultur.
- Promotionen qualifizieren für unterschiedlichste Berufs- und Lebenswege, in zunehmendem Maße auch für Portfoliokarrieren, bei denen mehrere Arbeits- und Lebensbereiche erfolgreich miteinander kombiniert werden.
- Im Zeitalter der Globalisierung wird das Promovieren von Determinanten auf unterschiedlichen Ebenen beeinflusst – von regional bis global. Personen, Programme und Institutionen, die Promovierende qualifizieren, sollten regelmäßig die Bezugsebenen ihres Handelns in den Blick nehmen und angemessene Messlatten für ihr Handeln definieren.

- Bei allen Wegen und Angeboten, die Promovierenden und Promovierten heute offen stehen, sind Promotionsprogramme in besonderem Maße gefordert, Orientierung zu geben. Das European Framework for Research Careers bietet hier eine wichtige Hilfestellung, auf die in den EU-Mitgliedsländern und darüber hinaus Bezug genommen werden sollte.
- Überfachliche Kompetenzen und Fähigkeiten sind eine wichtige Ressource bei der Vorbereitung auf und der Teilhabe an dynamischen Arbeitsmärkten. Universitäten kommt in diesem Zusammenhang eine besondere Verantwortung sowohl im Rahmen ihrer Promotionsprogramme als auch ihrer Strategien und Angebote zur kontinuierlichen professionellen Entwicklung nach der Promotion zu.
- Interdisziplinarität in der Forschung setzt in der Regel eine solide disziplinäre Qualifizierung voraus. Nach wie vor besteht jedoch großer Bedarf, Interdisziplinarität in Bewertungs- und Begutachtungsstrukturen – auch bei Promotionen – angemessen abzubilden.
- Promotionen bilden nicht nur wissenschaftlich aus, sie entwickeln auch Persönlichkeiten mit besonders kreativen und kritischen Fähigkeiten für Führungsaufgaben in Staat, Wirtschaft und Gesellschaft. Universitäten sollten sich noch deutlicher zu diesem umfassenden Bildungsauftrag bekennen.
- Personen, Programme und Institutionen, die zur Promotion führen, haben eine besondere Verantwortung und Rechenschaftsverpflichtung gegenüber ihren politischen und gesellschaftlichen Auftraggebern. Dem Mit- und Nachverfolgen der Berufs- und Lebenswege von Alumni kommt insofern große Bedeutung zu.

Literatur

4ING (Fakultätentage der Ingenieurwissenschaften und der Informatik an Universitäten) (2006) Die Bedeutung der Promotionsphase in den Ingenieurwissenschaften. Positionspapier vom 14. Sept. 2006. TU Darmstadt, Darmstadt

Byrne J, Jørgensen T, Loukkola T (2013) Quality Assurance in Doctoral Education – results of the ARDE project. EUA (European University Association), Brussels/Belgium

DFG (Deutsche Forschungsgemeinschaft) (2010) 20 Jahre Graduiertenkollegs. Nährboden für neue Promotionskulturen. DFG, Bonn

DFG (Deutsche Forschungsgemeinschaft) (2003) Strukturiert Promovieren in Deutschland. Dokumentation eines Symposiums. DFG, Bonn

EHEA (European Higher Education Area) Ministerial Conference (2012) Making the Most of Our Potential. Consolidating the European Higher Education Area. 26.–27. Apr. 2012. Bucharest Communiqué, Bucharest/Romania

ESF (European Science Foundation) (2010) Research Careers in Europe – Landscape and Horizons. ESF, Strasbourg/France

ESF (European Science Foundation) (2011) Member Organisation Forum on Peer Review: European Peer Review Guide. Integrating Policies and Practices into Coherent Procedures. ESF, Strasbourg/France

Literatur

ESF (European Science Foundation) (2012a) Career Tracking – a Tool for Building Quality in Research. ▶ http://www.esf.org/media-centre/ext-single-news/article/career-tracking-a-tool-for-building-quality-in-research-802.html. Zugegriffen: 31. Juli 2013

ESF (European Science Foundation) (2012b) Member Organisation Forum 'European Alliance on Research Career Development': Developing Research Careers In and Beyond Europe. Enabling, Observing, Guiding and Going Global. ESF, Strasbourg/France

ESF (European Science Foundation), FNR (Fonds National de la Recherche) (2012) How to track researchers' careers – Joint ESF – FNR. Workshop Report. 9./10. Feb. 2012. ESF/FNR, Luxembourg

European Commission (2002) Directorate-General for Research: Benchmarking National Research Policies, Human Resources in Research and Technological Development, including Attractivness of S & T Professions (HR). European Commission, Brussels/Belgium

European Commission (2011a) Towards a European Framework for Research Careers, 21st July 2011. European Commission, Brussels/Belgium

European Commission (2011b) Horizon 2020 – The Framework Programme for Research and Innovation. 30. Nov. 2011. European Commission, Brussels/Belgium

European Commission (2012) Expert Group on the Research Profession: Excellence, Equality and Entrepreneurialism – Building Sustainable Research Careers in the European Research Area. 20. July 2012. European Commission, Brussels/Belgium

Haberfellner R, Sturm R (2012) Längerfristige Beschäftigungstrends von HochschulabsolventInnen. Arbeitsmarktservice Österreich, Wien

Hauss K, Kaulisch M (2012) Alte und neue Promotionswege im Vergleich. Die Betreuungssituation aus der Perspektive der Promovierenden in Deutschland. In: Huber N, Schelling A, Hornbostel S (Hrsg) Der Doktortitel zwischen Status und Qualifizierung. iFQ-Working Paper No. 12. iFQ, Berlin, S 173–186

Kehm B (2008) Germany. In: Nerad M, Heggelund M (eds) Toward a Global PhD? Forces and Forms in Doctoral Education Worldwide. University of Washington Press, Seattle, pp 13–35

Koch Christensen K (2005) Bologna Seminar. Doctoral Programmes for the European Knowledge Society, Salzburg, 3–5 February 2005. General Rapporteur's Report. EUA (European University Association), Brussels/Belgium

LERU (League of European Research Universities) (2010) Doctoral degrees beyond 2010. Training talented researchers for society, March 2010. LERU, Leuven/Belgium

Nerad M (2008) United States of America. In: Nerad M, Heggelund M (eds) Toward a Global PhD? Forces and Forms in Doctoral Education Worldwide. University of Washington Press, Seattle, pp 278–299

Nerad M (2011) It takes a global village to develop the next generation of PhDs and postdoctoral fellows. Acta Academica. Supplementum 2: 198–216

Nerad M, Heggelund M (eds) (2008) Toward a Global PhD? Forces and Forms in Doctoral Education Worldwide. University of Washington Press, Seattle

OECD (2012) Directorate for Education and Skills. ▶ http://www.oecd.org/edu/oecdskillsstrategy.htm. Zugegriffen: 18. Juli 2013

Scholz B (2009) Internationalisation of Doctoral Education. Research Training in an era of globalisation. In: Gaebel M, Purser L, Waechter B, Wilson L (eds) Internationalisation of European Higher Education, C 2.1. Raabe, Berlin, pp 1–30 2009.

Scholz B (2011) 1st Evaluation of FNR's AFR Programme. ESF/FNR, Luxembourg

Sondermann M, Simon D, Scholz A-M, Hornbostel S (2008) Die Exzellenzinitiative: Beobachtungen aus der Implementierungsphase. iFQ-Working Paper No.5. iFQ, Bonn

Wissenschaftsrat (2011) Anforderungen an die Qualitätssicherung der Promotion. Positionspapier. Wissenschaftsrat, Köln

Zentrale Graduierteneinrichtungen – Strategien – Konzepte – Strukturen

Kapitel 2 Dahlem Research School an der Freien Universität Berlin – 19
Martina van de Sand

Kapitel 3 TUM Graduate School an der Technischen Universität München – 35
Michael Klimke

Kapitel 4 Karlsruhe House of Young Scientists (KHYS) am Karlsruher Institut für Technologie – 49
Britta Trautwein

Kapitel 5 GraduateCenter^{LMU} an der Ludwig-Maximilians-Universität München – 63
Isolde von Bülow

Dahlem Research School an der Freien Universität Berlin

Martina van de Sand

2.1 Die Rahmenbedingungen an der Freien Universität Berlin – 20

2.2 Entstehung der Dahlem Research School: Bottom-up versus Top-down – 20
2.2.1 Bottom-up: Vom Promotionsprogramm im Fachbereich zur universitätsweiten Dacheinrichtung – 20
2.2.2 Top-down: Die Dahlem Research School in der Exzellenzinitiative – 21

2.3 Etablierung der Dahlem Research School, Akzeptanz als zentrale Herausforderung – 21
2.3.1 Finanzielle Anreize und Unterstützung für die Mitgliedsprogramme – 22
2.3.2 Angebote mit Mehrwert – 22
2.3.3 Dienstleistung statt Bürokratie – 23
2.3.4 Arbeitsteilung der Akteure – 25
2.3.5 Qualitätssicherung mit Rückkoppelung – 26

2.4 Work in Progress: Die Entwicklung bis 2012 – 27
2.4.1 Finanzierung und Sicherung der Qualität von Programmen – 28
2.4.2 Promotionsstudienordnungen – 28
2.4.3 Nachhaltigkeit – 29
2.4.4 Breitenwirkung – 29

2.5 Ausblick – 30

2.6 Fazit – 32

Die Dahlem Research School (DRS) bildet an der Freien Universität Berlin das Dach, unter dem herausragende strukturierte Promotionsprogramme und Förderlinien für internationale Postdocs zusammengefasst sind. Als wissenschaftliches Zentrum untersteht sie direkt dem Präsidenten. Anders als an anderen zentralen Graduierteneinrichtungen werden nicht Einzelpersonen in die DRS aufgenommen, vielmehr bewerben sich die Promotionsprogramme um die Mitgliedschaft. Um den Mehrwert der Einrichtung zu vermitteln, wurden seit der Gründung zunehmend Maßnahmen und Anreizinstrumente konzipiert, die nicht nur die Promotionsprogramme unterstützen, sondern auch programmunabhängig Promovierenden und Postdocs zugutekommen. Der Beitrag beschreibt die Entwicklung der Instrumente, die an der DRS dazu dienen, Qualitätssicherung, Breitenwirkung und Nachhaltigkeit entlang des Karrierewegemodells für den promovierenden und den promovierten wissenschaftlichen Nachwuchs zu etablieren.

2.1 Die Rahmenbedingungen an der Freien Universität Berlin

Die Freie Universität Berlin (FU Berlin), 1948 im Westsektor der Stadt als Reaktion auf zunehmende Repressalien an der Universität Unter den Linden gegründet, ist eine Volluniversität mit ca. 28 500 Studierenden. Charakteristisch für das Profil der FU Berlin sind die Geistes- und Sozialwissenschaften mit einer Vielzahl sogenannter »kleiner Fächer« sowie eine leistungsstarke Grundlagenforschung in den Natur- und Lebenswissenschaften.

Die Ausbildung von Doktoranden spielte an der forschungsstarken FU Berlin schon immer eine zentrale Rolle. Rund 5 000 Personen promovieren aktuell an der Freien Universität, mit 1 139 Bildungsausländern (WS 2010/11) weist sie von allen deutschen Hochschulen die höchste Zahl internationaler Doktoranden auf. Im Jahr 2011 wurden 673 Promotionen abgeschlossen, ein Anstieg um über 24 % gegenüber dem Jahr 2007. Der Frauenanteil unter den Absolventen liegt mit 55 % ca. 15 % über dem bundesdeutschen Durchschnitt.

2.2 Entstehung der Dahlem Research School: Bottom-up versus Top-down

2.2.1 Bottom-up: Vom Promotionsprogramm im Fachbereich zur universitätsweiten Dacheinrichtung

Hohe Promotionszahlen in Verbindung mit einem hohen Drittmittelaufkommen lassen erwarten, dass sich die FU Berlin auch intensiv auf dem Gebiet der strukturierten Promotion engagiert und eine entsprechende Anzahl drittmittelgeförderter Promotionsprogramme einwirbt. Als Konsequenz hieraus wagte man schon vergleichsweise früh den Versuch, diese Programme unter einem Dach zu bündeln.

Ausgehend von einem im Jahr 2001 bewilligten und durch die Deutsche Forschungsgemeinschaft (DFG) und den Deutschen Akademischen Austauschdienst (DAAD) geförderten Internationalen Promotionsprogramm im Fachbereich Chemie und dessen sukzessiver Ausweitung entstand 2005 der Promotionsstudiengang »Molecular Science«, der die Doktorandenausbildung sämtlicher Graduiertenkollegs, Sonderforschungsbereiche sowie des Internationalen Promotionsprogramms am Fachbereich Chemie bündelte. An diesem Modell orientierte man sich, als 2005/2006 die Dahlem Research School (DRS) gegründet wurde.

Analog zu Molecular Science wurde die DRS als Dacheinrichtung konzipiert, unter der strukturierte, vielfach interdisziplinäre Promotionsstudiengänge aus unterschiedlichen Fachbereichen der Universität versammelt sind. Mit der Bestellung des Direktors von Molecular Science zum Gründungsdirektor der DRS war Kontinuität hergestellt. Im Gegensatz zum Promotionsstudiengang Molecular Science ist die DRS nicht an einzelne Fachbereiche angebunden, sondern untersteht als wissenschaftliches Zentrum direkt dem Präsidium. Die DRS hat eine eigene Satzung, eine 15-köpfige **Ständige Kommission** bestehend aus einem Direktor sowie je einem Vertreter der elf Fachbereiche und der drei Zentralinstitute verantwortet die Grundsatzentscheidungen.

2.2.2 Top-down: Die Dahlem Research School in der Exzellenzinitiative

Die DRS wurde im Rahmen der Exzellenzinitiative zu einem Baustein des Zukunftskonzeptes und profitierte maßgeblich von der Unterstützung durch den Vizepräsidenten für Forschung, der die Verankerung der DRS in die bestehenden Strukturen der Universität vorantrieb. Dies war umso wichtiger, da die DRS zunächst ein virtuelles Zentrum war.

2007 erhielt die DRS schließlich umfangreiche finanzielle Mittel aus der Exzellenzinitiative. Die Geschäftsstelle, bestehend aus einem wissenschaftlichen Direktor, einem Geschäftsführer, zwei Referenten und zwei Sachbearbeitern, wurde eingerichtet und Maßnahmen zur Förderung der strukturierten Promotion konzipiert.

2.3 Etablierung der Dahlem Research School, Akzeptanz als zentrale Herausforderung

Für den Erfolg einer neuen, zentral angesiedelten Einrichtung, die zunächst eher den Charakter eines Projektes hatte, ist es ganz wesentlich, dass sie nicht nur von der Leitungsebene eingeführt, sondern auch von einer breiten Basis getragen wird. Um den Mehrwert der

Einführung getragen von einer breiten Basis

neu eingerichteten DRS zu vermitteln, wurden Maßnahmen und Anreizinstrumente entwickelt, die der Unterstützung von Personen und Einrichtungen dienten, von denen nicht alle bisher von dem Erfolg der Freien Universität in der Exzellenzinitiative profitiert hatten.

2.3.1 Finanzielle Anreize und Unterstützung für die Mitgliedsprogramme

Die Bewerbung um eine Mitgliedschaft erfolgt nicht durch Einzelpersonen, sondern im Rahmen von Promotionsprogrammen

Anders als an anderen zentralen Graduierteneinrichtungen werden nicht Einzelpersonen in die DRS aufgenommen, vielmehr bewerben sich die Promotionsprogramme um eine Mitgliedschaft. Voraussetzung für die Aufnahme ist die Entwicklung eines dreijährigen Promotionsstudiums mit eigener Ordnung (Promotionsstudienordnung, s. dort).

Anreize durch flexibel einsetzbare finanzielle Mittel

Durch flexibel einsetzbare finanzielle Mittel war es möglich, Anreize zu schaffen, um dem Modell strukturierter Promotion à la DRS an der FU Berlin zum Durchbruch zu verhelfen. Zur Unterstützung neuer Initiativen wurden Anschubfinanzierungen für die Konzeption und Ausarbeitung von Förderanträgen für extern finanzierte Promotionsprogramme vergeben. Um bereits aufgenommene Mitgliedsprogramme gezielt zu stärken, wurden zusätzlich Individualstipendien ausgeschrieben. Stipendien mit einer Laufzeit von bis zu 36 Monaten dienten der Vollfinanzierung eines Promotionsvorhabens, Kurzzeitstipendien zur flexiblen Überbrückung von Förderlücken.

2008 wurden zehn neue Programme in die DRS aufgenommen. Sechs Programme verfügten zum Zeitpunkt ihrer Aufnahme noch nicht über eine gesicherte Finanzierung. Vier Programmen gelang es in der Folgezeit, Finanzierung aus unterschiedlichen Quellen einzuwerben (z. B. DFG, EU und verschiedenen Stiftungen). Damit wurde der Mehrwert der vergleichsweise geringen Anschubförderung (maximal 25 000 Euro) eindrücklich belegt.

Nachdem die DRS 2009 16 Mitgliedsprogramme mit insgesamt 340 Promovierenden unter ihrem Dach vereinte, und eine gewisse »grundständige« Akzeptanz erreicht worden war, wurden die Vollstipendien durch ein Bündel neuer Finanzierungsmaßnahmen ersetzt, die den spezifischen Bedürfnissen von Promovierenden in unterschiedlichen Situationen Rechnung tragen sollten (z. B. Förderung von Kongressreisen, Forschungsaufenthalten im Ausland, Zuschüsse zu selbstorganisierten Veranstaltungen, Überbrückungsstipendien, Kinderzuschläge, Stipendienverlängerungen in Notlagen etc.). Pro Jahr wurden ca. 100–120 Maßnahmen gefördert.

2.3.2 Angebote mit Mehrwert

Einrichtung der Geschäftsstelle

Mit der Einrichtung der Geschäftsstelle war es wichtig, durch neue Angebote innerhalb der Universität möglichst schnell sichtbar zu werden. Zwei Bereiche wurden als priorität definiert:

1. Verbesserung des Angebots für internationale Doktoranden
2. Aufbau eines Kursprogramms zur Vermittlung von wissenschaftsrelevanten Schlüsselqualifikationen (Transferable Skills Program).

Welcome Service   Für internationale Promovierende der DRS wurde ein Welcome Service aufgebaut, der sich um Pre-Arrival und Integration Support kümmert und vierwöchige **Orientation Weeks** ausrichtet. Das Angebot an Deutschkursen wurde systematisch erweitert, eine Informationsbroschüre für internationale Promovierende erstellt, die an alle Fachbereiche und Betreuer (Sekretariate) verteilt wurde und sich für die Promotionsbüros und Sekretariate als wertvolle Arbeitshilfe erwies.

Transferable Skills Program   Das Transferable Skills Program startete im Frühjahr 2009 mit dem Ziel, Promovierende bei der Weiterentwicklung von Fertigkeiten zu unterstützen, die sowohl für ihren Erfolg als junge Forscher als auch für den späteren Berufseinstieg nützlich sind. Dementsprechend fußt das Konzept auf drei Säulen.

> **Die drei Säulen des Transferable Skills Program**
> 1. **Academic Performance:** mit Veranstaltungen zum wissenschaftlichen Präsentieren, Schreiben, etc., die für eine Professionalisierung in der Wissenschaft von Nutzen sind.
> 2. **Management Competencies:** mit Kursen zu Projekt- und Zeitmanagement, Kommunikation, Verhandlungsführung etc., wichtige Fertigkeiten für künftige Führungskräfte.
> 3. **Career Development:** mit dem Ziel, den Blick der Promovierenden möglichst frühzeitig auch auf den außeruniversitären Arbeitsmarkt zu lenken.

Professional Development Program   Vorhandene Angebote anderer Bereiche wurden im Laufe der Zeit mit einbezogen, sodass mittlerweile ca. 70 Veranstaltungen pro Semester zur Verfügung stehen. Die Workshops werden einzeln evaluiert, das Programm wird bei Bedarf adaptiert. Das Transferable Skills Program hat sich von Anfang an außerordentlich großen Zuspruchs erfreut und zusammen mit den Orientation Weeks dafür gesorgt, dass der Bekanntheitsgrad der DRS innerhalb der Universität relativ schnell wuchs. Das Programm wird kontinuierlich ausgebaut und wurde im Jahr 2012 konzeptionell zum Professional Development Program weiterentwickelt (◘ Abb. 2.1).

2.3.3 Dienstleistung statt Bürokratie

Mit jeder neuen nicht wissenschaftlichen Einrichtung in einer Universität werden Befürchtungen laut, dass dort ein bürokratischer

Die DRS als Serviceangebot

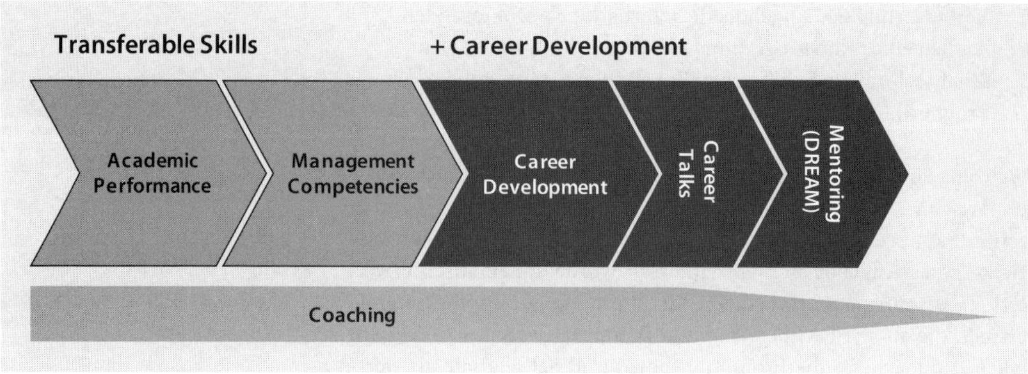

Transferable Skills + **Career Development**

- Academic Performance
- Management Competencies
- Career Development
- Career Talks
- Mentoring (DREAM)

Coaching

Abb. 2.1 Professional Development Program der Dahlem Research School (DRS)

»Wasserkopf« entstehe, der die Ausübung von Wissenschaft eher behindert denn fördert. Umso wichtiger ist es, dass eine Einrichtung wie die DRS ihren Servicecharakter herausstellt und das Angebot an Dienstleistungen insbesondere von den Wissenschaftlern als unterstützend wahrgenommen wird.

Die DRS ist Impulsgeber für Verbesserungen im Promotionsbereich, z. B. der Optimierung des Informations- und Beratungsangebots. Durch verbesserte Abstimmung zwischen den verschiedenen beteiligten Einrichtungen, wie Studienberatung, Career Service, Forschungsabteilung, zentraler Datenverarbeitung, Öffentlichkeitsarbeit etc., konnten an der FU Berlin die Zuständigkeiten der einzelnen Einheiten neu definiert, Lücken identifiziert und eine Art Workflow erarbeitet werden, der ein effizientes Verfahren sicherstellt und Doppelarbeit verhindert. Neu entwickelt wurden u.a. ein zentrales Promotionsportal sowie Informationsveranstaltungen für Promotionsinteressenten.

Neue Projektinitiativen erhalten bei der DRS Beratung zum Aufbau von Promotionsprogrammen und Unterstützung bei der Konzeption von Drittmittelanträgen durch allgemeine Informationen, Klärung spezifischer Fragen bis hin zur Zulieferung von Textbausteinen sowie in einigen Fällen sogar bis zur bedarfsgerechten Ausarbeitung spezieller Antragsteile, z. B. Curricula. Dieses Angebot erfährt steigende Nachfrage, wobei die DRS als kompetenter Partner wahrgenommen wird, der mit guten Ideen und Tipps die Qualität der Anträge befördern kann. Sehr geschätzt wird auch die schnelle Reaktion der Mitarbeiter angesichts des häufig hohen Zeitdrucks bei knappen Antragsfristen und ihr Bemühen, bedarfsgerechte, pragmatische Lösungen für die Besonderheiten des Einzelfalles zu entwickeln.

Die DRS hat selbst erfolgreich ein größeres EU-Projekt zur Förderung von Postdocs eingeworben, wovon die Wissenschaftler unmittelbar profitieren.

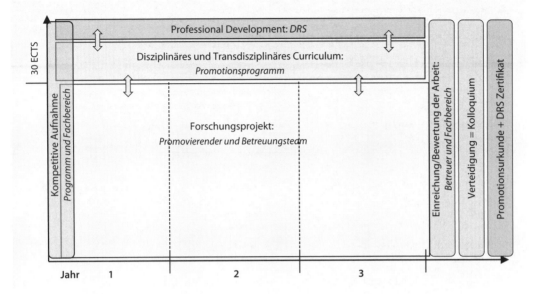

◘ Abb. 2.2   Arbeitsteilung und Verantwortlichkeiten in Programmen der Dahlem Research School (DRS)

2.3.4   Arbeitsteilung der Akteure

Zu Beginn bestand seitens einiger Fachbereiche die Befürchtung, dass die DRS sich mittelfristig in die Belange der Fachbereiche und Promotionsprogramme einmischen würde. Die Bedenken verringerten sich deutlich, als kommuniziert wurde, dass man nicht beabsichtigte das Promotionsrecht anzutasten, die Aufgaben der Fachbereiche an sich zu reißen oder die Sichtbarkeit der Promotionsprogramme zu behindern. Das DRS-Modell sieht eine klare Trennung der Verantwortlichkeiten vor (◘ Abb. 2.2).

DRS-Modell mit klarer Trennung der Verantwortlichkeiten

Verantwortlichkeiten im DRS-Modell
- Die **Fachbereiche** sind unverändert für das formale Promotionsverfahren von der Annahme bis zur Disputation zuständig. Ihnen obliegt die Vergabe des Titels.
- Die **DRS** übernimmt die Durchführung des Professional Development Program.
- Die **Promotionsprogramme** verantworten die Ausschreibungs- und Auswahlprozesse sowie den disziplinären und überfachlichen Teil des Curriculums.
- Die **Betreuungsteams** in den Promotionsprogrammen unterstützen die Promovierenden in ihren Forschungsvorhaben.

Tab. 2.1 Qualitätssicherung in der Dahlem Research School (DRS)

Ebene	Akteure/Verantwortlichkeit	Maßnahmen
Promovierende	Promotionsprogramm	– Kompetitive Auswahlverfahren – Mehrfachbetreuung
Promotionsprogramme	Betreuerteam	– Betreuungsvereinbarung – Fortschrittsgespräche/-berichte (mindestens jährlich)
	Ständige Kommission	Aufnahmeverfahren (Programme): – Promotionsstudienordnung – Befristete Aufnahme (2 Jahre) – Zwischenevaluation
	Dahlem Research School (DRS)	– Datenabfrage (jährlich): individuelles Feedback an Programme – Strategiegespräche (2-jährlich): Best Practice Katalog – Weiterentwicklung der Standards: Empfehlungen für (neue) Programme
Dahlem Research School (DRS)	Promovierende	– Zufriedenheitsstudien – Evaluation Transferable Skills Programm
	International Council der FU Berlin (jährlich)	– Progress Report und Diskussion – Empfehlungen des International Council
	Institut für Forschungsinformation und Qualitätssicherung (iFQ)	– Promovierendenpanel ProFile (jährlich) – Datenanalyse und Bericht: Stärken-Schwächen-Analyse, Vergleich strukturiert versus klassisch, Vergleich FU Berlin versus andere Universitäten

2.3.5 Qualitätssicherung mit Rückkoppelung

Ähnlich wie die oben beschriebene Trennung der Zuständigkeiten für das Promotionsgeschehen an der FU Berlin ist auch die Qualitätssicherung auf mehreren Ebenen angelegt: Promovierende, Promotionsprogramme und auch die DRS werden nach festgelegten Kriterien regelmäßig evaluiert (◘ Tab. 2.1).

Promovierende Auf der Ebene der Promovierenden stellen kompetitive Auswahlverfahren sicher, dass neue Kandidaten sehr gut qualifiziert sind. Ein Team von mindestens zwei, in der Regel drei Betreuern gewährleistet eine intensive Betreuung, deren Eckpunkte in einer Betreuungsvereinbarung fixiert werden. Mindestens einmal jährlich treffen sich die Promotionsteams zu sogenannten Progress Monitorings, in denen der Fortschritt der Arbeit diskutiert und wichtige Schritte für die nächste Phase schriftlich festgelegt werden. Die Verantwortlichkeit für die genannten Maßnahmen liegt bei den Programmen, die der DRS hierüber im Rahmen der Strategiegespräche (s.u.) berichten müssen.

Feedback als wesentliche Maßnahme zur Qualitätssicherung der DRS

Mitgliedsprogramme Nach Aufnahme in die DRS werden alle Mitgliedsprogramme regelmäßig evaluiert: Jedes Jahr erhebt die DRS wichtige Kennzahlen, wie die Zahl der Promovierenden, Daten zu weiblichen/internationalen, erfolgreichen Abschlüssen, Studienabbrecher etc., die zu einem statistischen Jahresbericht zusammengefasst werden. Jedes Mitgliedsprogramm erhält einen individuellen Bericht, der ausweist, wie das Programm in den zentralen Indikatoren gegenüber dem Durchschnitt aller Programme aus der jeweiligen Fächergruppe abschneidet. Hierdurch erhalten die Mitglieder regelmäßig Feedback zu potenziellem Entwicklungsbedarf. Alle zwei Jahre werden sogenannte Strategiegespräche geführt, in denen z. B. die Organisation der Ausschreibungs- und Auswahlverfahren, Entwicklung des Curriculums, Internationalisierung u.a. erörtert werden. Die Gespräche dienen dem Austausch zu Erfahrungen, Problemen, Veränderungspotenzial sowie Wünschen und Erwartungen an die DRS und sind wertvoll für die Beratung aktueller und neuer Programme sowie für die Weiterentwicklung der DRS-Angebote. Besonders herausragende Maßnahmen werden in einem **Best-Practice-Katalog** zusammengestellt, der allen Mitgliedern zugänglich ist. Durch die beschriebenen Feedbackschleifen ist es gelungen, dass die Maßnahmen zur Qualitätssicherung der DRS weniger als Kontrolle, denn als Möglichkeit des gegenseitigen Austausches betrachtet werden, der die wechselseitige Vertrauensbildung vorangebracht hat.

International Council Zusätzlich wird auch die DRS selbst regelmäßig durch den International Council der FU Berlin im Rahmen der Beratungen zum Zukunftskonzept evaluiert. In Ergänzung dazu nimmt die FU Berlin seit 2010 am ProFile Panel des Instituts für Forschungsinformation und Qualitätssicherung (iFQ) teil, einer Längsschnittstudie zur Untersuchung der Promotionsbedingungen sowie der späteren Karriereverläufe der Absolventen.

Die Grafik (◘ Abb. 2.3) illustriert das Wachstum der DRS und spiegelt deren zunehmende Akzeptanz in der Universität seit 2006 wider. Im Jahr 2012 waren ca. 1 000 Promovierende in 23 Programmen Mitglieder der DRS, das sind ca. 22 % der Promovierenden an der FU Berlin. Unter den Professoren ist die Beteiligung sogar noch höher: Circa 50 % der Hochschullehrer sind als Betreuer innerhalb der DRS-Programme aktiv.

2.4 Work in Progress: Die Entwicklung bis 2012

Der stete Austausch mit den Akteuren, die wertvollen Anmerkungen des International Council, aber auch die selbstkritische Analyse führen dazu, dass die Angebote, Maßnahmen und Prozesse der DRS kontinuierlich weiterentwickelt werden. Nachfolgend sollen ausgewählte Punkte beschrieben werden, die in den letzten Jahren überdacht und angepasst wurden.

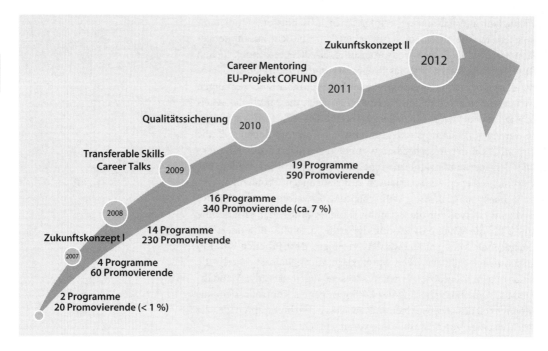

☐ Abb. 2.3 Entwicklung der Dahlem Research School (DRS) zwischen 2006 und 2012

2.4.1 Finanzierung und Sicherung der Qualität von Programmen

Organisatorische und inhaltliche Aspekte maßgeblich für die Aufnahme neuer Programme

Es stellte sich schnell heraus, dass die DRS-Vollstipendien nicht den erwarteten strukturbildenden Effekt hatten. So entstanden in den ersten Jahren einige Programme, denen es nicht gelang, externe Finanzierungen in nennenswertem Umfang einzuwerben. Es zeigte sich, dass für den längerfristigen Bestand eines Programms weniger die Finanzierung der Promovierenden, sondern vielmehr das Vorhandensein einer Koordination entscheidend ist, da mit deren Arbeit die Qualität eines Programms in aller Regel steht oder fällt. In der Folge wurde die Vergabe von Vollstipendien durch andere Maßnahmen abgelöst. Seit 2011 orientiert sich die Aufnahme neuer Programme mehr an organisatorischen und inhaltlichen Aspekten. Die Mitgliedschaft erfolgt zunächst befristet für drei Jahre und wird erst nach positiver Evaluation verlängert.

2.4.2 Promotionsstudienordnungen

Entwicklung einer Promotionsstudienordnung als Voraussetzungen für die DRS-Mitgliedschaft

Um in der DRS Mitglied zu werden, muss jedes Programm eine eigene Promotionsstudienordnung entwickeln. Kernelemente sind geregelte Aufnahmeverfahren, Mehrfachbetreuung mit Betreuungsvereinbarung, regelmäßige Fortschrittsgespräche mit Dokumentationspflicht sowie ein begleitendes Curriculum. Die Ordnung muss von der Ständigen Kommission und den beteiligten Fachbereichen genehmigt werden. Sie wird der Berliner Senatsverwaltung angezeigt und im Amtsblatt der Freien Universität veröffentlicht. Die Promotionsstudienordnung ersetzt nicht die Promotionsordnung des Fachbereiches, sondern regelt zusätzlich zu dieser die strukturierte Promotion in der DRS.

Obwohl dieser Prozess vergleichsweise bürokratisch ist, trägt er dazu bei, dass sich Programme im Vorfeld ihrer Aufnahme intensiv mit den Standards der DRS auseinandersetzen. Die begleitende Beratung durch die DRS hilft den Programmen, realistische, auf die Belange der Promotion zugeschnittene Konzepte zu entwickeln und vermeidet überfrachtete Curricula.

2.4.3 Nachhaltigkeit

Bislang setzen sich die Mitglieder der DRS vorwiegend aus drittmittelgeförderten Programmen von begrenzter Dauer zusammen. Mit Blick auf eine interne Konsolidierung, aber auch auf eine höhere Nachhaltigkeit wird seit dem Jahr 2010 nicht mehr jedes neue Projekt, z. B. ein Graduiertenkolleg, als eigenes Mitgliedsprogramm aufgenommen.

Ergänzend wurde 2010 hierzu das Konzept der »Leitprogramme« entwickelt. Diese Leitprogramme bieten thematisch verwandten Promotionsprogrammen ein gemeinsames Dach und tragen dazu bei, die Nachhaltigkeit der erreichten Qualitätsentwicklung für das Promotionsgeschehen an der FU Berlin auch über die Laufzeiten der durch verschiedene Drittmittel geförderten Promotionsprogramme sicherzustellen.

2.4.4 Breitenwirkung

Mit Beginn der Förderung durch die Exzellenzinitiative wurde innerhalb der DRS und der FU Berlin diskutiert, ob der Auftrag der DRS als »Exzellenz«-Zentrum in der Förderung einer zahlenmäßig kleinen Spitze hoch qualifizierter Doktoranden bestehen soll oder ob das Modell eher in die Breite wirken sollte. Von externen Evaluationsgremien, wie dem International Council, wurde wiederholt kritisiert, dass die DRS ein Füllhorn an attraktiven Angeboten über eine vergleichsweise geringe Zahl an Promovierenden ausbreite.

Im ursprünglichen Exzellenzkonzept war die Mehrzahl der Doktoranden allein aus thematischen und weniger aus Qualitätsgesichtspunkten von der Teilnahme ausgeschlossen. Dies betraf auch Promovierende auf Mitarbeiterstellen der Professoren, die aufgrund der Vielzahl von Verpflichtungen in der Regel deutlich längere Promotionszeiten aufweisen und für die eine Unterstützung durch die DRS besonders hilfreich wäre. An attraktiven Angeboten, wie dem Transferable Skills Program oder den Orientation Weeks, entzündete sich schon früh Kritik von Fachbereichen, Betreuern und Individualpromovierenden, die sich ausgeschlossen fühlten. Mit Unterstützung der externen Evaluationsgremien erfolgte die schrittweise Öffnung der DRS, die damit auch die gewünschte Breitenwirkung möglich machte.

2.5 Ausblick

Ziel: Steigerung der strukturierten, themenoffenen Promotionsprogramme auf 50 %

Mit dem Einstieg in die zweite Förderphase des Zukunftskonzeptes erfährt die DRS eine neue Ausrichtung. Seit dem Jahr 2012 erhalten Fachbereiche die Möglichkeit, eigenständig ein oder mehrere Promotionsprogramme zu entwickeln und in eigener Regie zu tragen, sodass alle ihre Doktoranden am Angebot der DRS partizipieren können. Diese Programme unterliegen denselben Qualitätsstandards wie alle anderen Mitgliedsprogramme der DRS. Wie schon bisher, basiert auch diese Entwicklung auf Freiwilligkeit: Fachbereichen steht es frei, entsprechende Programme zu entwickeln, und Promovierende haben die Wahl zwischen Individual- und Programmpromotion. Über Zielvereinbarungen mit den Fachbereichen will das Präsidium diesen Prozess steuern und den Anteil der Promovierenden an der FU Berlin in strukturierten Programmen in den nächsten Jahren auf ca. 50 % steigern.

Die bisherige Konzentration auf die Promotion verkennt die Kontinuität akademischer Karrieren und die Notwendigkeit kontinuierlicher Förderung auch der Postdoc-Phasen, daher erweitert sich der Auftrag der DRS im Rahmen des **Karrierewegemodells** des neuen Zukunftskonzeptes auf den promovierten Nachwuchs. Sie hält verschiedene Förderlinien zur Finanzierung **früher Postdocs** bereit. Basierend auf den Erfahrungen mit strukturierten Promotionsprogrammen beschränkt sich auch die Förderung der Postdocs nicht allein auf die Finanzierung. Vielmehr werden internationale Rekrutierung, institutionelle Einbindung, finanzielle Förderung, zielgruppenspezifische Qualifizierung und Karriereentwicklung in einem kohärenten Ansatz integriert, wobei drei Zentren arbeitsteilig vorgehen.

> **Strategische Zentren der FU Berlin**
> - Das **Center for Research Strategy** (ehemals Center for Cluster Development) bietet Finanzierungsmöglichkeiten für fortgeschrittene Nachwuchswissenschaftler (Nachwuchsgruppen und W2-Professuren auf Zeit).
> - Das **Center for International Cooperation** ist mit seinen internationalen Außenbüros u.a. zuständig für die internationale Rekrutierung hoch qualifizierter Nachwuchswissenschaftler.
> - Die **DRS** übernimmt die Qualifizierung aller Stadien des wissenschaftlichen Nachwuchses von der Promotion bis zur Erstberufung.

◘ Abb. 2.4 Qualifizierungsprogramm der Dahlem Research School (DRS) im Überblick

Spezifisch für den promovierten Nachwuchs entwickelt wurde das sogenannte **Academic Leadership Program**, das gezielt künftige Professoren auf ihre (Führungs-)Aufgaben vorbereitet und auf die drei Bereiche Lehre/Hochschuldidaktik, (Projekt-/Zeit-)Management und Leitung/Personalverantwortung fokussiert (◘ Abb. 2.4). Alle drei strategischen Zentren werden durch Mitglieder der Hochschulleitung (Präsident und zwei Vizepräsidenten) gesteuert.

Zwischen 2007 und 2012 hat sich das Team der Geschäftsstelle vergrößert, aus den anfänglich zwei Referentenstellen sind 5,5 Vollzeitstellen geworden. Der wissenschaftliche Direktor der DRS wurde im Jahr 2010 Präsident der Freien Universität und hat dieses Amt auch in seiner neuen Funktion noch immer inne. Dies hat der DRS eine noch stärkere Anbindung an die Hochschulleitung beschert, die für ihre Entwicklung sehr förderlich war.

Der Zuwachs an Aufgaben in der zweiten Förderphase erfordert eine neue Organisationsstruktur der Geschäftsstelle (◘ Abb. 2.5). Künftig bilden die drei Bereiche Promotionsprogramme, Postdoc-Programme und Qualifizierung die Arbeitsschwerpunkte der DRS ab. Angesichts der weiter wachsenden Zahl an Mitgliedsprogrammen wird der Bereich Promotionsprogramme in zwei Fächergruppen ge-

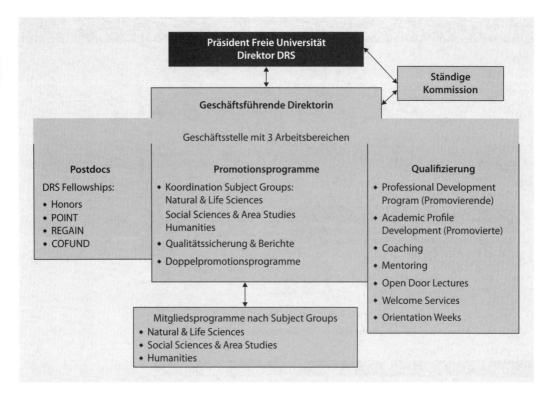

◻ Abb. 2.5   Organisationsmodell und Aufgabenbereiche der Dahlem Research School (DRS)

gliedert: Humanities & Social Sciences und Natural & Life Sciences, für die jeweils ein Koordinator als Ansprechpartner fungiert. Dieser soll den Austausch und die Vernetzung der Programme fördern, ein gemeinsames fächergruppenspezifisches curriculares Angebot, z. B. bestimmte Methodenkurse, entwickeln und die Kooperation mit den Fachbereichen intensivieren.

2.6 Fazit

Die Gründung der DRS bildete zunächst ein Experiment mit ungewissem Ausgang. Ein ganz wesentlicher Faktor für den späteren Erfolg war, dass die Hochschulleitung das Vorhaben von seinen Anfängen an tatkräftig unterstützte.

Der Erfolg in der Exzellenzinitiative 2007 förderte die Akzeptanz nicht nur durch die Auszeichnung, sondern vor allem durch die Möglichkeit zur Gewährung finanzieller Anreize und durch die Entwicklung attraktiver Angebote, die ansonsten mangels Ausstattung länger hätten auf sich warten lassen. Die Exzellenzinitiative 2012 bildete die nochmalige Bestätigung der Auszeichnung, die die Skeptiker, wenn nicht überzeugte, so doch weitgehend verstummen ließ.

2.6 · Fazit

Auch wenn die Einrichtung der DRS Top-down erfolgte, so war doch deren Entwicklung ein dynamischer, Bottom-up getriebener Prozess, der von Anfang an auf Freiwilligkeit und Überzeugung gesetzt hat. Eine Oktroyierung von oben widerspräche der »Kultur« der FU Berlin und wäre wohl rasch zum Scheitern verurteilt gewesen. Der Akzeptanz förderlich sind das Selbstverständnis als Dienstleister für Wissenschaftler und Promovierende (zeitnahe und kompetente Antworten auf Fragen), Dialogbereitschaft und Flexibilität zur Anpassung an unterschiedliche Gegebenheiten und Bedürfnisse bei gleichzeitiger Wahrung der gesetzten Standards. Als Learning Organisation befindet sich die DRS in einem kontinuierlichen Prozess der Weiterentwicklung mit dem Ziel einer stetigen Verbesserung ihres Angebots.

Lessons learned

- **Work in Progress:** So wie sich das Promotionsgeschehen entwickelt, müssen auch die Angebote, Maßnahmen und Prozesse einer zentralen Graduierteneinrichtung immer wieder adaptiert werden.
- **Strukturentwicklung:** Um längerfristige Veränderungen im Promotionsgeschehen zu erreichen, bedarf es mehr als einer großzügigen Individualförderung. Organisatorische Aspekte, z. B. das Vorhandensein einer Programmkoordination, können einen wesentlichen Beitrag zur längerfristigen Weiterentwicklung des Promotionsgeschehens leisten.
- **Qualitätssicherung:** Intensive Beratungen zur Programmgestaltung (inhaltlich und organisatorisch), das Formulieren von Programmleitlinien und ihre Veröffentlichung tragen wesentlich zur Qualitätssicherung bei.
- **Nachhaltigkeit:** In Ergänzung zu temporären Drittmittelprojekten sollten durch übergeordnete Leitprogramme Einzelförderungen zusammengefasst werden, um Kontinuität und Nachhaltigkeit zu sichern.

TUM Graduate School an der Technischen Universität München

Michael Klimke

3.1 Zielsetzung – 36

3.2 Strukturen – 37
3.2.1 Graduiertenzentren – 37
3.2.2 Gremien – 38
3.2.3 Mitgliedschaft – 39
3.2.4 Finanzierung und Nachhaltigkeit – 40

3.3 Qualifizierungsprogramm und Services – 40
3.3.1 Fachliche Qualifizierung – 41
3.3.2 Wissenschaftliche Netzwerkbildung – 41
3.3.3 Internationalisierung – 42
3.3.4 Überfachliche Schlüsselkompetenzen – 42
3.3.5 Services – 43

3.4 Qualitätsmanagement – 43
3.4.1 Strukturierende Elemente im Promotionsprozess – 44
3.4.2 Organisationsstrukturen und Prozesse – 44

3.5 Bilanz und Ausblick – 45

Literatur – 47

Die TUM Graduate School hebt die hohen wissenschaftlichen Standards einer Promotion an der Technischen Universität München (TUM) weiter an und fördert die forschungs- und berufsqualifizierenden Schlüsselkompetenzen der Doktoranden. Über die individuellen Promotionsarbeiten hinaus schafft sie den Rahmen für fakultätsübergreifende thematische Schwerpunkte und steigert die internationale Sichtbarkeit der Nachwuchsförderung an der TUM.

Promovierende als Leistungsträger der Forschung an der TUM

Die Doktoranden sind Leistungsträger der Forschung an der TUM. Die Universität bietet ihnen beste Rahmenbedingungen und ermöglicht internationale Spitzenforschung. Um die wissenschaftlichen Standards weiter anzuheben und die forschungs- und berufsqualifizierenden Schlüsselkompetenzen der Promovierenden zu fördern, hat die TUM 2009 die TUM Graduate School (► http://www.gs.tum.de/) gegründet. Ihre Wurzeln liegen in der durch die Exzellenzinitiative des Bundes und der Länder seit 2006 geförderten TUM International Graduate School of Science and Engineering (IGSSE, ► http://www.igsse.tum.de/).

3.1 Zielsetzung

Wissenschaftliche Qualifizierung im Zentrum der Förderung durch die TUM Graduate School

In der TUM Graduate School lässt die TUM ihr Konzept der Unternehmerischen Universität auch in die Ausbildung ihrer Promovierenden einfließen. Folgende Übersicht verdeutlicht die Ziele der TUM Graduate School.

> **Ziele der TUM Graduate School**
> - Förderung der wissenschaftlichen Qualifizierung und interdisziplinären Orientierung der Doktoranden
> - Intensivierung der internationalen Zusammenarbeit
> - Vermittlung von überfachlichen Schlüsselkompetenzen (»Soft Skills«) für Karrieren in Wissenschaft und Industrie
> - Einführung wesentlicher strukturierender Elemente in die Promotion
> - Wissenschaftliche Netzwerkbildung und Identitätsstiftung

Umsetzung der Empfehlungen der führenden Wissenschaftsorganisationen

Mit der Umsetzung dieser Ziele greift die TUM die Handlungsempfehlungen des Wissenschaftsrates (Wissenschaftsrat 2002), der Deutschen Forschungsgemeinschaft (DFG 2004), der European University Association (EUA 2005) und anderer Wissenschaftsorganisationen (acatech 2008) auf und setzt diese konsequent um. Im Mai 2011 erhielt die TUM Graduate School den Sonderpreis der Deutschen Akademie der Technikwissenschaften (Hippler 2012).

☐ Abb. 3.1   Struktur der TUM Graduate School.

3.2 Strukturen

Die TUM Graduate School ist als Zentrale Wissenschaftliche Einrichtung dem Hochschulpräsidium zugeordnet und steht allen Promovierenden offen. Sie überbrückt unterschiedliche Promotionskulturen und integriert sowohl die Individualpromovierenden als auch die Mitglieder extern geförderter Doktorandenkollegs.

3.2.1 Graduiertenzentren

Die Grundstruktur der TUM Graduate School bilden die Fakultäts- und Thematischen Graduiertenzentren (☐ Abb. 3.1):
- Fakultätsgraduiertenzentren sind Promotionsprogramme der Fakultäten, die sich insbesondere an Individualpromovierende (Promotion im Wesentlichen am Lehrstuhl) richten, die sie entsprechend der jeweiligen Fachkultur fördern.
- Thematische Graduiertenzentren sind interdisziplinäre, in der Regel überfakultäre Promotionsprogramme mit eigener, meist externer Finanzierung.

Fakultätszentrierte und interdisziplinäre Promotionsprogramme binden alle Promovierenden ein

Innerhalb des ersten Jahres haben alle 13 Fakultäten Fakultätsgraduiertenzentren gegründet. Zwölf interdisziplinäre Promotionsprogramme wurden als Thematische Graduiertenzentren in die TUM Graduate School integriert, darunter:
- TUM International Graduate School of Science and Engineering (IGSSE), durch die Exzellenzinitiative des Bundes und der Länder gefördert

Kooperative Promotionsprogramme mit externen Partnern

- TUM Graduate School of Information Science in Health (GSISH, gsish.tum.edu)
- Doktorandenprogramme der Clusters of Excellence an der TUM
- DFG-Graduiertenkollegs, u.a. Regulation and Evolution of Cellular Systems (RECESS, ▶ http://www.cellular-systems.de/), eine Kooperation mit der Moscow State University und der Ludwig-Maximilians-Universität (LMU) München
- Promotionsstudiengang Angewandte Mathematik mit Promotion (TopMath, ▶ http://www.ma.tum.de/TopMath)
- International Helmholtz Graduate School for Plasma Physics (HEPP, ▶ http://www.ipp.mpg.de/ippcms/de/job/hepp/), ein 2011 gegründetes gemeinsames Promotionsprogramm mit der Max-Planck-Gesellschaft
- Helmholtz Graduate School Environmental Health (HELENA, ▶ http://www.helmholtz-helena.de/), ein gemeinsames Promotionsprogramm von Helmholtz-Zentrum München, TUM und Ludwig-Maximilians-Universität (LMU) München
- Kooperatives Graduiertenkolleg Gebäudetechnik und Energieeffizienz (GTEE, ▶ http://www.hm.edu/), 2012 zusammen mit der Hochschule München gegründet und vom Freistaat Bayern gefördert

Kooperation mit internationalen Forschergruppen und Universitäten

Viele Thematische Graduiertenzentren weisen starke internationale Anteile auf, speziell die IGSSE mit 30 internationalen Forschergruppen in Kooperation mit ausländischen Spitzenuniversitäten (u.a. Stanford University, Massachusetts Institute of Technology [MIT], University of Queensland, Tsinghua University, Eidgenössische Technische Hochschule [ETH] Zürich). Im 2012 gegründeten Thematischen Graduiertenzentrum TUM CREATE in Singapur (▶ http://www.tum-create.edu.sg/) arbeiten 80 Promovierende der TUM und der Nanyang Technological University an Fragestellungen der Elektromobilität.

Andere, kleinere oder fachlich auf eine Fakultät begrenzte Promotionsprogramme haben sich als Unterstruktur einem Fakultätsgraduiertenzentrum angegliedert. Weitere Graduiertenzentren mit externen Partnern sind in Planung bzw. werden verhandelt.

3.2.2 Gremien

Organisationsform mit zentralen und dezentralen Strukturen fördert Dialog und Eigenverantwortung

Die TUM Graduate School wird vom Graduate Dean geleitet, der dem Hochschulpräsidium berichtet. Graduate Dean, vier der Sprecher der Graduiertenzentren sowie zwei Doktorandenvertreter bilden den Vorstand. Dieser entscheidet über die strategische Ausrichtung, überprüft die satzungsgemäße Umsetzung der Ziele und gibt Impulse zur Weiterentwicklung des Promotionswesens an der TUM. Ein externer Wissenschaftlicher Beirat (Scientific Council) mit ausgewiesenen Persönlichkeiten aus Wissenschaft, Wirtschaft und Gesellschaft hat beratende Funktion.

Der Graduate Dean wird durch eine Geschäftsstelle mit aktuell zehn Mitarbeitern unterstützt, die für Mitgliederverwaltung, Kursorganisation, Finanzen, Marketing und Qualitätsentwicklung zuständig sind. Inhaltliche Arbeitsfelder sind die Weiterentwicklung des überfachlichen Qualifizierungsprogramms, die Betreuung internationaler Kooperationen sowie die Beratung von Promovierenden.

Die Organisationsform der TUM Graduate School mit zentralen und dezentralen Strukturen und Einrichtungen gewährleistet einen intensiven Dialog, nach innen ebenso wie mit dem Hochschulpräsidium, den Fakultäten und den Promovierenden. Diese werden durch den Graduate Council (Doktorandenkonvent) repräsentiert, der sich aus je zwei Vertretern der jeweilgen Graduiertenzentren zusammensetzt. Aus seiner Mitte wählt er einen Sprecher, der einen Sitz im Senat der TUM innehat. Darüber hinaus organisiert der Graduate Council zahlreiche Veranstaltungen, die der Vernetzung und Identitätsstiftung unter den Promovierenden dienen.

3.2.3 Mitgliedschaft

Die Mitgliedschaft in der TUM Graduate School ist freiwillig: Promovierende entscheiden in Absprache mit ihren Betreuern, ob sie ihrem Fakultätsgraduiertenzentrum oder – bei entsprechender Aufgabenstellung – einem Thematischen Graduiertenzentrum beitreten. Externe Promovierende, die in einem Arbeitsverhältnis außerhalb der TUM stehen, können nur Mitglieder werden, wenn ihr Promotionsprogramm als Thematisches Graduiertenzentrum in die TUM Graduate School eingebunden ist.

Zum 30. November 2012 betrug der Mitgliederstand 2 002 Doktoranden (◘ Abb. 3.2). Damit sind aktuell 45 % der ca. 4 500 Promovierenden an der TUM Mitglieder der TUM Graduate School. Etwa 60 Neueintritten pro Monat stehen derzeit etwa zehn Absolventen gegenüber.

45 % der Promovierenden haben sich in drei Jahren für eine Mitgliedschaft entschieden

Der Anteil internationaler Mitglieder liegt bei 28 % und ist höher als bei den TUM-Promovierenden insgesamt. Die meisten internationalen Promovierenden stammen aus China. Aus dem außereuropäischen Raum sind weiter Indien, Iran, Pakistan, Türkei und Ägypten stark vertreten. Von den europäischen Ausländern kommen die meisten aus Italien, Österreich, Rumänien und Frankreich.

Großes Interesse von internationalen Promovierenden

Aktuell haben Frauen einen Anteil von 33 % an den Studienabschlüssen an der TUM, die mit ihren Studiengängen in sieben der dreizehn Fakultäten traditionell »männerlastig« ist. Jedoch sinkt der Frauenanteil beim Übergang in die Promotionsphase nicht und beträgt – universitätsweit wie in der TUM Graduate School – rund ein Drittel.

Frauenanteil: Keine »Leaky Pipeline« beim Übergang von der Master- in die Promotionsphase

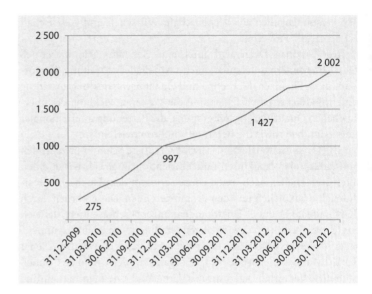

☐ Abb. 3.2 Entwicklung der Mitgliederzahlen der TUM Graduate School.

3.2.4 Finanzierung und Nachhaltigkeit

TUM Graduate School als dauerhafte Einrichtung, zentral aus Hochschulmitteln finanziert

Die TUM Graduate School ist als dauerhafte Einrichtung angelegt und wird zentral aus Haushaltsmitteln finanziert. Das jährliche Budget beträgt ca. 2 Mio. Euro, ohne die extern geförderten Promotionsprogramme. Eine mit der Mitgliederzahl anwachsende Finanzierung auf bis zu 4 Mio. Euro ist zugesagt. Aus diesem Budget werden die fachspezifischen Leistungen in den Graduiertenzentren, die überfachlichen Netzwerk- und Qualifizierungsveranstaltungen sowie Gutscheine für die internationale Forschungsphase der Promovierenden finanziert.

Über die nachhaltige Finanzierung hinaus wurde eine dauerhafte organisatorische und räumliche Infrastruktur geschaffen: die TUM Graduate School hat mit dem Exzellenzzentrum auf dem Garchinger Campus ein eigenes Gebäude mit Schulungs- und Veranstaltungsräumen sowie Büros.

3.3 Qualifizierungsprogramm und Services

Großes Angebot an Kursen und Services, Nutzung und Teilnahme individuell gestaltbar

Die TUM Graduate School bietet den Promovierenden eine große Auswahl an anspruchsvollen Kursen zur Entwicklung persönlicher und berufsqualifizierender Kompetenzen. Sie setzt Anreize zur interdisziplinären und internationalen Vernetzung und unterstützt die Publikationstätigkeit. Durch flexible und fachspezifisch sensible Regelungen können die Doktoranden ihr individuelles Qualifizierungsprogramm passgenau an ihre persönlichen Bedürfnisse adaptieren.

3.3.1 Fachliche Qualifizierung

Die Lehrstühle und Institute der TUM sowie die Graduiertenzentren (portal.mytum.de/gs/graduiertenzentren) bieten den Promovierenden vielfältige Möglichkeiten, ihr Forschungsfeld weiter zu vertiefen oder um interdisziplinäres Know-how zu erweitern. Dies können z. B. doktorandenspezifische Seminar- und Vorlesungsreihen, Sommerschulen, Doktorandenkolloquien und Journal Clubs sein. Oft greifen die Graduiertenzentren gezielt Angebote einzelner Lehrstühle (z. B. Gastvorlesungen oder Doktorandenkolloquien) auf und machen diese fakultätsweit zugänglich. Darüber hinaus organisieren sie Tage der Promotion und Methodenkurse (z. B. Programmierung, Statistik, Computer-aided Design [CAD], Matlab, Literaturrecherche). Veranstaltungen zu Innovationsmethodik, STS (Science, Technology & Society), Vereinbarkeit von Familie und Beruf sowie spezifische Kurse zur Antragstellung bei Förderorganisationen ergänzen das Programm. Von den Promovierenden wird der Besuch von Veranstaltungen im Umfang von mindestens sechs Semesterwochenstunden erwartet, die auf die gesamte Promotionszeit verteilt werden können.

Zur Unterstützung der Publikationstätigkeit – an der sich in den meisten Disziplinen der Erfolg wissenschaftlicher Arbeit misst – bietet die TUM Graduate School einen englischsprachigen Lektoratsservice, den die Promovierenden kostenfrei nutzen können. Alle Mitglieder der TUM Graduate School müssen Teile ihrer Forschungsergebnisse in mindestens einer begutachteten, englischsprachigen Fachzeitschrift oder den Proceedings einer internationalen Tagung (mit Fachgutachterverfahren) veröffentlichen bzw. eingereicht haben.

Breites fachliches Angebot der Fakultäten und Lehrstühle

3.3.2 Wissenschaftliche Netzwerkbildung

Für die Netzwerkbildung unter den Promovierenden sind die Auftaktseminare das wesentliche Qualifizierungselement der TUM Graduate School. Jeweils ca. 80–100 Promovierende aller Fachrichtungen sowie Gastdoktoranden internationaler Kooperationspartner kommen zu Beginn ihrer Promotion vier Tage lang auf der Fraueninsel im Chiemsee oder an anderer Stelle außerhalb der Universität zusammen. Dort tauschen sie sich über ihre Promotion und übergreifende wissenschaftliche Fragestellungen aus. Dabei werden sie durch Vorträge von hochrangigen Gästen aus Wissenschaft und Industrie und durch Workshops mit erfahrenen Trainern unterstützt. Ein besonderes Highlight ist der Science-Slam, bei dem die Teilnehmenden ausgewählte Promotionsthemen als gemeinschaftliche Theaterperformance aufführen. Ziel der Übung sind der Dialog und die Auseinandersetzung mit »anderen« wissenschaftlichen Themen und Methoden. Durch die wechselnde Einteilung in Klein- und Großgruppen fördern die Auftaktseminare gezielt die Interaktion der Promovierenden. Vielfach resultieren daraus Facebook- und XING-Gruppen, aber auch fortbestehende Peergroups und Freundschaften.

Förderung der persönlichen Netzwerke der Promovierenden durch überfachlichen Austausch

Auch in den überfachlichen Kursen der TUM Graduate School tauschen sich Promovierende aller Fachrichtungen in intensiver Arbeitsatmosphäre aus. Veranstaltungen in den Fakultäten bauen Brücken zwischen den Lehrstühlen und Fachgebieten. Weitere Vernetzungsmöglichkeiten bieten offizielle Festveranstaltungen der TUM Graduate School, auf denen u.a. die Absolventen ihre Zertifikate feierlich überreicht bekommen.

3.3.3 Internationalisierung

Förderung der internationalen Orientierung durch Joint-Degree-Programme und Gastaufenthalte im Ausland

Die persönlichen Netzwerke der Promovierenden werden durch die (teilweise) Finanzierung einer internationalen Forschungsphase gefördert. Je nach Bedürfnis und Möglichkeiten kann ein mehrwöchiger Forschungsaufenthalt an einem wissenschaftlichen Institut im Ausland (Empfehlung), die Präsentation auf einer internationalen Konferenz oder eine Einladung und gemeinsame Forschungsarbeit mit internationalen Gästen an der TUM unterstützt werden.

Das mit Abstand beliebteste Ziel der Promovierenden sind die USA, danach kommen west- und osteuropäische Länder. Der ostasiatische Raum, Südamerika und andere Regionen der Welt sind noch unterrepräsentiert. Hier will das Internationalisierungsprogramm »TUM-GS@5 Continents« Abhilfe schaffen, das über strategische Partnerschaften mit renommierten Universitäten weltweit zusätzliche Austauschmöglichkeiten schafft. So wurden bereits kooperative Doktorandenprogramme (im Stile eines Joint PhD) mit ParisTech, der Nanyang Technological University in Singapur und der King Abdullah University of Science and Technology in Saudi-Arabien eingerichtet. Die GSISH hat seit 2011 ein Austauschprogramm mit der Johns Hopkins University (USA) im Bereich Medizintechnik. In Erasmus-Mundus-Netzwerken fördert die TUM Graduate School den Austausch mit Universitäten in Japan, Korea und Argentinien. Darüber hinaus werden die Antragsteller internationaler Graduiertenkollegs durch qualitätssichernde Beiträge unterstützt.

Für Promovierende ausländischer Partneruniversitäten bietet die TUM Graduate School Kurzzeitaufenthalte in München an (Auftaktseminar und 1–3 Wochen Laboraufenthalt an einem fachlich passenden Lehrstuhl; TUM-Doktorand als Peer Mentor). Das Welcome Office hilft bei der Wohnraumsuche und Integration der Gäste.

3.3.4 Überfachliche Schlüsselkompetenzen

Niveauvolles, doktorandenspezifisches Angebot zur Förderung forschungs- und berufsqualifizierender Schlüsselkompetenzen

Doktoranden werden mit einem fachübergreifenden Qualifizierungsprogramm gezielt gefördert und erhalten wertvolle Instrumente zur Unterstützung ihrer wissenschaftlichen Arbeit und ihrer persönlichen Kompetenz- und Karriereentwicklung. Kurse zu Teamfähigkeit, Lehrkompetenz, interkulturellem Umgang, Moderations- und Kreativitätstools, Projektmanagement, Bewerbungs- und Veröffentlichungstraining bis hin zu Rhetorik, Fremdsprachen, Programmier- und Statistikgrundlagen vermitteln Kompetenzen, die während und nach der Promotionsphase gewinnbringend eingesetzt werden können. Semesterweise setzt die TUM Graduate School inhaltliche Schwerpunkte, die sich an den Leitthemen Internationalität, Interdisziplinarität, Führung und Verantwortung, Projektmanagement und Interaktion mit der Öffentlichkeit orientieren. Von den Promovierenden wird die Teilnahme an mindestens drei Fortbildungsangeboten während ihrer Promotionszeit erwartet.

Sämtliche Angebote sind von Inhalt, Niveau und Organisationsform auf die speziellen Bedürfnisse von Doktoranden zugeschnitten und exklusiv für diese zugänglich. In den ersten drei Jahren wurden von der TUM Graduate School 170 Spezialkurse angeboten. Andere Weiterbildungseinrichtungen der TUM haben weitere 200 anspruchsvolle Kurse (u.a. zu Mitarbeiterführung, Emotionaler Kompetenz, Stressmanagement, Entscheidungskompetenz) pro Semester im Programm, an denen auch Promovierende teilnehmen können.

3.3.5 Services

Gemäß dem Diversity-Leitbild der TUM fördert die TUM Graduate School Wissenschaft und Innovation in einer offenen Gesellschaft und unterstützt die Teilnahme aller am wissenschaftlichen Diskurs. Das Welcome Office berät Bewerber aus aller Welt zum allgemeinen Ablauf einer Promotion sowie zu Finanzierungsmöglichkeiten, Krankenversicherung oder Visa-Angelegenheiten. Es bietet erstmals an der TUM einen Wohnraumservice für Promovierende. Mit der Organisation von kulturellen Veranstaltungen und Ausflügen wird insbesondere internationalen Doktoranden geholfen, ihr Gastland Bayern besser kennenzulernen. Diese Aktivitäten werden durch das Stipendien- und Betreuungsprogramm des Deutschen Akademischen Austauschdienstes (DAAD) finanziert. Während ihrer Auftaktseminare oder für die Phase des Erstellens der Dissertation bietet die TUM Graduate School promovierenden Eltern flexible Kinderbetreuung an. Im Rahmen des Coachingprogramms wird individuell auch zu Diversity-Aspekten beraten. Die Graduiertenzentren beraten ebenfalls zu Fragen rund um die Promotion und unterstützen den Aufbau kollegialer Beratungsgruppen. Im Graduate Council geben engagierte Doktoranden ihr Wissen an neu Hinzukommende weiter.

Schaffung einer Willkommenskultur und Förderung von Diversity

3.4 Qualitätsmanagement

Anspruch, Größe und Programm der TUM Graduate School erfordern effektives Qualitätsmanagement auf allen Ebenen – für den eigentlichen Promotionsprozess ebenso wie für Organisationsstrukturen und Prozesse.

3.4.1 Strukturierende Elemente im Promotionsprozess

Strukturierung des Promotionsvorhabens durch frühzeitigen Abschluss einer Betreuungsvereinbarung

Qualitätssicherung im Promotionsprozess selbst beginnt mit dem frühzeitigen Eintrag des Kandidaten oder der Kandidatin in die Promotionsliste der Fakultät. Binnen sechs Monaten schließt dieser mit Doktormutter/-vater und Zweitbetreuer (Mentor) eine schriftliche Betreuungsvereinbarung ab, die das Promotionsprojekt inhaltlich und zeitlich strukturiert. Der Mentor kann fakultativ für die Zweitbegutachtung der Dissertation vorgesehen sein. Auch Persönlichkeiten aus Industrie und Gesellschaft können als Mentoren gewonnen werden.

Die Betreuungsvereinbarung enthält einen jederzeit fortschreibbaren Arbeitsplan, der das Promotionsprojekt zeitlich gliedert und eine zügige Fertigstellung grundsätzlich begünstigt. Sie lässt Raum für weitere Festlegungen, beispielsweise hinsichtlich der avisierten internationalen Forschungsphase oder der Vereinbarkeit von Familie und Beruf. Nach spätestens zwei Jahren erfolgt eine Zwischenevaluation. Im Falle von Konflikten stehen allen Mitgliedern der TUM Graduate School eine Schiedsstelle sowie die Ombudspersonen der TUM beratend und als Schlichter zur Verfügung.

Zertifizierung der erfolgreichen Teilnahme am Qualifizierungsprogramm

Am Ende der Promotion – sofern die formulierten Erwartungen erfüllt sind – stellt die TUM Graduate School ein Zertifikat und ein Transcript of Records über die erbrachten Leistungen aus. Dieses kann von den Absolventen gewinnbringend im Bewerbungsprozess eingesetzt werden.

3.4.2 Organisationsstrukturen und Prozesse

Qualitätsmanagement zur kontinuierlichen Verbesserung aller Prozesse

Das Ziel des Qualitätsmanagements der Organisationsstrukturen, des Programms und der Prozesse ist die Sicherstellung der Leistungsfähigkeit der TUM Graduate School. Inhaltlich und strukturell erfolgt dies über die vom Statut vorgesehenen Gremien (Vorstand, Sprecherkreis, TUM Graduate Council, Scientific Council, Schiedsstelle) und Abläufe (Sitzungen, Wahlverfahren, Zielvereinbarungen, Statusberichte, Budgetierung/Controlling). Durch die Vernetzung der TUM Graduate School über internationale Kooperationen und Organisationen findet ein Benchmarking mit führenden Akteuren im internationalen Promotionsgeschehen statt.

Das Qualifizierungsprogramm der TUM Graduate School unterliegt einem kontinuierlichen Verbesserungsprozess, der in hohem Maß auf dem Feedback der Promovierenden und eingesetzten Trainer basiert. Eine umfassende Befragung von Mitgliedern und Alumni ist für 2014 geplant.

3.5 Bilanz und Ausblick

In den gut dreieinhalb Jahren ihres Bestehens hat sich die TUM Graduate School als Promotionsnetzwerk an der TUM etabliert. Mehr als 2 000 Promovierende nutzen heute das fachliche, interdisziplinäre und überfachliche Qualifizierungsangebot. Innerhalb von eineinhalb Jahren wurden in allen Fakultäten Graduiertenzentren gegründet und die bereits existierenden Promotionsprogramme integriert. Die individuellen Promotionsvorhaben der Doktoranden werden durch Beratungsangebote unterstützt und durch Betreuungsvereinbarungen strukturiert. In Seminaren, wissenschaftlichen Workshops und während der internationalen Forschungsphase schaffen und erweitern sie ihr persönliches und berufsqualifizierendes Netzwerk.

Im ersten Halbjahr 2012 fand eine hochschulinterne Evaluation der TUM Graduate School statt. Die Rückmeldungen von Mitgliedern und Absolventen (bereits über 200) machten den unmittelbaren Nutzen und den großen Erfolg der TUM Graduate School deutlich. In der Diskussion mit dem Hochschulpräsidium und den zuständigen Gremien konnten zentrale Erfolgsfaktoren und Lessons learned identifiziert werden (s.u.). Handlungsbedarf ergab sich insbesondere aus den Qualitätsvorgaben der neuen Promotionsordnung vom Mai 2012 hinsichtlich der Einbindung externer Doktoranden, der Einführung einer universitätsweiten Promotionsliste und der verwaltungstechnischen Erfassung aller Promovierenden.

Erfolgsfaktoren und Lessons learned

Eine Weiterentwicklung der TUM Graduate School zielt daher auf eine Klärung der Organisationsstrukturen und eine noch stärker auf die individuellen Notwendigkeiten und Neigungen der Promovierenden abgestimmte Förderung ab. Dafür sind und bleiben die intensive Betreuung an den Lehrstühlen sowie die Einbindung in disziplinäre und interdisziplinäre Forschungsstrukturen die zentralen Elemente. Ein übergreifender, strukturierender Rahmen mit höchsten, international anerkannten Qualitätsstandards sowie einem breiten überfachlichen Qualifizierungsprogramm ist aber ebenfalls unverzichtbar. Die TUM Graduate School mit ihren Fakultäts- und Thematischen Graduiertenzentren wird diesen Rahmen ab dem Sommer 2013 organisieren und den Promotionsprozess hochschulweit unterstützen. Folgende Übersicht verdeutlicht die wesentlichen Neuerungen bzw. Modifikationen, die umzusetzen sind.

Weiterentwicklung der TUM Graduate School gemäß den Vorgaben der neuen Promotionsordnung

Geplante Neuerungen und Modifikationen des Promotionsprozesses an der TUM

1. Alle Doktoranden der TUM – interne wie externe – werden automatisch Mitglieder der TUM Graduate School und in das qualitätsvolle, internationale und interdisziplinäre Promotionsnetzwerk eingebunden.
2. Damit verknüpft ist die Pflicht zur frühzeitigen Eintragung in die Promotionsliste und die semesterweise Rückmeldung.

> Dies ermöglicht es, die Gesamtzahl der Promovierenden an der TUM sowie strategisch relevante Kennzahlen zu erfassen.
> 3. Alle Promovierenden absolvieren vor Einreichen ihrer Dissertation ein grundlegendes Qualifizierungsprogramm. Das Angebot der TUM Graduate School wird verbreitert und vom Anspruch her weiter gesteigert. Eine wissenschaftliche Begleitung ist vorgesehen.

Fachspezifische und Detailaspekte werden mit den Akteuren in der Universität bis zum Sommer 2013 weiter diskutiert und näher spezifiziert. Die TUM Graduate School koordiniert diesen Prozess und unterstützt ihn durch entsprechende Marketingmaßnahmen.

Lessons learned

- **Überzeugende Vision und klar formulierte Ziele:** Universitätsweite, »beste internationale« Standards – angepasst an individuelle und fachspezifische Besonderheiten – waren die Leitlinien bei der Einführung der TUM Graduate School. Ziele können im Lauf der Zeit angepasst, Standards angehoben werden.
- **Involvierung aller Beteiligten:** Die Top-down-Unterstützung der TUM Graduate School durch das Hochschulpräsidium war zentral während der Implementierungsphase. Der Dialog mit den Fakultäten und der Verwaltung, auch mit kritischen Stimmen diente der Profilschärfung (Bottom-up). Die Promovierenden waren wesentliche Treiber im gesamten Prozess.
- **Kommunikation und Information:** Die von Anfang an hohe Sichtbarkeit der TUM Graduate School und ihrer Veranstaltungen hat das Wachstum und den Erfolg beschleunigt. Aber auch ein gutes Programm ist kein Selbstläufer und muss adäquat und kontinuierlich kommuniziert werden.
- **Fokussierung auf die Promovierenden:** Die Schaffung von Angeboten und Anreizen zur Qualifizierung, Internationalisierung und Vernetzung der Promovierenden standen im Vordergrund der Aufbauarbeit. Adäquate Personal- und Verwaltungsstrukturen der TUM Graduate School wurden sukzessive aufgebaut.
- **Ausreichende und nachhaltige Finanzierung:** Die flexible und nachhaltige finanzielle Unterstützung der TUM Graduate School durch die Universität hat Freiräume für kreative Wissenschaft und adäquates Wissenschaftsmanagement geschaffen.

Literatur

acatech (Deutsche Akademie der Technikwissenschaften) (2008) Empfehlungen zur Zukunft der Ingenieurpromotion – Wege zur weiteren Verbesserung und Stärkung der Promotion in den Ingenieurwissenschaften an Universitäten in Deutschland. acatech, Stuttgart

DFG (Deutsche Forschungsgemeinschaft) (2004) Thesen und Empfehlungen zur universitären Ingenieurausbildung. DFG, Bonn

EUA (European University Association) (2005) Doctoral Programmes for the European Knowledge Society: Report on the EUA doctoral programmes project. EUA, Brüssel/Belgien

Hippler H (Hrsg) (2012) Ingenieurpromotion – Stärken und Qualitätssicherung. Beiträge eines gemeinsamen Symposiums von acatech, TU9, ARGE TU/TH und 4ING. Springer, Berlin

Wissenschaftsrat (2002) Empfehlungen zur Doktorandenausbildung. Wissenschaftsrat, Saarbrücken

Karlsruhe House of Young Scientists (KHYS) am Karlsruher Institut für Technologie

Britta Trautwein

4.1 Einleitung – 50

4.2 Eckdaten und Organisationsstruktur – 51

4.3 Aufgaben – 52
4.3.1 Information und Beratung – 53
4.3.2 Unterstützung und Förderung – 54
4.3.3 Qualitätssicherung – 57

4.4 Günstige Rahmenbedingungen und Herausforderungen – 58

Literatur – 61

Das Karlsruhe House of Young Scientists (KHYS) ist als Dacheinrichtung eingebettet in eine umfassende Strategie der Nachwuchsförderung am Karlsruher Institut für Technologie (KIT). Es richtet sich an alle Promovierenden und Junior-Postdoktoranden (bis zwei Jahre nach der Promotion) sowie an deren Betreuer. Als übergreifende Kommunikations- und Interaktionsplattform fördert das KHYS insbesondere die Selbstständigkeit, Internationalisierung und Vernetzung sowie die überfachlichen Kompetenzen junger Wissenschaftler. Es unterstützt den offenen wissenschaftlichen und überfachlichen Austausch und dient damit der Vorbereitung auf vielfältige Berufsanforderungen in Wissenschaft und Industrie. Neben den Förderangeboten ist auch die Qualitätssicherung der Promotionsphase von zentraler Bedeutung und wird in Zukunft noch an Gewicht gewinnen.

4.1 Einleitung

Kernaufgaben der Universitäten

Die Qualifizierung und Förderung des wissenschaftlichen Nachwuchses zählt zu den Kernaufgaben der Universitäten. Beides trägt entscheidend zur Zukunfts- und Leistungsfähigkeit unserer Gesellschaft im internationalen Wettbewerb bei, denn Nachwuchswissenschaftler sind wesentlich an den Ausbildungs- und Forschungsleistungen des deutschen Hochschulsystems beteiligt. Diese Aufgabe hat sich in den vergangenen Jahrzehnten deutlich verändert und ausgeweitet.

Erhöhte Anforderungen

Die Anforderungen an Nachwuchswissenschaftler wandeln sich. Neben ihren Aufgaben in der Forschung, Lehre und Verwaltung müssen sie heute viel früher Verantwortung übernehmen und in der Scientific Community sichtbar werden (Verfassen von Publikationen, Halten von Vorträgen etc.). Insgesamt sind sie einem sehr hohen Leistungsdruck ausgesetzt. Aber auch die Universitäten müssen sich dem steigenden nationalen und internationalen Wettbewerb um Spitzenkräfte stellen. Außerdem wächst der Bedarf an hoch qualifizierten Wissenschaftlern und Fachkräften in Wissenschaft und Industrie. Um diesen Anforderungen gerecht zu werden, müssen institutionelle, materielle und soziale Rahmenbedingungen in den Forschungseinrichtungen verbessert werden.

Zur gezielten Unterstützung des wissenschaftlichen Nachwuchses wurden daher am Karlsruher Institut für Technologie (KIT) drei disziplinübergreifende Einrichtungen (◘ Abb. 4.1) gegründet:
— House of Competence (HoC)
— Karlsruhe House of Young Scientists (KHYS)
— Young Investigator Network (YIN)

Einrichtungen zur gezielten Unterstützung des wissenschaftlichen Nachwuchses am KIT

Diese stellen zentrale Elemente der KIT-Strategie dar und werden ständig weiterentwickelt.

Das HoC richtet sich an Studierende. Das KHYS in erster Linie an Promovierende und Junior-Postdocs, das YIN als selbstverwaltetes unabhängiges Netzwerk der Nachwuchsgruppenleiter und Junior-

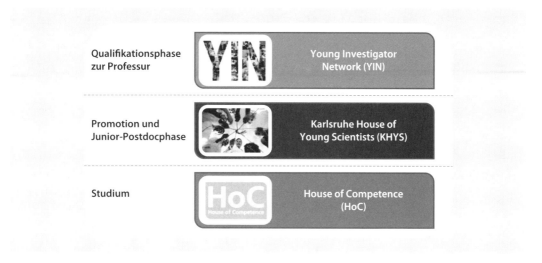

□ Abb. 4.1 Nachwuchsförderung am Karlsruher Institut für Technologie (KIT) – disziplinübergreifende Einrichtungen

professoren an diejenigen, die sich für eine Professur qualifizieren möchten. Alle drei Einrichtungen haben für die jeweilige Karrierestufe (Studium, Promotion und Junior-Postdoc-Phase sowie Qualifikationsphase zur Professur) ein umfassendes Angebot entwickelt. Dieses unterstützt insbesondere die Selbstständigkeit, Internationalisierung und Vernetzung, überfachliche Qualifikation sowie die Vorbereitung auf berufliche Anforderungen in Wissenschaft, Gesellschaft und Wirtschaft. Die fachliche Qualifizierung und disziplinabhängige Begleitung und Betreuung der Nachwuchswissenschaftler obliegt jeweils den Instituten, Fakultäten und Promotionsprogrammen.

4.2 Eckdaten und Organisationsstruktur

Das KIT ist eine Universität des Landes Baden-Württemberg und nationales Forschungszentrum in der Helmholtz-Gemeinschaft. Es wurde am 1. Oktober 2009 als Zusammenschluss der Forschungszentrum Karlsruhe GmbH und der Universität Karlsruhe (TH) gegründet. Im KIT vereinen sich die Missionen der beiden Vorläuferinstitutionen: einer Universität in Landeshoheit mit Aufgaben in Lehre und Forschung und einer Großforschungseinrichtung der Helmholtz-Gemeinschaft mit programmorientierter Vorsorgeforschung im Auftrag des Staates. Innerhalb dieser Missionen positioniert sich das KIT entlang der drei Handlungsfelder Forschung, Lehre und Innovation. Es ist mit seinen rund 160 Instituten vor allem naturwissenschaftlich und technisch ausgerichtet und mit rund 9 000 Mitarbeitern, ca. 3 200 Promovierenden (□ Tab. 4.1), 24 000 Studierenden und einem Jahresbudget von etwa 800 Mio. Euro eine der größten Forschungs- und Lehreinrichtungen Deutschlands.

Karlsruher Institut für Technologie (KIT)

Tab. 4.1 Zahlen und Fakten (Stand August 2011)

	Anzahl (ca.)	Frauen-anteil (%)	Ausländer-anteil (%)	Arbeiten in der Großforschung (%)
Promovierende	3 200	26	18	25
Junior-Postdocs	370	27	28	29

Lenkungsausschuss

Das KHYS wurde 2007 im Rahmen der Exzellenzinitiative als Plattform der Nachwuchsförderung gegründet. Als strategisches Instrument der Nachwuchsförderung am KIT und als zentrale Einrichtung ist das KHYS beim Vizepräsidenten für Forschung und Information angesiedelt. Ein Lenkungsausschuss begleitet das KHYS bei seiner Weiterentwicklung und seinen Programmen. Dieses Gremium ist mit Wissenschaftlern des Universitäts- und Großforschungsbereiches aller Karrierestufen besetzt. Vorsitzende sind der Vizepräsident für Forschung und Information und der Vizepräsident für Studium und akademische Angelegenheiten. Dadurch ist eine enge Verzahnung des KHYS mit der Wissenschaft und seinen Akteuren in den Instituten gegeben. Dies ist der internen Akzeptanz des KHYS und seiner Förderangebote sehr förderlich. Seit Mitte 2010 ist auch die Geschäftsstelle des YIN am KHYS angesiedelt.

Promotionsprogramme

Das KHYS richtet sich an alle Promovierenden und Junior-Postdoktoranden des KIT, deren Betreuer sowie Promotionsinteressierte. Darüber hinaus integriert und vernetzt das KHYS als »Dach der Nachwuchsförderung« alle Promotionsprogramme am KIT: zwei Graduiertenschulen der Exzellenzinitiative, zwei Helmholtz-Graduiertenschulen, sechs DFG-Graduiertenkollegs, fünf Helmholtz-Kollegs und vier weitere Promotionsprogramme u.a. mit der Industrie.

4.3 Aufgaben

Das KHYS ist die zentrale Anlaufstelle für alle Belange rund um das Promovieren am KIT und die anschließende Postdoktorandenzeit. Es gewährleistet eine umfassende Beratung und Unterstützung von Promovierenden und Postdoktoranden.

Ziele des Karlsruhe House of Young Scientists (KHYS)
— Ermutigung und Befähigung junger Wissenschaftler, eigenständig exzellente Forschung in internationalen Forschungsteams zu betreiben und ihre vielfältigen Aufgaben in Lehre und Management professionell zu erfüllen, und Unterstützung bei ihrer Karriereentwicklung

4.3 · Aufgaben

Information und Beratung	Unterstützung und Förderung	Qualitätssicherung
■ Promovieren am KIT ■ Finanzierungsmöglichkeiten Promotion ■ Finanzierungsmöglichkeiten Auslandsaufenthalte ■ Abwicklung verschiedener Stipendienprogramme (u.a. Carl Zeiss, Telekom, Eliteförderung, Helmholtz-Postdoktorandenprogramm) ■ Abwicklung Preise (u.a. Boysen, KIT-Doktorandenpreis) ■ Abwicklung und Betreuung der Landesgraduiertenförderung ■ KHYS-Netzwerk	Internationalisierung, Vernetzung und Selbstständigkeit: ■ Auslandsstipendium ■ Gaststipendium ■ »Kontakte knüpfen« ■ Weiterqualifizierungszuschuss ■ Veranstaltungsunterstützung ■ KIT PhD Symposium Kompetenz- und Karriereentwicklung: ■ Überfachliche Weiterbildung ■ KHYS-Foyergespräche ■ KHYS-Doktorandentage	■ Verbesserung der administrativen Abläufe und Prozesse für Promovierende ■ Doktorandenbefragungen ■ Doktorandenerfassung ■ Antragsunterstützung der Promotionsprogramme (Betreuungs- und Qualifizierungskonzept) ■ Vernetzung/Unterstützung der Promotionsprogramme ■ Erarbeitung von Best-Practice-Beispielen und Instrumentenkasten ■ Promotionsstandards ■ Mindeststandards der Betreuung ■ Rahmenpromotionsordnung

◘ **Abb. 4.2** Aufgabenspektrum des Karlsruhe House of Young Scientists (KHYS)

— Weiterentwicklung der Nachwuchsförderung und Sicherung der Qualität der Promotionsphase.
— Unterstützung der Internationalisierung des KIT.
— Steigerung der Attraktivität des KIT als Forschungsstätte für junge Wissenschaftler.

Das Aufgabenspektrum des KHYS (◘ Abb. 4.2) gliedert sich demzufolge in drei Aufgabenbereiche: Information und Beratung, Unterstützung und Förderung sowie Qualitätssicherung.

Aufgabe der KHYS: Beratung, Förderung und Qualitätssicherung

4.3.1 Information und Beratung

In den vergangenen Jahren hat der Bedarf an Information und Beratung deutlich zugenommen. Allein im Jahr 2012 wurden am KHYS rund 1 000 Anfragen zu Themen wie Promovieren am KIT, Finanzierung der Promotion, Stipendien u.a. bearbeitet. Um die Nachwuchswissenschaftler direkt erreichen zu können, wurde bereits 2008 das KHYS-Netzwerk etabliert. Über dieses Netzwerk werden rund 2 100 Doktoranden und Junior-Postdoktoranden kostenfrei und unverbindlich über aktuelle (Fach-)Veranstaltungen und Angebote auf dem Laufenden gehalten sowie rechtzeitig an Fristen, z. B. für die

KHYS-Netzwerk

Koordination von Stipendienprogrammen und Preisen

Bewerbung um Stipendien und Preise, erinnert. Die Mitgliedschaft im KHYS-Netzwerk ist Voraussetzung für die Nutzung aller KHYS-Angebote.

Des Weiteren koordiniert das KHYS verschiedene Stipendienprogramme und Preise. Im Rahmen der Landesgraduiertenförderung des Landes Baden-Württemberg werden z. B. Vollstipendien an Promovierende vergeben und diese betreut. Ferner schreibt das KHYS den jährlich zu vergebenden KIT-Doktorandenpreis aus, der anlässlich der Akademischen Jahresfeier an sechs ehemalige Promovierende des KIT verliehen wird.

4.3.2 Unterstützung und Förderung

Vergabe von Fördermitteln

Schwerpunkt dieses Aufgabenbereiches ist die direkte Vergabe von Fördermitteln an junge Wissenschaftler im internen Wettbewerb zur Unterstützung der Internationalisierung, internen und internationalen Vernetzung, Selbstständigkeit sowie Kompetenz- und Karriereentwicklung.

Die Promotionsphase am KIT wird als erster beruflicher Abschnitt verstanden. Daher wurde bei der Konzeption der verschiedenen Programme darauf geachtet, dass sie nicht nur Unterstützung für die Promotion selbst, sondern auch für den weiteren Karriereweg auf dem Arbeitsmarkt bieten. Des Weiteren erfolgte die Konzeption der Programme unter der Maßgabe, dass die Teilnahme auf Freiwilligkeit basiert und sie deswegen durch ihre Attraktivität überzeugen müssen.

Internationalisierung, Vernetzung und Selbstständigkeit

Heutzutage ist es für junge Wissenschaftler notwendig, sich international und interdisziplinär zu vernetzen. Auslandsaufenthalte sowie der Kontakt mit internationalen Forschern werden auch für Doktoranden zunehmend wichtiger. Ferner sind das Kennenlernen anderer Wissenschaftssysteme, der Erwerb interkultureller Fähigkeiten am Arbeitsplatz sowie der Ausbau von Sprachkompetenzen vorteilhaft. Für eine wissenschaftliche Karriere sind Auslandserfahrungen und internationale Kontakte unabdingbar. Aber auch in der Industrie werden internationale Erfahrungen erwartet. Die Stipendien und Förderprogramme des KHYS bieten hierzu mehrere Optionen, die zum Teil aufeinander aufbauen und gut miteinander kombinierbar sind.

Forschungsaufenthalte im Ausland

KHYS-Auslandsstipendium Das KHYS-Auslandsstipendium fördert einen drei- bis sechsmonatigen Forschungsaufenthalt im Rahmen der wissenschaftlichen Arbeit an einer ausländischen Universität, Forschungseinrichtung oder in einem Unternehmen. Der Auslandsaufenthalt soll die eigene Forschungsarbeit bereichern. Finanziert werden Lebenshaltungskosten und eine Reisepauschale. Nachwuchswissenschaftler mit Familien erhalten zusätzliche Mittel und flexible Spielräume bei der Gestaltung ihres Auslandsaufenthaltes. Die rund 300 bisher geförderten Forschungsaufenthalte waren durchweg erfolgreich und bedeuteten einen Mehrwert sowohl für die Forschungsarbeit als auch persönlich. Zahlreiche Publikationen in Zusammenarbeit mit der Gasteinrichtung, neue Kooperationen für die Institute, eine Erweiterung des wissenschaftlichen Netzwerkes und Perspektiven für eine weitere wissenschaftliche Karriere waren die Folge.

KHYS-Gaststipendium Komplementär zum Auslandsstipendium wurde das KHYS-Gaststipendium konzipiert. Mit diesem können Promovierende und Postdoktoranden junge ausländische Kollegen für einen Besuch zum fachlichen Austausch und zur gemeinsamen Forschung ans KIT einladen. Im Rahmen des Gaststipendiums werden ein Zuschuss zu Lebenshaltungskosten für einen ein- bis sechsmonatigen Forschungsaufenthalt der Gastnachwuchswissenschaftler und eine Reisepauschale vergeben. Aus dieser Fördermaßnahme resultierten bisher u.a. Publikationen, Kooperationen und spätere Auslandsaufenthalte der KIT-Nachwuchswissenschaftler. Rund ein Viertel der Gastnachwuchswissenschaftler entschieden sich, im Anschluss an einen Gastaufenthalt am KIT zu bleiben und ihre Arbeit fortzusetzen.

Gäste aus dem Ausland

»Kontakte knüpfen« Das Programm »Kontakte knüpfen« will Promovierende befähigen und motivieren, selbstständig neue internationale Kontakte aufzubauen, um so das persönliche Netzwerk zu erweitern. Beispielsweise können renommierte Wissenschaftler oder Arbeitsgruppen im Ausland für eine erste Kontaktaufnahme besucht werden, die dem eigenen Fachgebiet nahestehen und für die eigenen Forschungen relevant sind. Insofern kann das Programm auch dafür genutzt werden, einen längeren Auslandsaufenthalt vorzubereiten. Ebenso besteht die Möglichkeit, mehrere Kontaktideen zu realisieren oder auch nur einzelne renommierte Wissenschaftler ans KIT einzuladen. Den Ideen der Promovierenden sind dabei keine Grenzen gesetzt, der Kontakt muss nur absolut neu sein und selbst aufgebaut werden. Das KHYS bietet dafür finanzielle Unterstützung in Form eines Reisekostenzuschusses sowie einer umfangreichen Betreuung von der Idee bis zur Kontaktaufnahme mit Start- und Abschlussworkshop. Der Startworkshop dient den Nachwuchswissenschaftlern dazu, ihre Kontaktidee zu konkretisieren. Gemeinsam mit einem Coach wird herausgearbeitet, wer letztlich kontaktiert werden soll, wie die Kontaktaufnahme im jeweiligen Fall gestaltet werden kann und welche Hürden möglicherweise zu überwinden sind. Der Abschlussworkshop schließt sich an das eigentliche Kontaktvorhaben an und dient schließlich der Reflexion des Erlebten und der Nachhaltigkeit des Kontaktes. Dieses Programm war sehr erfolgreich und hat zu Publikationen, weiterer wissenschaftlicher Zusammenarbeit,

Aufbau internationaler Kontakte

zu Folgeanstellungen als Postdoktoranden, längeren Auslandsaufenthalten etc. geführt. Das Programm entstand in Zusammenarbeit mit der Personalentwicklung.

Besuch internationaler Fachveranstaltungen

Weiterqualifizierungszuschuss Die internationale Vernetzung wird außerdem durch den Weiterqualifizierungszuschuss gefördert, der die Teilnahme Promovierender an internationalen Fachveranstaltungen, z. B. Workshops, Summer Schools, ermöglicht. Neben dem Wissensgewinn stehen bei dieser Fördermaßnahme vor allem auch der Austausch mit anderen Nachwuchswissenschaftlern des eigenen Fachgebietes und der selbstständige Aufbau eines Wissenschaftsnetzwerkes im Fokus.

Internationale und fachübergreifende Veranstaltungen

Veranstaltungsunterstützung Des Weiteren fördert das KHYS mit dem Programm »Veranstaltungsunterstützung« Veranstaltungen mit internationalem bzw. interfakultativem Charakter, die eigenständig von einem Team von und für Nachwuchswissenschaftler am KIT organisiert werden. Ziel ist die Stärkung von Organisationskompetenz, Eigeninitiative und der Vernetzung in die Scientific Community. Ein großer Erfolg ist in diesem Zusammenhang das interdisziplinäre KIT PhD Symposium, das ein Team mehrerer Promovierender mit Unterstützung des KHYS alle eineinhalb Jahre organisiert und durchführt. Die Teilnehmerzahl ist limitiert und die Auswahl der Teilnehmer erfolgt auf Basis der eingereichten Abstracts. Das KIT PhD Symposium ermöglicht, Präsentationskompetenzen auf einer richtigen Tagung und gleichzeitig in einem geschützten Rahmen auf Englisch zu trainieren, das wissenschaftliche Spektrum des KIT kennenzulernen und wertvolle Kontakte zu knüpfen.

Weiterbildung und Karriereentwicklung

Nachwuchswissenschaftler bewegen sich in einem Anforderungsdreieck von Forschung, Lehre und Management (◘ Abb. 4.3). Diese drei Aufgabenbereiche erfordern die Entwicklung spezifischer Qualifikationen (Trautwein et al. 2011).

Weiterbildungsangebot Da niemand alle Fähigkeiten für alle Aufgaben in gleichem Maße in sich vereint, wurde für Nachwuchswissenschaftler ein entsprechendes Weiterbildungsangebot gemeinsam mit der Personalentwicklung und Weiterbildungseinrichtungen des KIT entwickelt (Trautwein et al. 2011). Im Falle der Lehre wurde auf das Angebot des Hochschuldidaktikzentrums Baden-Württemberg zurückgegriffen. Nachwuchswissenschaftler erhalten durch die Seminarangebote Hilfestellung bei den unterschiedlichen Tätigkeiten während der Promotions- und Postdoktorandenphase und können die hierfür erforderlichen Kompetenzen weiter ausbauen (Trautwein et al. 2011). Die Nachwuchswissenschaftler sollen in die Lage versetzt werden, ihre persönliche Weiterentwicklung optimal zu gestalten und ihre zukünftigen Berufschancen zu steigern (Schmidt 2007).

4.3 · Aufgaben

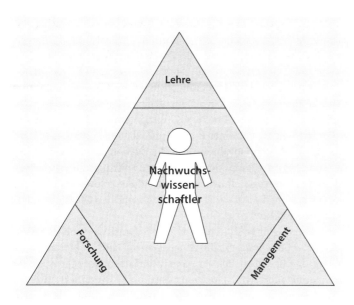

Abb. 4.3 Anforderungsdreieck von Forschung, Lehre und Management. (Mod. nach Trautwein et al. 2011)

KHYS-Foyergespräche Die KHYS-Foyergespräche bilden einen Rahmen für den persönlichen Erfahrungsaustausch der Nachwuchswissenschaftler untereinander und mit Persönlichkeiten aus Wissenschaft, Wirtschaft und Politik. Ein Austausch, insbesondere im Hinblick auf Netzwerkbildung und Orientierungshilfe bei der Karriereplanung, steht im Vordergrund. Themen bei den Foyergesprächen sind u.a. Karriereperspektiven in Wissenschaft und Industrie, Vereinbarkeit von Familie und Karriere, international Forschen und Arbeiten, gute wissenschaftliche Praxis etc. Die Foyergespräche wurden gemeinsam mit dem HoC und der Personalentwicklung initiiert.

Persönlicher Erfahrungsaustausch

4.3.3 Qualitätssicherung

Die Qualitätssicherung der Promotionsphase ist ein weiterer zentraler Aufgabenbereich des KHYS, der in den kommenden Jahren noch an Bedeutung gewinnen wird (Ministerium für Wissenschaft, Forschung und Kunst Baden-Württemberg 2013). Hierbei arbeitet das KHYS mit den Promotionsprogrammen, Fakultäten sowie den Ombudspersonen zur Sicherung guter wissenschaftlicher Praxis zusammen. Denn für die Qualität der Promotion, die Qualifizierung der Promovierenden und die Einhaltung wissenschaftlicher Standards tragen die Universitäten als Gesamtes die Verantwortung (Hochschulrektorenkonferenz 2012, KIT 2010, Wissenschaftsrat 2002 u. 2011). Im Weiteren wird nur auf die Zusammenarbeit mit den Promotionsprogrammen und auf die Doktorandenbefragung eingegangen.

Qualitätssicherung der Promotionsphase

Vernetzung aller Promotionsprogramme

Das KIT spricht sich für die Vielfalt und damit den Erhalt exzellenter fächerspezifischer Promotionsmöglichkeiten aus. Über die Dacheinrichtung KHYS sind alle Promotionsprogramme des KIT miteinander vernetzt. Die Qualifizierungskonzepte der Promotionsprogramme sind auf die Förderangebote des KHYS abgestimmt und teilweise komplementär. Ein regelmäßiger Erfahrungsaustausch ist der Diskussion von Best-Practice-Beispielen förderlich und dient der Weiterentwicklung einzelner Programme, aber auch der Qualitätssicherung der Promotionsphase am KIT insgesamt. Das KHYS unterstützt und begleitet Promotionsprogramme und Forschungsverbünde während der Antragsstellung, bei Begutachtungen sowie während der Laufzeit bei der Entwicklung und Umsetzung des Qualifizierungs- und Betreuungskonzeptes.

Doktorandenbefragung

Im ersten Quartal 2010 hat das KHYS gemeinsam mit dem Präsidialstab – Abteilung Qualitätsmanagement eine Doktorandenbefragung durchgeführt. Bei der Konzeption des Fragebogens wurde von einer detaillierten Explorationsphase am KIT profitiert. Rund 30 Promovierende aus unterschiedlichen Disziplinen wurden interviewt. Ziel der Befragung war, einen aktuellen Überblick über Arbeitsbedingungen, Bedürfnisse und Zufriedenheit der Promovierenden mit der Betreuungssituation, Finanzierung und Gesamtsituation zum Zweck der Qualitätssicherung der Promotionsphase am KIT zu erhalten. Insgesamt nahmen 1 040 Doktorandinnen (29 %) und Doktoranden (71 %) an der Befragung teil. Dies entspricht einem Rücklauf von rund 40 % bezogen auf eine Erfassung der Anzahl der Promovierenden bei Professoren im Jahr 2008. Der Fragebogen umfasste folgende Themenblöcke: Fragen zur Person, Arbeitsplatz und Zeitaufteilung, Betreuung und Förderung, Kompetenzen und Kenntnisse, Vereinbarkeit von Familie und Promotion und Sonstiges. Die Befragung hat positive und zufriedenstellende Ergebnisse geliefert und steht zur internen Qualitätssicherung den Fakultäten und Instituten zur Verfügung. Die zweite Doktorandenbefragung fand im zweiten Quartal 2013 statt. Bei einem leicht veränderten Fragenprofil aufgrund der Erfahrung aus der Befragung 2010 und Anregungen der Fakultäten weichen die Ergebnisse nur in geringem Maße von denen der ersten Befragung ab.

4.4 Günstige Rahmenbedingungen und Herausforderungen

Zügige Aufbauphase des KHYS

Von erheblichem Vorteil war, dass das KHYS gemeinsam mit einem Projektteam, dem heutigen Lenkungsausschuss, aufgebaut und weiterentwickelt wurde. Aufgrund des großen inhaltlichen und zeitlichen Engagements und der hochkarätigen Besetzung (u.a. die damaligen Prorektoren für Forschung, Studium und Lehre, mehrere Professoren der damaligen Universität Karlsruhe (TH) und der Forschungszentrum Karlsruhe GmbH) war es möglich, Entscheidungen schnell

4.4 · Günstige Rahmenbedingungen und Herausforderungen

und unkompliziert zu erwirken und Programme zügig umzusetzen. Ausreichend finanzielle Mittel durch die Exzellenzinitiative und nicht zuletzt viele gute Ideen durch kreative Köpfe haben dazu geführt, dass sich das KHYS in relativ kurzer Zeit etabliert hat. Hinzu kam, dass im Zuge der Gründung des KIT eine ausgesprochen produktive und dynamische Stimmung herrschte.

Und dennoch galt es, viele Herausforderungen beim Aufbau einer neuen zentralen Einrichtung zu meistern. Dies bedeutete für das KHYS notwendigerweise Kooperieren, Positionieren und Abgrenzen. Innerhalb der sich in Wandel befindenden Institutionen – die ehemalige Universität Karlsruhe (TH) und die Forschungszentrum Karlsruhe GmbH – sowie der Entwicklung des KIT erforderte dies im hohen Maße Kommunikationsgeschick und Fingerspitzengefühl. Gleiches galt auch für die Erarbeitung von Prozessabläufen mit sich neu etablierenden und sich im Wandel befindenden Abteilungen. Parallel dazu mussten in relativ kurzer Zeit sowohl ein Team von Mitarbeitern gefunden als auch Qualifizierungs- und Förderprogramme bei einer Jährlichkeit der Mittel konzipiert werden. Herausfordernd war auch, die Zielgruppe zu erreichen und sichtbar zu machen. Hier galt es, sehr schnell und unkompliziert handlungsfähig zu werden: Das KHYS-Netzwerk wurde eingeführt. Umfangreiche Berichtspflichten u.a. gegenüber Deutscher Forschungsgemeinschaft (DFG), Wissenschaftsrat, der Helmholtz-Gemeinschaft sowie zwei Aufsichtsräten und Beteiligung am Zukunftskonzept II im Rahmen der zweiten Exzellenzinitiative waren Aufgaben des KHYS. Aufgrund der Abhängigkeit von Mitteln der Exzellenzinitiative und deren zeitlichen Begrenzung musste sich das KHYS in relativ kurzer Zeit bewähren und Erfolge aufweisen, um sich der größten Herausforderung, dem Überdauern der Exzellenzinitiative, zu stellen.

Herausforderungen bei der Etablierung des KHYS

Lessons learned

Der **Aufbau des KHYS** wurde getragen von der Exzellenzinitiative I und hatte dadurch sehr gute Startvoraussetzungen. Der Rückhalt und das Vertrauen des Präsidiums haben dem Projektteam und der Geschäftsstelle des KHYS dankenswerterweise maximale Freiheit zugestanden:
- Übergreifende zentrale Einrichtungen der Graduiertenförderung, wie das KHYS, sollten zum Standardangebot deutscher Universitäten gehören. Die Erfahrung hat gezeigt, dass bei Promovierenden und Junior-Postdoktoranden aber auch Promotionsinteressierten erheblicher Informationsbedarf besteht.
- Die Gruppe der Junior-Postdoktoranden sollte auf jeden Fall mit in die Förderung des wissenschaftlichen Nachwuchses einbezogen werden, da sich diese in einer Übergangsphase befinden und oftmals Orientierungshilfe benötigen.

- Darüber hinaus ist eine derartige Einrichtung auch für andere interne Institutionen, Verwaltungseinheiten und das Präsidium wertvoll, weil hier alles rund um den wissenschaftlichen Nachwuchs gebündelt vorliegt, die entsprechenden Kompetenzen vorhanden sind und man von den sich daraus ergebenden Synergieeffekten profitieren kann.

Die **KHYS-Programme** finden breite Akzeptanz und enormen Zuspruch und tragen auf diese Weise zur Attraktivität des KIT für junge Wissenschaftler bei:
- Insbesondere das Auslandsstipendium wird von Nachwuchswissenschaftlern sowie Betreuern gleichermaßen wertgeschätzt. Die Kombination der Programme Auslands- und Gaststipendium dient der Intensivierung von Kooperationen und hat sich bewährt.
- Auch das Programm »Kontakte knüpfen« wurde sehr gut angenommen und macht deutlich, wie sehr sich Doktoranden motiviert fühlen, wenn ihnen Verantwortung übertragen und entsprechende Mittel zur Verfügung gestellt werden.
- Erfahrungsgemäß werden die erworbenen Kompetenzen während der Promotionsphase auch von künftigen Arbeitgebern sehr geschätzt.
- Eine verbindliche und vertrauensvolle Zusammenarbeit mit Betreuern und Fakultäten wurde erfolgreich etabliert.

All dies hat dazu beigetragen, dass die Doktoranden am KIT während der Promotionsphase von umfassenden Qualifizierungsmaßnahmen profitieren. Darüber hinaus hat das KHYS einen Bewusstseinswandel mit eingeleitet und trägt so maßgeblich zur Qualitätssicherung der Promotion am KIT bei. Die Einführung qualitätssichernder Aktivitäten erfordert Kommunikationsgeschick und Durchhaltevermögen. Wesentliche Erfolgsfaktoren hierbei sind ein eindeutiges Commitment seitens der Leitungsebene und personelle Kontinuität.

- **Danksagung**

Ich danke meinem Team, dem Projektteam (dem heutigen Lenkungsausschuss) und meinen Vorgesetzten für die Begeisterung, das Vertrauen und das Engagement beim Aufbau und der Weiterentwicklung des KHYS. Der DFG bin ich für die finanzielle Unterstützung im Rahmen der Exzellenzinitiative dankbar. Dr. Gabriele Gregolec und Gaby Weick haben dem Artikel dankenswerterweise den letzten inhaltlichen und sprachlichen Schliff gegeben.

Literatur

Hochschulrektorenkonferenz (2012) Zur Qualitätssicherung in Promotionsverfahren. Hochschulrektorenkonferenz, Bonn

KIT (Karlsruher Institut für Technologie) (2010) Regeln zur Sicherung guter wissenschaftlicher Praxis im Karlsruher Institut für Technologie (KIT). KIT, Karlsruhe

Ministerium für Wissenschaft, Forschung und Kunst Baden-Württemberg (2013) Qualitätssicherung im Promotionsverfahren: Baden-Württemberg geht voran. Ministerium für Wissenschaft, Forschung und Kunst Baden-Württemberg, Stuttgart

Schmidt B (2007) Personalentwicklung für junge wissenschaftliche Mitarbeiter/-innen. Kompetenzprofil und Lehrveranstaltungsevaluation als Instrument hochschulischer Personalentwicklung. Dissertation, Friedrich-Schiller-Universität, Jena. ▶ http://www.db-thueringen.de/servlets/DocumentServlet?id=8696, zugegriffen: 22. Juli 2013

Trautwein B, Diez A, Gabriel A (2011) Karlsruhe House of Young Scientists (KHYS) – Förderung von Nachwuchswissenschaftlern am Karlsruher Institut für Technologie (KIT). In: Senger U (Hrsg) Von der Doktorandenausbildung zur Personalentwicklung junger Forschender – Innovative Konzepte an deutschen Universitäten. Doktorandenbildung neu gestalten. Bd. 4. Bertelsmann, Bielefeld, S 119–131

Wissenschaftsrat (2002) Empfehlungen zur Doktorandenausbildung. Wissenschaftsrat, Köln

Wissenschaftsrat (2011) Anforderungen an die Qualitätssicherung der Promotion. Wissenschaftsrat, Köln

GraduateCenter^{LMU} an der Ludwig-Maximilians-Universität München

Isolde von Bülow

5.1 Promotionsgeschehen an der LMU – 64

5.2 Strategie: Bottom-up, fächerspezifisch, situativ, ganzheitlich und zielgruppenspezifisch – 65

5.3 Konzept: Das gestufte Anreiz- und Förderprogramm – 66
5.3.1 Veranstaltungsförderung – 67
5.3.2 Anschubfinanzierung für LMU-Promotionsprogramme – 68
5.3.3 Förderung der Antragstellung auf Einrichtung von Doktorandenprogrammen – 70
5.3.4 Ergänzende Maßnahmen und Dienstleistungen – 70

5.4 Diskussion der Ergebnisse – 71

Um im internationalen Wettbewerb begabte und engagierte Hochschulabsolventen für eine Promotion an der Ludwig-Maximilians-Universität (LMU) zu gewinnen, ist es wichtig, attraktive Arbeits- und Forschungsbedingungen zu bieten. Im Zuge der Entwicklungen, die mit dem Erfolg der LMU bei der Exzellenzinitiative 2006 einhergingen, wurde daher das GraduateCenter^{LMU} eingerichtet und beauftragt, Service- und Koordinationsaufgaben speziell für das Promotionsgeschehen zu konzipieren und zu etablieren. Im Januar 2008 nahm das GraduateCenter^{LMU} seine Arbeit auf. Dem übergeordneten Auftrag folgend, das Promotionsgeschehen an der LMU zu optimieren, wurde ein umfassendes Konzept entworfen, das den unterschiedlichen Fächern und ihren ausdifferenzierten Promotionskulturen Rechnung trägt. Damit die neuen Angebote und Fördermaßnahmen anerkannt und genutzt werden, ist es von entscheidender Bedeutung, die Personengruppen zu identifizieren und anzusprechen, die am Promotionsgeschehen unmittelbar beteiligt sind. Ihre Bedürfnisse, aber auch Bedenken gilt es bei den Planungen zu berücksichtigen. Die Bottom-up geprägte Vorgehensweise unterstützt die Etablierung der neuen zentralen Verwaltungseinrichtung, stellt sicher, dass die Initiativen des GraduateCenter^{LMU} von allen Beteiligten mitgetragen werden und hilft, die Angebote und Fördermaßnahmen des GraduateCenter^{LMU} im Promotionsalltag zu verankern.

5.1 Promotionsgeschehen an der LMU

Die Ludwig-Maximilians-Universität München (LMU) ist eine der führenden Universitäten in Europa. Dank ihres umfassenden Fächerspektrums bietet sie dem wissenschaftlichen Nachwuchs vielfältige attraktive Forschungsmöglichkeiten. Für die Leitung einer Universität mit über 100 Fächern in 18 Fakultäten liegt eine besondere Herausforderung darin, Rahmenbedingungen zu schaffen, die dem einzelnen Universitätsmitglied optimale Arbeits- und Forschungsmöglichkeiten eröffnen und die gleichzeitig mit den übergeordneten Aufgaben und Zielen der Einrichtung vereinbar sind. Dies gilt auch für das Promotionsgeschehen, das einerseits stark von den unterschiedlichen Fächerkulturen und andererseits durch die individuellen Arbeits- und Lebensplanungen der Doktoranden geprägt ist.

Von den rund 5 000 Doktoranden an der LMU schließen jährlich etwa 1 000 ihre Promotion erfolgreich ab. Diese Zahlen unterstreichen die besondere Bedeutung des Promotionsgeschehens für die Forschungsleistung der LMU. Nach wie vor ist die Individualpromotion die häufigste Form des Promovierens. Hierbei liegt die Ausgestaltung des Betreuungsgeschehens allein in der Hand des einen Hochschullehrers, der den Doktoranden zur Promotion annimmt. Denn traditionelle Promotionsordnungen regeln zwar die Annahme der schriftlichen Arbeit zur Prüfung und die Titelvergabe, nicht aber die Gestaltung des Promotionsprozesses z. B. durch strukturgebende

Elemente, wie Betreuungsvereinbarungen, verpflichtende Zwischenberichte oder Ähnlichem.

Seit den 1990er-Jahren konnten sich parallel zur Individualpromotion alternative Konzepte etablieren, z. B. durch die Deutsche Forschungsgemeinschaft (DFG) oder den Deutschen Akademischen Austauschdienst (DAAD) geförderte Doktorandenkollegs und Landesgraduiertenprogramme, die sich u.a. durch kompetitive Bewerbungsverfahren, begleitende Qualifikations- und Vernetzungsangebote, regelmäßige Berichtskolloquien sowie Mehrfachbetreuung auszeichnen. Im Laufe der Jahre hat sich gezeigt, dass diese strukturierten Promotionsprogramme für viele Doktoranden attraktiv sind und von internationalen Bewerbern sehr gut angenommen werden. Aber auch Stipendiengeber legen zunehmend Wert darauf, dass die von ihnen unterstützten Doktoranden in solche Promotionskonzepte eingebunden sind, da hier durch den intensiven Austausch mit den Mitdoktoranden zusätzlich zur wissenschaftlichen Qualifikation wichtige Erfahrungen für die weitere berufliche Entwicklung gemacht werden können.

> Hohe Akzeptanz strukturierter Promotionsprogramme von Doktoranden und internationalen Bewerbern

Darüber hinaus wird für die erfolgreiche Beantragung von Forschungsmitteln – national wie international – immer häufiger erwartet, dass Universitäten nachweislich zeitgemäße Maßnahmen für die Qualitätssicherung im Bereich der Promotion anbieten, wozu auch strukturierte Promotionskonzepte zählen. 2006 gab es an der LMU insgesamt nur 13 Promotionsprogramme, davon acht in den Naturwissenschaften und der Medizin, vier in den Geistes- und Kulturwissenschaften und eines in den Wirtschaftswissenschaften. Um diesen Bereich an der LMU systematisch auszubauen, beantragte die Hochschulleitung in der dritten Förderlinie der Exzellenzinitiative Mittel für die Ersteinrichtung eines zentralen GraduateCenter^{LMU}.

> Zeitgemäße Maßnahmen der Qualitätssicherung tragen maßgeblich zur erfolgreichen Beantragung von Forschungsmitteln bei

Nachdem das neu geschaffene GraduateCenter^{LMU} Anfang 2008 seine Arbeit aufgenommen hatte, zeigte die Bestandsaufnahme, dass das Promotionsgeschehen (wie nicht anders zu erwarten war) in den 19 Fakultäten der LMU bedingt durch die Fächervielfalt stark variierte. So verschieden wie sich die Rahmenbedingungen für den Einzelnen gestalteten, so unterschiedlich waren auch die Erwartungen und Bedürfnisse in Sachen Beratung und Betreuung, Vernetzungsangebote in die Fachgemeinschaft, fachübergreifende Zusatzqualifikationen und Hilfestellung bei der weiteren beruflichen Orientierung für die Zeit nach der Promotion.

5.2 Strategie: Bottom-up, fächerspezifisch, situativ, ganzheitlich und zielgruppenspezifisch

Um den neuen, zentralen Servicebereich erfolgreich zu etablieren, wurde – anders als an anderen zentralen Graduierteneinrichtungen – bewusst darauf verzichtet, die Unterstützung durch das

> Einbindung aller am Promotionsgeschehen direkt beteiligten Gruppen

GraduateCenter^{LMU} exklusiv für bereits bestehende Promotionsprogramme anzubieten oder mit einer Mitgliedschaft am GraduateCenter^{LMU} zu verbinden. Vielmehr wurde entschieden, dass möglichst viele der direkt am Promotionsgeschehen beteiligten Gruppen zu erreichen und einzubinden sind.

Um den aktuellen Stand des Promotionsgeschehens besser einschätzen zu können, wurden daher Gespräche mit zahlreichen Hochschullehrern aus allen Fakultäten geführt. Es ging vor allem darum, die bisherigen Erfahrungen mit strukturgebenden Elementen kennenzulernen und zu erfahren, wo Interesse an der Einführung neuer Entwicklungen bestand und wie das GraduateCenter^{LMU} diese Entwicklungen mit bedarfsgerechten Maßnahmen systematisch unterstützen könnte (Bottom-up-Ansatz).

In den Gesprächen zeigte sich, dass in einigen Fachbereichen bereits hoch entwickelte Promotionsprogramme etabliert waren, wogegen andere nur wenig Erfahrung mit strukturgebenden Konzepten gemacht hatten. In Abhängigkeit der Situation vor Ort und den Fachkulturen wurden daher sehr unterschiedliche Wünsche und Bedürfnisse bezüglich der Weiterentwicklung des Promotionsgeschehens geäußert.

»Pick them up where they are«: Etablierung von Best-Practice-Modellen für unterschiedliche Entwicklungsstufen

Um auf die offensichtlichen Entwicklungs- und Erfahrungsunterschiede in den verschiedenen Disziplinen eingehen zu können, entschied man sich am GraduateCenter^{LMU} ein **gestuftes Anreiz- und Förderprogramm** bestehend aus drei aufeinander aufbauenden Komponenten mit bedarfsorientierten Maßnahmen bereitzustellen (»Pick them up where they are«). Ziel war es, Best-Practice-Modelle für unterschiedliche Entwicklungsstufen und Fachkulturen zu etablieren, um die Einführung zeitgemäßer Standards sowie qualitätssichernde Elemente für das Promotionsgeschehen in möglichst vielen Fachbereichen der LMU zu unterstützen. Hierzu gehören z. B. Vernetzungsangebote für die Doktoranden, transparente und standardisierte Ausschreibungsverfahren, Betreuungsvereinbarungen sowie ergänzende Qualifikationsangebote.

5.3 Konzept: Das gestufte Anreiz- und Förderprogramm

Im Rahmen der ersten Förderstufe konnten beim GraduateCenter^{LMU} Mittel für Veranstaltungen beantragt werden, bei deren Planung, Organisation und Umsetzung die Doktoranden einzubeziehen waren. Die zweite Stufe diente der internen Förderung von LMU-Promotionsprogrammen, deren zentraler Bestandteil ein von mehreren Hochschullehrern getragenes strukturiertes Betreuungs- und Veranstaltungskonzept war. Die dritte Förderstufe bot finanzielle Unterstützung für die Beantragung eines extern geförderten Doktorandenkollegs (z. B. DFG oder DAAD).

5.3 • Konzept: Das gestufte Anreiz- und Förderprogramm

Förderstufen des GraduateCenter^{LMU}
- Erste Förderstufe: Mittel für Veranstaltungen, bei deren Planung, Organisation und Umsetzung die Doktoranden einzubeziehen sind.
- Zweite Förderstufe: Anschubfinanzierung für LMU-Promotionsprogramme.
- Dritte Förderstufe: Finanzielle Unterstützung für die Beantragung eines extern geförderten Doktorandenkollegs.

Die Ausschreibungen, die durch das GraduateCenter^{LMU} koordiniert wurden, standen allen Fachbereichen offen und waren kompetitiv gestaltet. Die Förderentscheidung für die zweite und dritte Stufe lag bei der Hochschulleitung.

Das Anreiz- und Förderprogramm wurde vom GraduateCenter^{LMU} durch ein umfassendes Beratungsangebot mit Leitlinien für den Aufbau strukturierter Promotionsprogramme, einer Muster-Betreuungsvereinbarung und Empfehlungen zur Gestaltung der Promotionsphase (»Code of Practice«) begleitet. Nachfolgend werden die Maßnahmen im Einzelnen beschrieben.

Begleitung durch ein umfassendes Beratungsangebot des GraduateCenter^{LMU}

5.3.1 Veranstaltungsförderung

Durch die Veranstaltungsförderung wurde Doktoranden die Möglichkeit gegeben, Symposien, Workshops oder Doktorandentage gemeinsam mit einem oder mehreren Hochschullehrern zu initiieren und zu organisieren. Auf diesem Weg entstand eine neue Ebene des Austausches und der Vernetzung für die Doktoranden. Die Fördermaßnahme, die sich primär an (Teil-)Fachbereiche richtete, in denen bislang keine Promotionsprogramme angeboten wurden, sollte darüber hinaus die Bereitschaft wecken, auf der Basis der erfolgreichen Veranstaltung, zusätzliche Drittmittel für weitere Workshops oder Symposien einzuwerben.

Die maximal zu beantragende Fördersumme wurde auf 5 000 Euro festgelegt. Bei der Bewertung der Anträge spielte der Mehrwert eine besondere Rolle, der sich aus der Veranstaltung bzw. ihrer Planung/Organisation für die Doktoranden ergab.

In den Jahren zwischen 2009 und 2012 wurden rund 20 Veranstaltungen gefördert, die überwiegende Anzahl davon in den Geistes- und Sozialwissenschaften. Es zeigte sich, dass insbesondere Doktoranden aus diesen Fachbereichen die Gelegenheit nutzten, um im Anschluss an eine solche Veranstaltung, Tagungsbände mit den Beiträgen der Teilnehmer zu publizieren. Die Erfahrungen, die bei der Planung und Durchführung der Veranstaltungen gesammelt werden konnten, wurden von allen Teilnehmern als wichtig und hilfreich für die weitere berufliche Entwicklung gewertet (▶ Kap. 16 und 17). Eine

Auswertung der Veranstaltungsvarianten zeigte, dass vier Grundtypen beantragt wurden.

> **Beantragte Veranstaltungstypen**
> - **Workshop**: Mehrere Doktoranden aus einem Fachbereich stellen sich gegenseitig ihre Forschungsprojekte vor und laden Gastwissenschaftler hinzu, die sich in die Diskussionen mit einbringen und zu den Projekten inhaltlich Rückmeldung geben.
> - **Retreat**: Arbeitsgruppen aus verschiedenen Fachbereichen oder auch Einrichtungen organisieren gemeinsam einen Workshop, um miteinander Forschungsfragen und Projekte zu diskutieren. Gastreferenten werden ergänzend eingeladen und bieten zusätzlichen fachlichen Input.
> - **Konferenz**: Gruppen von Doktoranden organisieren eine Konferenz zu einem gemeinsam festgelegten Forschungsthema. Über einen Call-for-Papers werden weitere Redner für die Konferenz identifiziert, die mit eigenen Vorträgen an der Konferenz teilnehmen. Die Beiträge werden in Form eines Tagungsbandes publiziert.
> - **Info-Event**: Doktoranden organisieren eine Veranstaltung, die über aktuelle Projekte und fachliche Entwicklungen im Fachbereich informiert.

5.3.2 Anschubfinanzierung für LMU-Promotionsprogramme

Nationale oder internationale Programme, die primär der Förderung von Doktoranden dienen, wie z. B. die DFG-Graduiertenkollegs, sind stark nachgefragt und ihre Bewilligungsquoten entsprechend niedrig.

Bei der Konzeption des gestuften Anreiz- und Förderprogramms lag somit der Gedanke nahe, interessierten Hochschullehrern die Möglichkeit zu bieten, erste Erfahrungen mit strukturierten Doktorandenprogrammen LMU-intern zu sammeln, um darauf aufbauend bei nationalen oder internationalen Förderorganisationen weitere Mittel einzuwerben.

Das GraduateCenter^{LMU} formulierte die Förderausschreibung und entwickelte parallel dazu Leitlinien und Empfehlungen zur Gestaltung von Promotionsprogrammen. Diese gaben zeitgemäße strukturgebende Basismerkmale vor, ließen aber bewusst genügend Raum für die Besonderheiten der Fächer.

Die Programmförderung wurde mit Mitteln aus der Exzellenzinitiative finanziert. Maximal 50 000 Euro pro Jahr konnten für eine Laufzeit von bis zu drei Jahren beim GraduateCenter^{LMU} beantragt werden. Die Hälfte der Fördersumme stand für einen Programm-

Begleitend zu den Ausschreibungen: Entwicklung von Leitlinien und Empfehlungen zur Gestaltung von Promotionsprogrammen an der LMU

koordinator zur Verfügung, die übrigen Mittel mussten für das gemeinsame, forschungsgeleitete Qualifizierungsprogramm zugunsten der Doktoranden verwendet werden. Die Form der Anträge und die erforderlichen Angaben waren in dem Antragsleitfaden verbindlich festgelegt. Die Ausschreibung wurde vom GraduateCenter^{LMU} koordiniert, die Auswahl der zu fördernden Promotionsprogramme erfolgte durch die Hochschulleitung auf der Grundlage einer Empfehlung durch den LMU-Forschungsrat. Folgende Kriterien waren bei der Förderentscheidung zu berücksichtigen.

Kriterien für die Förderentscheidung
— Ist eine sinnvolle Integration der beteiligten Fachbereiche vorgesehen?
— Lässt das Promotionsprogramm einen wissenschaftlichen Mehrwert erwarten?
— Überzeugen die Organisationsstruktur und das Managementkonzept des Vorhabens (Koordination, Administration, Entscheidungsstrukturen)?
— Sieht das Programm die Integration der Doktoranden in das (internationale) Forschungsumfeld vor?
— Wie ist die Qualität des forschungsgeleiteten Qualifizierungskonzeptes zu bewerten?
— Wie ist das Betreuungskonzept zu bewerten?
— In welcher Form ist der wissenschaftliche Nachwuchs an der Realisierung des Programms beteiligt?
— Bietet das Programm eine Entwicklungsperspektive im Hinblick auf zukünftige größere Vorhaben bzw. wird es in bereits vorhandene größere Projekte eingebaut?
— Wie ist das Konzept zur Weiterfinanzierung/Verstetigung des Programms zu bewerten?

Insgesamt wurden am GraduateCenter^{LMU} neun Promotionsprogramme gefördert, davon sieben in den Geistes- und Kulturwissenschaften, eines in den Sozialwissenschaften und eines in den Naturwissenschaften.

Die Promotionsprogramme waren unterschiedlich konzipiert: Neben thematischen Programmen, bei denen die Promotionsprojekte der Doktoranden um eine konkrete Forschungsfrage gruppiert waren, gab es auch Programme, die themenoffen ausgelegt waren. Einige Promotionsprogramme bildeten eine Art lokale organisatorische Klammer für die Doktoranden einer Fakultät bzw. eines Departments, wieder andere Programme boten den Doktoranden eines fakultätsübergreifenden interdisziplinären Forschungszentrums nicht nur ein eigenes Qualifizierungsprogramm, sondern auch eine neue, zusätzliche Ebene des wissenschaftlichen Austausches.

5.3.3 Förderung der Antragstellung auf Einrichtung von Doktorandenprogrammen

Gespräche mit Hochschullehrern hatten gezeigt, dass die aufwendige Antragstellung zur Einrichtung eines Doktorandenprogramms in der Vergangenheit immer wieder an personellen Engpässen gescheitert war. Daher wurde im Rahmen des gestuften Anreiz- und Förderprogramms die Möglichkeit geboten, Personal- und Sachmittel für die Koordination und Formulierung eines solchen Antrages zu erhalten. Voraussetzung war, dass mehrere Hochschullehrer gemeinsam ein Konzept vorlegten, das den Vorgaben einer aktuellen Ausschreibung folgte und gleichzeitig die vom GraduateCenter^{LMU} entwickelten LMU-internen Basismerkmale für strukturierte Promotionsprogramme berücksichtigte (Betreuungskonzept, Qualifizierungskonzept etc.).

Für die Erstellung und Einreichung einer Antragsskizze bei einer externen Förderinstitution konnten am GraduateCenter^{LMU} bis zu 7 500 Euro beantragt werden. Bei einer erfolgreichen Begutachtung der Skizze und der Aufforderung einen Vollantrag einzureichen, konnten weitere 7 500 Euro bewilligt werden. Auch hier standen die Mitarbeiter des GraduateCenter^{LMU} den Hochschullehrern beratend zu Seite.

5.3.4 Ergänzende Maßnahmen und Dienstleistungen

Beratungs-, Informations- und Serviceangebote zum Thema Promotion

Parallel zu dem gestuften Anreiz- und Förderprogramm entwickelte das GraduateCenter^{LMU} ergänzende Maßnahmen und Dienstleistungen: Für die Doktoranden wurden Beratungs-, Informations- und Serviceangebote zum Thema Promotion geschaffen. Dazu gehört u.a. ein umfangreiches Angebot von rund 50 fachübergreifenden Qualifikationsveranstaltungen pro Jahr in Deutsch und Englisch. Die Workshop-Themen wurden entsprechend einer umfassenden Bedarfsanalyse mit 350 Doktoranden vom GraduateCenter^{LMU} konzipiert und organisiert.

Newsletter, Doktorandensprechstunde, Abschluss- und Reisestipendien Ein monatlicher Newsletter informiert zu promotionsrelevanten Themen, eine wöchentliche Doktorandensprechstunde bietet Unterstützung bei nicht fachspezifischen Fragen, individuelle Stipendienrecherchen helfen, neue Finanzquellen zu erschließen. Zusätzlich werden vom GraduateCenter^{LMU} regelmäßig mehrmals im Jahr Abschluss- und Reisestipendien ausgeschrieben und vergeben.

Ausbau der drittmittelgeförderten Promotionsprogramme

Unterstützung bei der Antragstellung Um den Ausbau der drittmittelgeförderten Promotionsprogramme gezielt zu unterstützen, wurde die individuelle Förderberatung für antragstellende Hochschullehrer ausgebaut. Die Mitarbeiter des GraduateCenter^{LMU} begleiten aktiv die Vorort-Begutachtungstermine, Erfahrungen hieraus werden systematisch für die Beratung weiterer Anträge genutzt.

Online-Bewerbungstool Als zusätzlicher Service für die Promotionsprogramme wurde am GraduateCenter^{LMU} ein Online-Bewerbungstool entwickelt, das gemeinsam mit dem jeweilgen Koordinator an die spezifischen Anforderungen des Promotionsprogramms angepasst werden kann. Das internetbasierte Bewerbungstool trägt durch die standardisierten Prozesse für alle Bewerber und Hochschullehrer zur Transparenz im Rekrutierungs- und Auswahlverfahren bei und unterstützt die Programme bei ihren Internationalisierungsbemühungen. Der Service wird von über 20 Promotionsprogrammen genutzt.

In den Jahren 2010 und 2012 führte das GraduateCenter^{LMU} auf Wunsch der beteiligten Hochschullehrer umfassende empirische Untersuchungen für zwei große Promotionsprogramme an der LMU durch (▶ Kap. 11). Langfristiges Ziel ist die Entwicklung eines methodischen Erhebungsinstruments, mit dem systematisch die Qualität von Promotionsprogrammen überprüft und Anregungen für eine Programmoptimierung erarbeitet werden kann.

Marketingmaßnahmen Ein weiterer Service des GraduateCenter^{LMU} besteht in der Unterstützung der Promotionsprogramme bei Marketingmaßnahmen zur Erhöhung ihrer (internationalen) **Sichtbarkeit** (z. B. in der DAAD-Broschüre »International Doctoral Programmes in Germany«, bei internationale Hochschulmessen usw.).

Programmkoordination Neben den Doktoranden und den Hochschullehrern sind die Programmkoordinatoren eine wichtige Zielgruppe des GraduateCenter^{LMU}. Sie sind in der Regel für die Realisierung der Programme verantwortlich und fungieren als Dreh- und Angelpunkt zwischen Doktoranden, Hochschullehrern und der Verwaltung. Die Programmkoordinatoren tragen in ihrer Funktion als Wissenschaftsmanager entscheidend zum Erfolg eines Promotionsprogramms bei. Das GraduateCenter^{LMU} organisiert regelmäßig **Koordinatorentreffen**, bietet ihnen Vernetzungsmöglichkeiten, um den Erfahrungsaustausch zu ermöglichen, und organisiert spezielle Qualifizierungsangebote, die auf die besonderen Erfordernisse in diesem Bereich des Wissenschaftsmanagements abgestimmt sind.

> Spezielle Services für Programmkoordinatoren: Vernetzung, Austausch und Weiterbildung

5.4 Diskussion der Ergebnisse

Die zentral durch das GraduateCenter^{LMU} angebotenen Service- und Koordinationsleistungen, und hierbei insbesondere das Anreiz- und Förderkonzept, konnten in den vergangenen Jahren eine Vielzahl von Bottom-up-Initiativen im Bereich der Promotion an der LMU anregen.

Doktoranden, Postdoktoranden als Schlüsselpartner im Veränderungsprozess

Die Anzahl der Promotionsprogramme nahm seit 2009 von 13 auf über 30 Programme zu. Damit wurde ein besonderes Anliegen der Hochschulleitung erfüllt, die in ihrem Strategiekonzept zur Exzellenzinitiative 2006 den Ausbau der strukturierten Promotionsprogramme an der LMU als eine der drängenden zentralen Aufgaben für die Nachwuchsförderung formuliert hatte. Mitentscheidend für den Erfolg waren die praxis- und bedarfsorientierten Maßnahmen, die die Disziplinen spezifischen Besonderheiten der verschiedenen Promotionskulturen sowie den aktuellen Entwicklungsstand in den Fächern berücksichtigten. Immer wieder waren es die Doktoranden, unterstützt von Postdoktoranden oder Assistenten (Schlüsselpartner), die die Initiative ergriffen und ihre Hochschullehrer und Betreuer davon überzeugten, gemeinsam in der ersten Förderstufe Mittel für eine Veranstaltung zu beantragen. Positive Erfahrungen aufseiten der Betreuer und Doktoranden stärkten die Bereitschaft, weitere Mittel im Rahmen des Anreiz- und Förderprogramms des GraduateCenter^{LMU} oder auch externe, beim DAAD (»International promovieren in Deutschland« [IPID], DAAD-Individualstipendien), bei der DFG oder beim Elitenetzwerk Bayern einzuwerben. Im Folgenden sind hierzu einzelne Beispiele näher erläutert.

Wettbewerb als treibende Kraft

Durch die wettbewerbliche Gestaltung der drei Förderkomponenten wurde erreicht, dass die bewilligten Vorhaben als Best-Practice-Modelle für die nachfolgenden Antragsteller dienten.

Weiterentwicklung des Promotionsgeschehens

Die Fördermaßnahmen bauten im Sinne einer Förderkette aufeinander auf und beantworteten somit nicht nur die akute Nachfrage nach finanzieller Unterstützung für aktuelle Vorhaben, sondern leiteten auf breiter Front eine schrittweise Weiterentwicklung in vielen Bereichen des Promotionsgeschehens ein.

Die vom GraduateCenter^{LMU} gewährte Anschubfinanzierung führte mehrheitlich zur Einwerbung weiterer Fördermittel. So entschloss sich beispielsweise eine Gruppe von Hochschullehrern, basierend auf dem Erfolg eines durch das GraduateCenter^{LMU} geförderten Doktorandentages, Mittel für ein fachbereichsübergreifendes LMU-Promotionsprogramm zu beantragen, das dann wiederum Ausgangspunkt für die zusätzliche Einwerbung von DAAD-Stipendien für internationale Doktoranden war und schließlich zur erfolgreichen Beantragung eines extern finanzierten Doktorandenprogramms mit einer einrichtungsübergreifenden Beteiligung aus Kunst- und Literaturwissenschaften führte (Internationales Doktorandenkolleg gefördert durch das Elitenetzwerk Bayern).

In einem anderen Beispiel war für die erfolgreiche Beantragung einer Graduiertenschule in den Geisteswissenschaften entscheidend, dass bereits ein vom GraduateCenter^{LMU} gefördertes LMU-Promotionsprogramm existierte und somit als Kooperationspartner für die außeruniversitäre Forschungseinrichtung und die neue einrichtungsübergreifende Graduiertenschule bereitstand (◘ Abb. 5.1).

Qualitätsstandards

Trotz der verschiedenen Programmformate und des breiten Fächerspektrums an der LMU ist es dem GraduateCenter^{LMU} gelungen,

5.4 · Diskussion der Ergebnisse

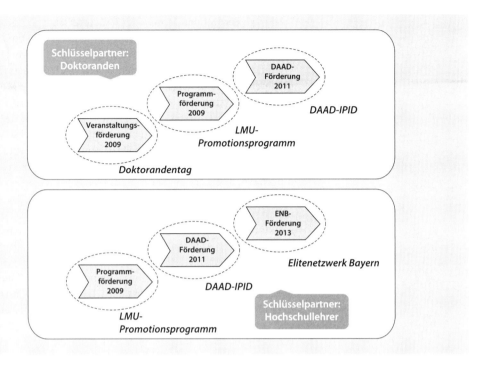

Abb. 5.1 Gestufte Fördermaßnahmen unterstützen die schrittweise Entwicklung von Promotionsprogrammen

im Dialog mit den Wissenschaftlern gemeinsame Qualitätsstandards für Promotionsprogramme zu erarbeiten. Diese Standards dienen als Orientierungshilfe für bestehende und neue Programme (z. B. »Empfehlungen für die Gestaltung strukturierter Promotionsprogramme«, Muster-Betreuungsvereinbarung) und stellen sicher, dass die Angebote zeitgemäß sind und im internationalen Wettbewerb um Fördermittel bestehen können.

Die Entwicklung verschiedener Förderformen, Leitlinien und Tools, die enge und koordinierende Zusammenarbeit mit unterschiedlichen Akteuren in Wissenschaft und Verwaltung sowie eine Orientierung an nationalen und internationalen Best-Practice-Modellen konnte seit 2008 eine zeitgemäße Weiterentwicklung des Promotionsprozesses an der LMU erfolgreich einleiten und wichtige Beiträge zur Qualitätssicherung im Promotionsprozess an der LMU leisten.

Es gilt nun die Erfolge in den nächsten Jahren weiter auszubauen und entsprechende strukturgebende Formate zu entwickeln, die es erlauben, Betreuungs- und Qualifizierungskonzepte, die bisher meist den Doktoranden in den Promotionsprogrammen vorbehalten waren, schrittweise für alle Doktoranden zur Verfügung zu stellen. Auf diese Weise sollen auch die Doktoranden davon profitieren, die nicht Mitglied in einem Promotionsprogramm sein wollen oder können.

Einige der mit den Mitteln des GraduateCenter^LMU gegründeten Promotionsprogramme verzichteten bewusst auf eine umschriebene Forschungsthematik und sind themenoffen konzipiert. Diese Programme bieten, anders als die thematisch enger gefassten Konzepte, größeren Doktorandengruppen eines Fachbereichs die Möglichkeit, von den strukturgebenden Elementen zeitgemäßer Qualifizierungs- und Betreuungskonzepte zu profitieren. An dieser Stelle muss erwähnt werden, dass es für themenoffenen Promotionsprogramme außerordentlich schwierig bis nahezu unmöglich ist, eine passende Finanzierungen bei nationalen oder internationalen Fördereinrichtungen einzuwerben, da hier fast ausnahmslos thematisch enger gefasste Programme bevorzugt werden. Daher stehen die Departments und Fakultäten vor der Herausforderung, die bisherigen Promotionsstrukturen grundsätzlich zu überdenken. Möglicherweise müssen innerhalb der Fakultäten und Departments hierzu Tätigkeitsschwerpunkte und Koordinationsaufgaben neu definiert und gegebenenfalls auch mit entsprechenden Ressourcen und Vollmachten ausgestattet werden, um zukünftig möglichst allen Doktoranden Basiselemente strukturierter Promotionskonzepte, wie die Beratungs-, Betreuungs- und Qualifizierungsangebote, zur Verfügung zu stellen. Diese sicherlich nicht einfache Aufgabe wird nur dann erfolgreich gemeistert werden, wenn diese Entwicklungen von allen Fakultätsmitgliedern getragen wird. Zentrale Einrichtungen, wie das GraduateCenter^LMU, werden die Umgestaltung mit Beratungs-, Service- und Koordinationsleistungen gezielt unterstützen. Die Erfahrungen der letzten Jahre im Bereich Promotion und auch ein internationaler Vergleich mit anderen führenden Universitäten zeigen ganz unmissverständlich, dass sich die Fakultäten und Hochschulleitungen einer intensiven Debatte zum Thema zeitgemäße Promotionskultur und Qualitätssicherung nicht entziehen können und dürfen.

Lessons learned

- Grundgedanke ist die ganzheitliche Betrachtung des Promotionsgeschehens.
- Fächerkulturen sind bei der Beratung zu berücksichtigen.
- Der aktuellen Erfahrungs- und Entwicklungsstand müssen beachtet werden (situative Vorgehensweise).
- Durch Einbeziehen aller Akteure in die Entwicklung der Konzepte in einem Bottom-up-Prozess wird die Mitverantwortung und Identifikation mit den neuen Strukturen gefördert (»Ownership«).
- Es sind Schlüsselpartner zu identifizieren, z. B. Programmkoordinatoren, die als Multiplikatoren gezielt unterstützt und gefördert werden.
- Schrittweise Hinführung hilft bei der Akzeptanz neuartiger Konzepte (gestufte Förderkonzepte).

- Es ist förderlich, Top-down-Anreize für eine Veränderung zu schaffen.
- Wettbewerb dient als Motor für die Entwicklung von Best-Practice-Modellen.
- Themenoffene Promotionsprogramme haben eine besondere Bedeutung im Rahmen der Strukturentwicklung (Cave: Problem »Förderlücke«).

■ **Danksagung**

Die Entwicklung und Umsetzung des gestuften Anreiz- und Förderprogramms war eine Gemeinschaftsaufgabe, daher gebührt den Mitarbeitern des GraduateCenter^{LMU} an dieser Stelle mein besonderer Dank. Allen voran möchte ich den Fachreferentinnen Dr. Tina Kleine, Dipl.-Soz. Manuela Braun, anfangs auch Dr. Susanne Hennig und später Dr. Alexandra Stein danken, die nach intensiven Diskussionen im Team die Konzepte erfolgreich in die Hochschullandschaft getragen und die Umsetzung der Fördermaßnahmen intensiv begleitet haben. Präzise ausgearbeitete Leitfäden, Begeisterungsfähigkeit und viel Geduld haben den Erfolg möglich gemacht. Voraussetzung aber für diese Arbeit war das Vertrauen der Hochschulleitung in unsere Arbeit und die Bereitstellung der Fördermittel, wofür ich mich ebenfalls sehr bedanken möchte.

Keynote lecture

Kapitel 6 Lost in Translation: The Flow of Graduate Education Models Between Germany and the United States – 79
Anne J. MacLachlan

Lost in Translation: The Flow of Graduate Education Models Between Germany and the United States

Anne J. MacLachlan

6.1 The Origins of the Research University in the United States – 80

6.2 German University Development – 82

6.3 The Post World War II Period – 84

6.4 General Current Issues of Doctoral Education – 86

6.5 Conclusion – 88

References – 89

This paper examines the origins and current system of doctoral education in both Germany and the United States emphasizing the extent to which each country has mythologized the contribution of the other. In the United States it is widely believed that "the" German university in the 19th century was the model for the creation of US doctoral programs. Today in Germany under the Bologna Agreement and the Excellence Initiative it is believed that both of them are modeled on the American higher education system, particularly on the research university. The argument made here is that there is a broad lack of real knowledge about the systems in the model country as well as significant historical, legal, and social reasons why the ability of either to copy from the other is limited. The discussion is comparative including the different origins of the research university, home of the doctoral degree, a short summary of the post World War II period, how and why doctoral education developed in both countries up to now, and significant current issues. Greater weight is given to discussing the US, however, because of its diverse universities, the variety of doctoral programs, and the way they are run. Emphasis is given to internal evaluation of the success of US doctoral training by doctoral students versus how it seems to be viewed in Germany.

Higher education form, content, values, and practice are imbedded in particular national, social, economic, legal, and linguistic environments. When the US introduced graduate education based – it was thought – on "the German model", it translated that model to suit US conditions. Likewise when Germany (and Europe) began introducing US/British models, the same level of misunderstanding of the US research university has come into play. The implication is that copied forms of aspects of university organization may be 1) imperfectly understood; 2) difficult to implement because alien to the environment in which introduced; 3) immediately modified if deemed potentially useful (Bachmann-Medick 2009, for deeper discussion).

This raises questions about the ultimate utility of the introduced ideas, in particular about whether the US style graduate education model should be copied when it has some serious problems.

6.1 The Origins of the Research University in the United States

Individual faculty, deans and university presidents created local and national organizations to establish necessary standards

Nothing approximated the newly founded German university of Berlin in 1810 in the US. Although the University of Virginia aspired to a modern secular curriculum, almost all higher education institutions were tiny denominational colleges with antiquated curricula. By 1900 most states had created actual universities such as the University of Michigan and California, even if they granted relatively few doctorates and lacked a research culture. In the course of the 19th century the US developed a differentiated higher education landscape with separate colleges for both men and women, co-educational colleges, liberal arts and doctoral granting institutions. It was chaotic and largely unregulated and no college was exactly like any other. There was no state ("Land") or federal agency to regulate higher education, so individual faculty, deans and university presidents created local and national organizations to establish necessary standards. Colleges shared some similarities in organization such as requiring central registration for each class and providing grades for each class. Students were tracked and monitored within each college through a central registration system. Concepts such as "Bildung" or "Wissenschaft" were not generally emphasized and there were no general standards for Bachelor degree content (Rudolf 1962, Thelin 2009).

All of these institutions, whether newly founded or not, drew on a similar body of English law in shaping their institutions. Under this legal system institutions had to secure a charter to become an independent entity under the supervision, but not governance of a board. Each board and each college was self-governing in sharp contrast to the German system of tight state regulation and lack of self-governance.

Graduate Education prior to the Civil War was undeveloped, although it had serious advocates including Thomas Jefferson, Benjamin Rush, and George Washington. The only graduate degree was the Master's degree. But doctoral education was highly valued and several hundred American men had studied in Germany by 1861. Those American doctorates earned after this date were something of an anomaly granted by individuals holding usually a German Ph.D. and employed in a college whose faculty lacked a research culture and many of the supports of advanced research such as libraries, well equipped laboratories, or special collections. Both faculty and new doctorates also lacked the support of professional associations, research journals, or even funding sources for research. But research-based education and science and engineering were at the time considered inferior subjects for the not especially gifted (Thelin 2011). The real expansion of both doctoral education and science occurred after the Civil War thanks to the Morrill Land Grant Act of 1862. The Act mandated that the new institutions develop new knowledge and make it available to the citizens of the state. These goals subsequently were enshrined in individual charters. From the first doctorate granted from Yale in 1861, the numbers grew to 293 doctorates awarded in 1902. In 1877 the first women earned a Ph.D. in the US (Lori et al. 2006).

The process was completely unregulated, initially an add-on to the undergraduate college. Master's degrees were by the end of the 19th century more common. But doctoral degrees were different. Most doctoral granting institutions eventually appointed a Graduate Dean and to this day Graduate Divisions keep track of doctoral student enrollment, academic progress through the steps of a program including preliminary and qualifying examinations and advancement to candidacy. Before being finally certified to receive the Ph.D. almost all

Morrill Land Grant Act of 1862

students are required to fill out a questionnaire created by six federal agencies with detailed information about the field of degree, educational and family background, funding, plans after the degree, and more called the Survey of Earned Doctorates (SED), from 1957 ongoing (NSF and NCSES 2012). Graduate Divisions also are part of the approval process for new doctoral programs or the dissolution of others, setting policy for student welfare, student services, and a host of other activities. Exact data in individual universities are available on each student and the National Science Foundation (NSF) maintains databases on all students. This administrative structure is in sharp contrast to Germany where there does not exist precise enrollment data for each doctoral student on every university campus.

Doctoral education continued at a greatly reduced pace through the Great Depression until after World War II

Research came to be imbedded in US university culture from 1870 to the 1920s when formal doctoral programs were established, research facilities created, libraries founded and expanded, and specialized university presses came into existence (Geiger 2004, Gumport 1993). From a tiny educational establishment in 1800, the United States had so grown in academic research eminence that US scholars regularly competed with their German and other counterparts in prestige and scholarly influence. In the 1920s US Ph.D. production increased by 274 % until 1930. The Great Depression brought this expansion to an end and doctoral education continued at a greatly reduced pace until after World War II (Snyder et al. 1993). Through this period most faculty at the many types of US colleges had a Master's degree or even only a Bachelor's, so there also was not a huge demand for new Ph.D.s.

6.2 German University Development

The German university landscape in the 19th century could not have been more different in key aspects of its structure and organization. The doctorate was the only degree offered, universities were financed and administered largely by the territorial state, and control and governance were external through ministries of education and as part of the state bureaucracy. Professors were state employees ("staatliche Angestellte"). Universities were located in towns and cities. Students were considered adults free to behave as they wished with little university administrative oversight, no services were provided beyond the academic. Students could move from one university to another with ease to profit from particular professors or faculties. Students signed on with individual professors, but were not "enrolled" in the university itself.

Constant changes of German Universities in the 19th century

While the majority of the 35 German universities were moribund at the end of the 18th century, the founding of the "Universität Berlin" in 1810 began a new era in Prussian university life which had a large influence on other German institutions in the 19th century. Universities in the German Confederation, Prussian or not, increased in number and changed their curriculum while attaining scholarly pre-eminence in most fields. Admission standards were established in 1834 by making the attainment of the "Abitur" mandatory for university admission in Prussia. Through the century enrollment in universities was confined to students from the aristocracy and of the "Bildungsbürgertum". Oddly, prejudice against women may have been broken down in part by American women applying to audit university courses and doing well in the period after the Civil War (Singer 2003). The political inclinations of German university faculty and students went from the radicalism expressed in the Revolution of 1848 to deep conservatism, nationalism, and support for the Kaiser. In addition, after the 1830s the surviving old style universities increasingly gave up their ancient corporate academic and financial rights for direct state support. There was no such thing as "the" German University in the 19th century because it was changing all the time (McClelland 1980, Turner 1987).

Structural aspects of university teaching practice in the German Empire were gradually introduced into US universities from the 1870s on. Among these were the seminar, the stipulation that faculty combine their research with their teaching mission ("Einheit von Forschung und Lehre"), and publish their research. Missing was a full appreciation of the subtleties of "Wissenschaft" and how it shaped a powerful research ethic between 1820 and 1870. "Wissenschaft" was intrinsically related to faculty structure as it evolved in this period, professorial professionalization, and the dynamic pursuit of new knowledge which produced the greatest number of publications of any country accompanied by the creation of new journals and research institutes (McClelland 1980). German was the leading international language of scholarship. Of the purported 10,000 Americans who studied in Germany until 1914, it is doubtful that many truly understood much of this (Jarausch 1995). This contributed to the fundamental misunderstanding in the US that "Wissenschaft" means "science" as narrowly defined by the natural and physical sciences. The neo-humanistic interpretation of "Wissenschaft" current after 1810 as a (stringent) method and means of achieving a cultivated personality never seems to have been understood (McClelland 1980).

Both German and US universities expanded greatly up to World War I, but then the paths separated. While US universities more or less continued to build and enroll more students, German universities were devastated by the War effort. The sequence of events following the German Revolution in 1919 left universities weakened and greatly underfunded. After 1933 universities began to be better funded and attract more students, but the takeover of university administration by a series of Nazi offices and officers and then the physical devastation of World War II left universities once more in a perilous condition. As an institution it was discredited. How much was lost in the credibility of education as a means of personal development can be seen in Meinecke's wistful post-War call for the founding of Goethe societies (Meinecke 1955).

Great loss of credibility for higher education in Germany

This all too brief historical summary suggests the extent to which universities in the US copied aspects of German university education organization without fully understanding its nature within the German system. Moreover, since the US had a collegiate system the imported ideas about graduate education were grafted onto a system totally unlike that found in Germany. Equally disparate were the legal, economic and social environments in which the US university developed. Yet, the idea of "the" German university acquired a kind of mystical quality and has been referenced by university leaders from the 19th century onwards as a form of sanctification of the US graduate system. The truth of this belief is still widely held in the US.

6.3 The Post World War II Period

Expanding federal funding for research in the US

At the same time the equally biased perception in Germany and many other countries is that the US research university is a model to be emulated. Part of the widespread admiration of the US research university as it developed after World War II is based on the metamorphosis the university experienced. The War itself raised the profile of science through the Manhattan Project and the close connection of military research with universities and their faculty (Geiger 2004). Two federal scientific funding agencies were given new roles to advance and support scientific research at universities: the NSF and what became the National Institutes of Health. Today these are the largest sources of federal funding for campus research ("Drittmittel"). But it was politics and the Cold War which resulted in the huge expansion of research universities as the US response to Sputnik in 1957 was to pour money into science both in universities and in national labs. A great leap was taking place in undergraduate enrollment in this decade made possible by the G.I. Bill which paid veterans to go to college. By the 1970s many new campuses were created to meet the demand of a new expanding generation of students, more of whom in the 14–18 year old cohort started to go to college and included more women, minorities and those from the working class. New doctoral programs were founded and doctoral awards began to climb significantly from 8,611 in 1957 when NSF began its SED to 49,010 in 2011. This was in tandem with the increase in doctoral granting institutions from 260 in 1971 to 412 in 2011 (Allum et al. 2012, NSF and NCSES 2012).

The great expansion of research universities in the 1970s still emphasized research above education and training (Geiger 2004). Thanks to federal spending and its relation to the military, facilities at the leading research universities only continued to improve. This is the period when US science became pre-eminent worldwide and the research reputation of leading US universities continued in the subsequent decades. But in all this expansion, while the number of enrolled doctoral students grew ever larger, little changed in the way in which graduate programs were run or the power held by the thesis director ("Doktorvater/-mutter") over their students.

In summary the US graduate system in 2011 enrolled 1.73 million in all graduate programs, 58 % are women. There were 445,000 new enrollees, but 84 % were seeking Master's degrees. A total of 556,685 students were enrolled in 2010 in science and engineering (CGS 2009b, Kang 2012). There are 412 Doctoral granting institutions (2011) bestowing 49,010 doctorates (46.8 % going to women) in all fields out of 6,000 postsecondary institutions. US citizens and permanent residents (PR) comprise 31,573 of which 52 % are female. International students earned 13,625 Ph.D.s, 36 % of these are female. Doctorates earned by international students are predominantly in science and engineering where they earn more than 50 % of all US engineering Ph.D.s (NSF and NCSES 2012).

In brief: US graduate system in 2011

Immediately after the War, the German university system was under severe scrutiny because of its widespread support for the Nazi regime. The occupying powers went so far as to at least consider "Americanizing" the system by introducing Bachelor's degrees and re-organizing graduate training (Fallon 2012). The imposition of the Berlin blockade put a quick end to these ideas, although the focus in the "Bundesrepublik Deutschland" was on rebuilding and on training a new elite (Ellwein 1997). Once the West German economy revived Germany, university expansion superficially resembled that of the US in that in the 1960s and 1970s new universities were founded to meet a growing university eligible population and new university institutes were created (Führ and Furck 1998). But the Ph.D. remained the only degree program within the university, although "Magister/Diplom" and "Staatsexamen" as established steps along the way to the doctorate were also recognized levels of qualification for employment. The natural and physical sciences continued to be built up as in the past in external research centers such as those of the "Max-Planck-Gesellschaft" or The Fraunhofer Institutes. Federal funding and the direction of research is steered through the "Wissenschaftsrat" through the "Deutsche Forschungsgemeinschaft" (DFG) and a few other foundations.

Rebuilding the Federal Republic of Germany focused on training a new elite through doctoral education

The total German system enrolled in Winter/Spring semesters of 2012/13 a total of 2.4 million students at "Hochschulen", a record number, with 518,700 beginning in bachelor's programs (Brugger et al. 2012). Within this total in 2010 it is estimated that almost 200,400 are supervised doctoral students, but only around 104,000 are actually registered with their universities. The majority (51 %) are in mathematics, natural sciences and engineering. Unlike the US 89 % of all doctoral students are German citizens, while 41 % are female (Wolters and Schmiedel 2012). Supervision and research training vary greatly in their organization from the traditional model in which a student is taken on by a professor, to the three year programmatic doctoral programs such as the DFG Research Training Groups/"Graduiertenkollegs".

In brief: German graduate system in 2012/13

6.4 General Current Issues of Doctoral Education

"Wissenschaft als Beruf"

Doctoral programs in both the US and Germany share several characteristics inherent in the nature of this kind of training. The greatest, perhaps, is the transformational impact on students who persist in the program. This includes acquiring discipline specific analytical thought and vocabulary, socialization to its values, behaviors and characteristic forms of communication (Gardner and Mendoza 2010). But socialization has several facets: not only is the student gradually shaped intellectually into membership in his or her particular discipline, but also into the life of an academic, or in Weberian terms, "Wissenschaft als Beruf". Ideally this also implies a "calling" in which the future academic is expected to be dedicated to his or her profession, sustain and transmit values about the integrity of scholarship, among many others (Weber 1922). Implicit in the capacity to sustain an academic vocation, however, is that the student comes from a middle class or higher social background in which manners, broad cultural knowledge and habits are intrinsic and related usually to a certain income level. In the years since Weber gave his talk in 1918 this element has persisted in both the US and Germany, but can manifest itself in perverted forms which work against students from working class backgrounds ("bildungsferne Schichten"), women, and students of color in the US and "Studenten mit Migrationshintergrund" in Germany (Lovitts 2001, Maas 2011, Maki and Borkowski 2006). In the 21st century "vocation" has lost ground to competition and achieving success at any price, particularly in a climate in which research universities are expected to run as if they are businesses.

High rate of doctoral dropouts

Beyond doubt the US university continues to lead in research achievement and looks like the kind of institution most countries would like to have on their own soil. But the enormous emphasis on research deliberately pursued after World War II has not produced clarity on how doctoral students are to be most effectively trained, particularly in the natural and physical sciences. In fact, however, half of those enrolled in Ph.D. program in the US leave before finishing their degree (CGS 2009a, Lovitts 2001). While reasons for departure range from those who find that the program in which they are enrolled is not what they want to do, others find the environment hostile, faculty unsupportive, and may not have come to terms with the intense work demands. Indeed, the expectations for dissertations have been increasing in terms of the amount of research expected, the novelty and innovative character of the analysis, and publishing in refereed journals before finishing the Ph.D.

Expectations for student achievement do not necessarily match the opportunities offered

The increased expectation for student achievement ("Leistung") is not necessarily matched by formal extensive orientation to a particular program, or by increased mentoring. In a competitive environment, students are also implicitly encouraged by their faculty to compete with one another, thereby undermining potential cohort support. There are expectations that students will understand the many unwritten rules of doctoral student behavior based on an implicit belief that the really brightest will figure out what is required of them. Students continue to characterize their programs as a "boot camp" in which Darwinian struggles take place. For students who are the first in their families to attend college from working class milieus the complexity of full socialization is not always evident to faculty (Gardner and Mendoza 2010).

Other problems in US doctoral education are related to the sustained implicit assumption that students will become professors and function in a world similar to that of their doctoral program in a prestigious university. But few doctoral programs truly train their students to become effective faculty by providing programs on course design, effective teaching methods, grant writing, article preparation and publishing, lab management and the many other activities of faculty. Some US research universities have made efforts to address these issues and reform is discussed, but the problem is that programs are not necessarily sustained (Flaherty 2013). Although not intended, the importation of the almost unlimited power of the "Doktorvater" from the German model is one of the few aspects of US graduate education which is unambiguously following the source. And, as in Germany today where the traditional model is still in place in the many doctoral programs, similar problems with students arise (Egeler 2012, Knigge Illner 2002). These in turn lead to attrition and non-completion of the dissertation.

So far this discussion raises many questions about the nature of doctoral education and whether the US research university really ought to be the model used for emulation in Germany. Observed from the US side, it appears that the positive aspects of the US research university are all that have been noticed. The huge differences in the totality of higher education systems in both countries and the preconditions controlling their structures do not seem to be taken into consideration. As a result bits and pieces are copied, like selective admissions to special programs such as "Graduiertenkollegs", tighter curricula in such programs and a structured research program, fellowships, etc. University ranking is another imported idea which compromises the previous idea of German universities providing roughly equivalent education to their students, choice of university being related to the strength of individual faculties and institutes. The real question is what was wrong with the German old system? That it lacked glittering research universities like Massachusetts Institute of Technology (MIT) or Stanford was in part related to the fact that natural and physical science is still largely conducted at the independent institutes of the Max Planck Society and others, as the system was established in the 19th century. University science departments today are somewhat overshadowed as a result. Graduate student training, however, was as inefficient as it is in the US – so US training models are not really something to be replicated.

> Looking closely at each countries' positive developments offers the possibility of selectively copying aspects of the other's programs

Graduate Programs created under the Excellence Initiative in Germany demonstrate new successful approaches

Instead, I would suggest, the most effective new models of graduate education in Germany are entirely new, even if they think they are following the US lead. Graduate Programs created under the Excellence Initiative demonstrate that the issues affecting graduate education are fully thought through in order to generate forms of organization which both support and sustain students, but also promote academic distinction. Several factors make this possible: whole universities engage in lengthy self-reflection in order to design a proposal for the DFG along with significant internal reorganization. Some of these, like the official inclusion of scholars from independent research centers in "Promotionsrecht" and in participation in faculty affairs, crossed historical boundaries and widened the teaching pool substantially. The internal structure of the doctoral program involves highly selective admission, committees of three with no all-powerful "Doktorvater", student committee contracts, extensive advising, individual research programs tailored to future employment sector expectations along with external internships. While these features are taken from a specific Graduate Program, The Max Planck Research School in Biology at Göttingen (▶ http://www.gpmolbio.uni-goettingen.de/), and are not the same in all Excellence Centers, they address many areas in which doctoral training in the US and in the old system in Germany fall short. It should also be noted that "Excellence" programs are not universally popular (Meyer 2010). These very expensive new programs are made possible by the fact that excellence universities are part of the state bureaucracy so that wholesale restructuring is done within a legal context. This is not possible in the US.

6.5 Conclusion

So what has been lost in translation and what has been gained? Any form of intercultural knowledge transfer is circumscribed by the cultural lenses of the receiving party. Of all objects for study, the university is surely one of the most complicated and subject to substantial myth building. Doctoral education as a subset of university activities too often has the sanctity of long practice without necessarily the scrutiny it requires to be efficient, of service to the students in the program, to society and to the economy at large.

The argument presented here is that doctoral students in both countries, with the exception of those in innovative programs like the German graduate centers or programs within some US graduate schools, are not necessarily as well served as they could be. In both countries there is little agreement about the purpose of this form of training when far too many with doctorates do not find employment for which they were trained. A particular German issue is the social status of doctorate holders within politics and public and private bureaucracies in which the content of the degree appears incidental to its status. So does doctoral training as it exists produce scholars creating cutting edge research? Certainly, but not universally. In the US it is also argued that a legitimate function for this training is to prepare teachers of undergraduates. Another issue is who currently benefits from large populations of doctoral students in departments, institutes and "Fachbereiche"? In both countries they are hired to teach introductory courses and in laboratory fields to work on the research projects of the lab director. Universities in both countries could hardly function without this poorly paid labor. All of this taken together raise the ultimate question: Is it the best way to develop human potential when there are many negative aspects to the experience and too often no designated employment afterward?

Some broader concerns should also be considered in relation to graduate education. Why is it that the increase in female Ph.D.s over the past 20 years has not substantially improved the climate in the academy or the number of women professors relative to the number of Ph.D.s? The growing requirement for postdoctoral training and its potential great length and poor pay also raises the question about whether this system means that doctoral training is inadequate?

In conclusion it seems that through piecemeal takeover of parts of each other's system, each has missed the cultural and other determinants which shaped an activity in the copied system. The myth in the US about the contribution of historical German doctoral education to the US seems less significant today than the German introduction of US university activities and institutions which are unconnected legally or historically to their system. It makes much more sense to follow the lead of innovative German universities in creating fair and efficient programs for training doctoral students under the Excellence Initiative than thinking the US system is being imported.

> Following the lead of innovative German universities makes more sense than adapting piecemeal innovations from abroad

References

Allum JR, Bell NE, Sowell RS (2012) Graduate Enrollment and Degrees: 2001 to 2011. CGS and Graduate Record Examinations Board. CGS, Washington/D.C.

Bachmann-Medick D (2009) Cultural Turns: Neuorientierungen in den Kulturwissenschaften. Rowohlt, Reinbek bei Hamburg

Brugger P, Threin M, Wolters M (2012) Hochschulen auf einen Blick: Ausgabe 2012. Statistisches Bundesamt, Wiesbaden

CGS (Council of Graduate Schools) (2009a) Broadening Participation in Graduate Education. CGS, Washington/D.C.

CGS (Council of Graduate Schools) (2009b) Ph.D. Completion and Attrition: Findings from Exit Surveys of Ph.D. Completers. CGS, Washington/D.C.

Egeler PR (2012) Zahl der Studierenden in Deutschland auf Rekordniveau. Pressekonferenz vom 5. Dez. 2012. Statistisches Bundesamt, Wiesbaden

Ellwein T (1997) Die deutsche Universität: Vom Mittelalter bis zur Gegenwart. Fourier, Wiesbaden

Fallon D (2012) Europe Inches Forward on Higher Education Reform. Focus: Germany. Center for Public Scholarship of the New School, New York/NY

Flaherty C (2013) Closing Down the 'Roach Motel'. CUNY Graduate Center hopes to offer a public model for reform of doctoral education. Published: 5th Feb 2013 in Inside Higher Ed. ▶ http://www.insidehighered.com/news/2013/02/05/cuny-graduate-center-hopes-offer-public-model-reform-doctoral-education. Accessed: 11th Feb. 2013

Führ C, Furck C-L (Hrsg) (1998) Handbuch der deutschen Bildungsgeschichte. Bd. VI. 1945 bis zur Gegenwart. C.H. Beck, München

Gardner SK, Mendoza P (eds) (2010) On Becoming a Scholar: Socialization and Development in Doctoral Education. Stylus, Sterling/VA

Geiger RL (2004) Research and Relevant knowledge: American Research Universities since World War II. Transaction Publishers, New Brunswick

Gumport P (1993) Graduate Education and Organized Research in the United States. In: Clark BR (ed) The Research Foundations of Graduate Education. University of California Press, Berkeley

Jarausch KH (1995) American Students in Germany, 1815–1914. The Structure of German and US Matriculants at Göttingen University. In: Geitz HJ, Herbst J, The German Historical Institute (eds) German Influences on Education in the United States to 1917. Cambridge University Press, Cambridge

Kang K (2012) Graduate Enrollment in Science and Engineering Grew Substantially in the Past Decade but Slowed in 2010. NSF, Arlington/VA

Knigge Illner HH (2002) Der Weg zum Doktortitel: Strategien für die erfolgreiche Promotion. Campus, Frankfurt a.M.

Lori T, Golladay MJ, Hill ST, NSF (National Science Foundation), Division of Science Resources Statistics (2006) U.S. Doctorates in the 20th Century. NSF, Arlington/VA

Lovitts BE (2001) Leaving the Ivory Tower: The Causes and Consequences of Departure from Doctoral Study. Rowman & Littlefield Publishers, Lanham/Md.

Maas M-C (2011) Kein Beistand, nirgends. Artikel in der Zeit Online vom 22. Dez. 2011. ▶ http://www.zeit.de/2011/52/C-Studienabbrecher. Zugegriffen: 2. Jan. 2012

Maki PL, Borkowski NA (eds) (2006) The Assessment of Doctoral Education: Emerging Criteria and New Models for Improving Outcomes. Stylus, Sterling/VA

McClelland CE (1980) State, Society, and University in Germany, 1700–1914. Cambridge University Press, Cambridge

Meinecke F (1955) Die deutsche Katastrophe; Betrachtungen und Erinnerungen. Brockhaus, Wiesbaden

Meyer HJ (2010) Worum geht es im Exzellenzwettbewerb? Eine Kritik. Forschung und Lehre 17: 566–574

NSF (National Science Foundation), NCSES (National Center for Science and Engineering Statistics) (2012) Doctorate Recipients from U.S. Universities: 2011. Survey of Earned Doctorates 13-301. NSF, Arlington/VA

Rudolf F (1962) The American College and University: A History. Knopf, New York/NY

Singer SL (2003) Adventures Abroad: North American Women at German-speaking Universities, 1868–1915. Praeger, Westport/Conn

Snyder TD, Grant V, National Center for Education Statistics (1993) 120 Years of American Education: A Statistical Portrait. U.S. Department of Education and Office of Educational Research and Improvement, Washington/D.C.

Statistisches Bundesamt (2012) Hochschulstandort Deutschland 2012. Statistisches Bundesamt, Wiesbaden

Thelin JR (2011) A History of American Higher Education. Johns Hopkins University Press, Baltimore

Turner S (1987) Universitäten. In: Jeismann K-E, Lundgreen P (Hrsg) Handbuch der deutschen Bildungsgeschichte. Bd. III. Von der Neuordnung Deutschlands bis zur Gründung des Deutschen Reiches. C.H. Beck, München

Weber M (1922) Wissenschaft als Beruf. In: Weber M (Hrsg) Gesammelte Aufsätze zur Wissenschaftslehre. Mohr, Tübingen

Wolters M, Schmiedel S (2012) Promovierende in Deutschland 2010. Statistisches Bundesamt, Wiesbaden

Rekrutieren und Erfassen

Kapitel 7   Rekrutierung an der International Max Planck
             Research School for Molecular and Cellular Life
             Sciences, München – 93
             Hans-Jörg Schäffer

Kapitel 8   Doktorandenerfassung an der Friedrich-Schiller-
             Universität Jena – 109
             Gunda Huskobla, Matthias Jakob, Jörg Neumann

Rekrutierung an der International Max Planck Research School for Molecular and Cellular Life Sciences, München

Hans-Jörg Schäffer

7.1   Zielvorgaben – 94

7.2   **Umsetzung: Sechs Phasen der Rekrutierung – 95**
7.2.1   Werbung/Ausschreibung – 96
7.2.2   Bewerbungsphase – 97
7.2.3   Vorauswahl – 99
7.2.4   Vorbereitung zur Endauswahl – 101
7.2.5   Endauswahl in München – 101
7.2.6   Nachbetreuung – 104

7.3   **Diskussion – 105**

Strukturierte Promotionsprogramme stellen häufig besondere Anforderungen an ein Auswahlverfahren: Es müssen Strategien entwickelt werden, die es ermöglichen, aus einer großen Anzahl von Bewerbern zuverlässig die am besten geeigneten Kandidaten auszuwählen und für das Promotionsprogramm zu gewinnen. Dabei gilt es, die Interessen der auswählenden »Faculty«, also der Gesamtheit der in einem Promotionsprogramm eingebundenen Gruppenleiter, sowie der Bewerber angemessen zu berücksichtigen. Da hohe Bewerberzahlen für umfangreiche Datensätze sorgen, sind effiziente Strukturen zur Erfassung, Verwaltung und Analyse der eingereichten Bewerbungsunterlagen erforderlich.

Am Beispiel der International Max Planck Research School for Molecular and Cellular Life Sciences (IMPRS-LS) soll gezeigt werden, wie ein koordiniertes Auswahlverfahren zur Rekrutierung von Doktoranden eingesetzt werden kann. Dabei werden die spezifischen Herausforderungen eines solchen Verfahrens erörtert und entsprechende Lösungsansätze aufgezeigt.

Das hier vorgestellte Auswahlverfahren der IMPRS-LS lässt sich am besten auf vergleichbare naturwissenschaftlich ausgerichtete Promotionsprogramme übertragen. Bei Programmen mit anderen fachlichen Schwerpunkten müssen die Abläufe an die spezifischen Erfordernisse und Merkmale des jeweiligen Programms angepasst werden.

> **Kurzprofil IMPRS-LS (Stand: Februar 2013)**
> — Gründungsjahr: 2005
> — Anzahl der Forschungsgruppen: ca. 65
> — Eingeschriebene Doktoranden: ca. 140
> — Alumni: 70
> — Auswahlrunden pro Jahr: 1
> — Bewerbungen pro Runde: ca. 800
> — Teilnehmer in der Auswahlwoche: ca. 70
> — Aufgenommene Bewerber pro Runde: ca. 30

7.1 Zielvorgaben

Das Auswahlverfahren soll effizient, transparent und fair sein

Bei der Entwicklung unseres Auswahlverfahrens wurde im Vorfeld intensiv diskutiert, was das Verfahren im Einzelnen leisten soll. In Absprache mit der Faculty und externen Beratern wurden dabei die in folgender Übersicht gezeigten Zielvorgaben festgelegt.

> **Zielvorgaben des Auswahlverfahrens an der IMPRS-LS**
> — Einreichung und Sichtung der Bewerbungen sollen ausschließlich über webbasierte Abläufe organisiert werden.
> — Aufgrund der hohen Zahl von Bewerbungen sollen möglichst viele Prozesse automatisiert werden.

- Für die Vor- und Endauswahl sollen standardisierte Auswahlkriterien entwickelt werden, um Auswahlentscheidungen nachvollziehbar zu machen.
- Das Auswahlverfahren soll im Rahmen der geltenden Datenschutzrichtlinien allen an der Auswahlentscheidung beteiligten Personen volle Transparenz bieten.
- Über eine Kommunikationsplattform sollen Bewerber zeitnah über den aktuellen Stand ihrer Bewerbung informiert werden.
- Bewerbungsunterlagen sollen nach definierten Datenbankeinträgen analysiert und sortiert werden können, um die Sichtung der Bewerbungsunterlagen zu erleichtern.
- Der Zeitaufwand für die an der Auswahl beteiligten Gruppenleiter* soll überschaubar bleiben, ohne die Qualität der Auswahl zu beeinträchtigen.

* Ein Gruppenleiter führt eigenverantwortlich eine unabhängige Forschungsgruppe, die ein bestimmtes Forschungsthema vertritt und ein eigenständiges Budget ausweist. Forschungsgruppen können an Universitäten oder anderen Forschungseinrichtungen angesiedelt sein.

7.2 Umsetzung: Sechs Phasen der Rekrutierung

Das Auswahlverfahren lässt sich in sechs Phasen unterteilen (◘ Abb. 7.1): Es wird mit einer öffentlichen Ausschreibung und begleitenden Werbemaßnahmen eingeleitet. In der nachgeschalteten Bewerbungsphase können die Bewerber die erforderlichen Bewerbungsunterlagen online einreichen. Nach Bewerbungsschluss werden in einer zweistufigen Vorauswahl alle vollständigen Bewerbungen evaluiert und die am besten geeigneten Kandidaten zur Endauswahl nach München eingeladen. In der Vorbereitungsphase zur Endauswahl vor Ort geht es in erster Linie um die Planung der Auswahlwoche und um die Unterstützung der eingeladenen Bewerber in ihren Reisevorbereitungen. Während der Auswahlwoche wird dann die Endauswahl der Bewerber durchgeführt. Dabei soll der bisher gewonnene Eindruck der Kandidaten verifiziert und die Bewerber hinsichtlich Forschungseignung, Teamfähigkeit, Kommunikationsfähigkeit und weiterer Kriterien geprüft werden. Auch die Zuordnung der Bewerber zu den jeweiligen Forschungsgruppen, das sogenannte »Matching«, findet während der Auswahlwoche statt. In der Nachbetreuungsphase hält das Coordination Office, welches als Geschäftsstelle der IMPRS-LS fungiert und für die Organisation und Verwaltung der Research School verantwortlich ist, einen engen Kontakt zu den neu aufgenommenen Doktoranden und unterstützt diese in ihren Vorbereitungen für den Umzug nach München.

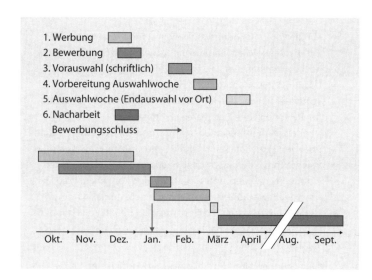

Abb. 7.1 Die sechs Phasen der Rekrutierung

7.2.1 Werbung/Ausschreibung

Die Werbestrategie ist hauptsächlich auf elektronische Medien ausgerichtet

Da die meisten Kandidaten ihre Stellensuche mithilfe elektronischer Medien durchführen, verwenden wir hauptsächlich Online-Plattformen, um für unser Promotionsprogramm zu werben. Zusätzlich verschicken wir E-Mails und Poster an ausgewählte Adressen, z. B. an International Offices ausländischer Universitäten, an Forschungsinstitute und an Professoren, die entsprechende Fachrichtungen vertreten. Die beste Überzeugungsarbeit leisten, weil besonders authentisch, begeisterte Doktoranden und Alumni, die in ihrem Umfeld auf das Promotionsprogramm aufmerksam machen können. Dies setzt allerdings voraus, dass das Programm schon ausreichend lange besteht und erfolgreich (d. h. zur Zufriedenheit der Doktoranden) durchgeführt wird. Zunehmende Bedeutung gewinnen auch diverse Social Networks, wie Facebook, studiVZ oder LinkedIn. Man sollte jedoch bei einem Engagement hier berücksichtigen, dass die Pflege von Webauftritten in Social Networks einen erheblichen Zeitaufwand erfordern kann.

Printanzeigen in deutschen und internationalen Fachjournalen scheinen hingegen eher von untergeordneter Bedeutung zu sein und werden von uns daher selten eingesetzt. Auch Bildungsmessen und ähnliche Veranstaltungen sind meines Erachtens wegen des großen Organisationsaufwandes für einzelne Promotionsprogramme eher ungeeignet.

Eine Übersicht der gängigen Werbemaßnahmen ist in ◘ Tab. 7.1 zusammengefasst.

☐ Tab. 7.1 Werbemaßnahmen. Bewertung häufig verwendeter Werbemaßnahmen im Rahmen von Promotionsprogrammen (sehr gut: +++, gut: ++, befriedigend: +, ausreichend: –, schlecht: – –, sehr schlecht: – – –)

Art der Maßnahme	Aufwand	Kosten	Eignung	Kommentare
Nicht kommerzielle fachspezifische Online-Plattformen	gering	gering	+++	Keine Kosten, gute Erreichbarkeit des Zielpublikums
E-Mail-Verteiler	gering	gering	+++	Erstellen des Verteilers kann aufwendig sein, Datenschutz?
Deutscher Akademischer Austauschdienst (DAAD) Broschüre/Online-Portal	gering	mäßig	+++	Für internationale Programme empfohlen
Social Networks	mäßig bis hoch	gering bis mäßig	+++	Zunehmend wichtig, kann aufwendig sein, da kontinuierlich aktuelle Inhalte generiert werden sollten
Einbindung von Faculty, Alumni und Doktoranden	mäßig bis hoch	gering bis mäßig	+++	Sehr glaubwürdig, wenn Alumni und Doktoranden vom Programm überzeugt sind
Optimierung der eigenen Website (Darstellung, Verlinkung, Suchmaschinen usw.)	mäßig bis hoch	mäßig	+++	Wichtig, da die meisten Bewerber über die Website zum Programm finden
Kommerzielle fachspezifische Online-Plattformen	gering	mäßig bis hoch	+++	Erfolg abhängig von der jeweiligen Plattform
Poster-Versand	mäßig	hoch	+	Poster sollten nicht größer als Din A3 sein
Printanzeige in Fachzeitungen	gering	sehr hoch	+/–	Print nur als Präsenzanzeige sinnvoll – erreicht aber wenig potenzielle Kandidaten und ist relativ teuer
Werbung auf Fachtagungen	mäßig	hoch	–	Zielpublikum (Master-Studenten) nicht stark vertreten
Bildungsmessen	hoch	sehr hoch	–	Eher geeignet für große Forschungsorganisationen, wie DAAD, Bundesministerium für Bildung und Forschung (BMBF), Max-Planck-Gesellschaft usw., sowie für Universitäten
Allgemeine Jobbörsen	gering	mäßig bis hoch	– –	In der Regel eher nicht geeignet

7.2.2 Bewerbungsphase

Zur effizienten Erfassung und Bearbeitung der Bewerbungen setzt die IMPRS-LS ein datenbankgestütztes Online-Bewerbungsverfahren ein. Ein solches System scheint uns ab Bewerberzahlen von ca. 100 Bewerbungen pro Durchgang unverzichtbar, da die anfallende Datenmenge eine Größenordnung erreicht, die von Hand nur noch mit unverhältnismäßig großem Aufwand zu bewältigen wäre. Es werden inzwischen zahlreiche Systeme mit unterschiedlichen Eigenschaften und Automatisierungsgraden angeboten, sodass es schwierig ist, hier einen vollständigen Überblick zu bieten. Unserer Erfahrung

Ein datenbankgestütztes Online-Bewerbungsverfahren ist bei hohen Bewerberzahlen unverzichtbar

nach sollte ein sinnvolles System einige Minimalanforderungen für die Datenerfassung erfüllen.

> **Minimalanforderungen der Datenerfassung**
> - Alle für die Bewerbung erforderlichen Datensätze und Dokumente sollten elektronisch eingereicht werden können.
> - Die Bewerber sollten über automatisierte Kommunikationssysteme (E-Mail, Status Box oder Ähnliches) über den aktuellen Stand ihrer Bewerbung informiert werden.
> - Die Bewerbungsunterlagen sollten nach definierten Kriterien und Datenbankfeldern sortierbar sein.
> - Eingereichte Datensätze und Dokumente sollten in ein PDF-Dokument zusammengeführt werden können.
> - Die geltenden Datenschutzrichtlinien für die Erhebung personenbezogener Daten müssen eingehalten werden.

Praktische Umsetzung des Bewerbungsprozesses bei der IMPRS-LS

Datenerhebung Nach der Registrierung auf dem Bewerbungsportal erhält der Bewerber per E-Mail seine Log-in-Daten und kann sich damit auf dem Portal einloggen. Hier kann das entsprechende Bewerbungsformular ausgefüllt und alle erforderlichen Dokumente hochgeladen werden. Die Bewerbung kann erst dann formal eingereicht werden, wenn alle erforderlichen Angaben gemacht und die entsprechenden Datenfelder ausgefüllt sind. Beim Einreichen müssen Bewerber einer Einwilligungserklärung zur Speicherung und weiteren Bearbeitung der Bewerbungsunterlagen im Rahmen des Auswahlverfahrens zustimmen. Nach dem Einreichen der Bewerbung ist es nicht mehr möglich, Änderungen an der Bewerbung durchzuführen. Die Bewerbung kann aber weiterhin vom Bewerber eingesehen bzw. als PDF-Dokument ausgedruckt werden.

Gutachter begrüßen die Online-Evaluation, da sie ihnen ein hohes Maß an Flexibilität ermöglicht

Empfehlungsschreiben Für Empfehlungsschreiben verwenden wir ein online gestütztes Verfahren: Im Bewerbungsformular muss der Bewerber zwei Personen als Gutachter benennen. Diese werden vom Coordination Office per E-Mail angeschrieben und gebeten, ein Empfehlungsschreiben einzureichen. Die entsprechende E-Mail enthält einen Weblink, der zu einem Formular führt, welches der Gutachter online ausfüllen und direkt einreichen kann. Das eingereichte Gutachten wird automatisch in die Bewerbung des entsprechenden Kandidaten integriert.

Die Bewerberdatenbank kann nach verschiedenen Kriterien durchsucht und sortiert werden

Sortierung der eingehenden Bewerbungen Alle vollständigen Bewerbungen werden in einer entsprechenden Liste aufgeführt und stehen nun für eine Evaluation zur Verfügung. Es können weitere Listen angelegt werden, mit deren Hilfe man Bewerbungsunterlagen nach definierten Kriterien sortieren und filtern kann (z. B. nach Nationalität, höchstem Universitätsabschluss, fachlichen Interessen usw.). Auch eine Liste aller unvollständigen Bewerbungen kann angezeigt werden. Durch Suchfunktionen kann man die Bewerberdatenbank gezielt nach Bewerbern durchsuchen, die bestimmte (gewünschte) Kriterien erfüllen.

Kommunikation mit Bewerbern und Gutachtern Unsere Bewerber sollen zeitnah über alle wichtigen Vorgänge (z. B. das Eintreffen eines Empfehlungsschreibens) und den aktuellen Stand ihrer Bewerbung informiert werden. Dies erfolgt über eine sogenannte »Status Box« im Bewerbungsformular, die vom Bewerber eingesehen werden kann und in der alle wichtigen Vorgänge dokumentiert werden. Weiterhin werden automatisierte und personalisierte E-Mails verschickt, um Bewerber und Gutachter auf dem Laufenden zu halten. Diese weitestgehend automatisierte Kommunikationsplattform informiert alle betroffenen Personen zeitnah und reduziert dadurch die Anzahl der Anfragen beim Coordination Office deutlich.

Eine klare Kommunikationsstrategie hält Bewerber und Gutachter über den aktuellen Stand der Bewerbung informiert

7.2.3 Vorauswahl

In der Vorauswahl sollen in einem zweistufigen Prozess die besten 10 % der Bewerber für die Endauswahl in München ermittelt werden. Grundlage für diese Auswahlentscheidung sind die elektronisch eingereichten Bewerbungsunterlagen und Empfehlungsschreiben.

Stufe I: Sichtung durch das Coordination Office
In der ersten Auswahlstufe soll das beste Viertel aller eingereichten Bewerbungen identifiziert werden, um diese dann in einer zweiten Auswahlstufe der Faculty zur Begutachtung vorzulegen. Hierzu benoten wissenschaftliche Mitarbeiter des Coordination Office alle Bewerbungen nach klar definierten und gewichteten Kriterien mit Noten von 1 (schlecht) bis 5 (exzellent). Dabei werden folgende Kriterien im Einzelnen bewertet (Werte in Klammer stellen den jeweiligen Gewichtungsfaktor dar).

Eine Vorauswahl durch das Coordination Office reduziert die Arbeitsbelastung für die Faculty signifikant

Bewertungskriterien der Vorauswahl
- Akademische Qualifikation (10)
- Empfehlungsschreiben (8)
- Publikationen (4)
- Externe Leistungsnachweise, Fachtests (4)
- Preise und Stipendien (2)
- Forschungsinteressen (2)
- Auslandserfahrung (1)
- Gesamteindruck (3)

Um die Gesamtnote einer Bewerbung zu erhalten, werden die Einzelnoten mit dem jeweiligen Gewichtungsfaktor multipliziert und dann addiert. Es entsteht eine dimensionslose Zahl (je größer die Zahl, desto besser wird die Bewerbung eingestuft), mit deren Hilfe nun eine Rangliste erstellt werden kann.

Da mehrere Mitarbeiter an der Sichtung beteiligt sind, ist es wichtig, die Benotungsskala und -kriterien eindeutig zu definieren, um eine möglichst faire und vergleichbare Beurteilung zu erreichen. Alter, Geschlecht, Herkunft, Religionszugehörigkeit und alle weiteren persönlichen Merkmale dürfen bei der Bewertung keine Rolle spielen.

Es hat sich bewährt, alle Bewerber aus einem Land zeitnah und vom gleichen Mitarbeiter bewerten zu lassen. Dadurch kann erreicht werden, dass alle Bewerber, die aus einem Land kommen, besser miteinander verglichen werden können.

Definierte Bewertungskriterien ermöglichen eine möglichst faire und vergleichbare Beurteilung in der Vorauswahl

Stufe 2: Vorauswahl durch die Faculty

Das beste Viertel der Bewerbungen wird nun in der zweiten Stufe der Vorauswahl von Gruppenleitern der Research School gesichtet: Jeder Gruppenleiter kann sich dazu auf der Evaluationsplattform einloggen und findet dort in seinem persönlichen Evaluationsordner alle Bewerbungen vor, die von ihm zu beurteilen sind. Die Evaluation der Bewerber kann von jedem sicheren Internetzugang durchgeführt werden, sodass auch von zu Hause oder von unterwegs aus gearbeitet werden kann – ein wichtiges Kriterium für Gruppenleiter, die viel auf Reisen sind.

Jede Bewerbung wird von drei Gruppenleitern evaluiert. Eine Einladung zur Auswahlwoche kann nur ausgesprochen werden, wenn folgende Kriterien erfüllt sind:
1. Mindestens zwei der drei Gruppenleiter müssen sich klar für eine Einladung aussprechen und
2. mindestens ein Gruppenleiter muss auch daran interessiert sein, den Bewerber in seine Gruppe aufzunehmen.

In einzelnen Fällen können auch weitere Kriterien berücksichtigt werden: Sollten sich z. B. überproportional viele Bewerber für dieselbe Gruppe interessieren, so werden bevorzugt diejenigen Kandidaten eingeladen, denen der entsprechende Gruppenleiter die höchste Priorität einräumt. Kandidaten die aus Übersee anreisen und daher verhältnismäßig hohe Reisekosten verursachen, werden nur eingeladen, wenn klar erkennbar ist, dass für diesen Kandidaten seitens der Faculty ein großes Interesse besteht.

Im Gegensatz zur Vorauswahl durch das Coordination Office, gibt es für die Gruppenleiter keine Vorgaben bezüglich der Beurteilungskriterien. Dadurch können die Gruppenleiter ihre eigenen Erfahrungen bei der Auswahl von Bewerbern optimal in den Auswahlprozess einfließen lassen. Um einzelne Kandidaten noch besser einschätzen zu können, führen Gruppenleiter zunehmend auch Vorgespräche über Skype oder Telefon.

Alle Gruppenleiter können auf alle Bewerbungsunterlagen zugreifen und die Bewerberdatenbank nach ausgewählten Kriterien durchsuchen, sodass an dieser Stelle für maximale Transparenz gesorgt ist. So kann ein Gruppenleiter z. B. gezielt nach denjenigen Bewerbern suchen, die an seiner Forschungsgruppe oder an einem bestimmten Fachgebiet interessiert sind.

Umfangreiche Zugriffsrechte auf Bewerbungsunterlagen durch die Faculty sorgen für ein transparentes Auswahlverfahren

7.2.4 Vorbereitung zur Endauswahl

In der Vorbereitungsphase werden die Interviewwoche im Detail vorbereitet und die Bewerber bei Reisevorbereitungen und Visa-Anträgen unterstützt. Nun sind in erster Linie logistische und organisatorische Fähigkeiten gefordert, auf die hier nicht im Detail eingegangen werden kann. Während dieser Phase ist eine verlässliche und zeitnahe Kommunikation mit allen Beteiligten der Interviewwoche (Bewerber und Gruppenleiter) unverzichtbar und ermöglicht allen Teilnehmern eine optimale Vorbereitung auf die Auswahlwoche.

7.2.5 Endauswahl in München

In der Endauswahl vor Ort soll der bisher gewonnene Eindruck von Kandidaten verifiziert und deren Eignung für Forschungstätigkeiten vertiefend geprüft werden. Weiterhin soll in Gesprächen zwischen Bewerbern und interessierten Gruppenleitern sowie deren Mitarbeitern, die Kompatibilität eines Kandidaten mit der jeweiligen Forschungsgruppe erörtert werden. Im Gegensatz zur schriftlichen Bewerbung, in der Noten und weitere quantifizierbare Leistungsnachweise eine hohe Gewichtung erfahren, verschiebt sich der Fokus in der Interviewwoche deutlich: Nun spielen die Kommunikationsfähigkeit eines Bewerbers und dessen Bereitschaft, in einem kompetitiven Umfeld Initiative zu ergreifen, für die Auswahlentscheidung eine zunehmend wichtige Rolle. Durch die direkte Interaktion mit Bewerbern können sich die Gruppenleiter ein wesentlich besseres Bild über die Kapazitäten und das Potenzial eines Bewerbers machen und weitere wichtige Aspekte genauer überprüfen. Die Bewerber profitieren von der Möglichkeit, im Laufe der Auswahlwoche verschiedene Forschungsgruppen und Forschungsthemen kennenzulernen, wodurch sich die Chance, eine passende Gruppe zu finden, deutlich erhöht.

Während der Auswahlwoche spielen die Initiative des Bewerbers sowie dessen Kommunikationsfähigkeit und soziale Kompetenz eine zunehmend wichtige Rolle

Auswahlkriterien

Um in das Promotionsprogramm aufgenommen zu werden, müssen die Bewerber am Ende der Auswahlwoche zwei Auswahlkriterien erfüllen:
1. **Interview Performance:** Eine definierte Mehrheit der interviewenden Gruppenleiter muss die Aufnahme eines Bewerbers eindeutig befürworten. Abhängig von der Anzahl der geführten

Klar definierte Kriterien legen fest, wer in das Promotionsprogramm aufgenommen wird

Tab. 7.2 Interview Performance: Mindestanforderungen an die Wertungen nach den Auswahlgesprächen

Anzahl der Interviews	»Ja«-Stimmen (mindestens)	Enthaltungen	»Nein«-Stimmen (höchstens)
4	3	–	1
5	3	1	1
6	4	1	1
7	5	–	2

Auswahlgespräche ist exakt festgelegt, wie viele Gruppenleiter mindestens für die Aufnahme eines Kandidaten in das Programm votieren müssen bzw. wie viele sich maximal enthalten oder gegen eine Aufnahme sein können (Tab. 7.2).

2. **Matching:** Es muss ein »Match« zwischen einem Gruppenleiter und dem Bewerber etabliert werden, d. h., ein Bewerber muss einen Gruppenleiter finden, zu dem er gehen möchte und der ihn auch in seine Forschungsgruppe aufnehmen will.

Die Toolbox zur Auswahlwoche

Die Interviewwoche setzt sich aus mehreren Elementen zusammen, die jeweils einzelne Schwerpunkte bilden und in ihrer Gesamtheit den Auswahlprozess begleiten und unterstützen. Die einzelnen Tools, welche während der Auswahlwoche zum Einsatz kommen, sollen hier kurz vorgestellt werden.

Kurzpräsentationen der Gruppenleiter Nach einer Einführung durch das Coordination Office stellen zu Beginn der Auswahlwoche die Gruppenleiter in Kurzpräsentationen ihre Forschungsgebiete vor und skizzieren mögliche Projekte. Durch diesen ersten Kontakt und durch Gespräche in den Kaffeepausen können sich Bewerber und Gruppenleiter schon ein wenig kennenlernen, bevor die Einzelgespräche stattfinden. Bewerber haben hier schon die erste Möglichkeit, sich durch aktive Teilnahme und geschickte Fragenstellung zu profilieren.

Individuelle Auswahlgespräche mit Gruppenleitern sind ein zentrales Element der Auswahlwoche

Auswahlgespräche Für jeden Bewerber sind mindestens vier 30-minütige Einzelgespräche mit Gruppenleitern vorgesehen, für deren Arbeit sich der jeweilige Bewerber interessiert. Die Interviews finden – soweit möglich – am Anfang der Auswahlwoche statt, da sie die Grundlage für weitere Aktivitäten, wie Laborbesuche, darstellen. Alle geführten Interviews gehen in die Gesamtbewertung eines Bewerbers ein. Dabei ist es den Gruppenleitern freigestellt, wie sie die Auswahlgespräche im Detail gestalten und welche Schwerpunkte sie setzen.

Besuche bei den Forschungsgruppen Besteht nach einem Interview weiterhin gegenseitiges Interesse zwischen Bewerber und Gruppenleiter, so sollten vertiefende Gespräche in der jeweiligen Forschungsgruppe durchgeführt werden. Besuche bei Forschungsgruppen werden von Gruppenleiter und Bewerber gemeinsam abgesprochen. Hier können z. B. mögliche Promotionsthemen vertiefend erörtert werden, und der Bewerber kann einen Vortrag über seine bisherigen Forschungsarbeiten halten. Laborbesuche bieten den Bewerbern daneben eine gute Möglichkeit, sich mit Doktoranden und weiteren Mitarbeitern der jeweiligen Gruppe auszutauschen, um mehr über deren Projekte und die spezifische Betreuungssituation zu erfahren.

> Besuche bei den Forschungsgruppen ermöglichen vertiefende Gespräche mit Gruppenleiter und Mitarbeitern

Rahmenprogramm Ein umfangreiches Rahmenprogramm soll dafür sorgen, dass sich Bewerber in einem entspannten Umfeld mit Doktoranden der Research School austauschen können. Hier können Bewerber z. B. Informationen über Führungsstil und die Betreuungssituation in einzelnen Gruppen einholen und sondieren, ob eine bestimmte Gruppe, an der sie interessiert sind, für sie »passt«. Auch Informationen zum Promotionsprogramm, zur Situation am Campus oder zur Wohnungssituation in München, um nur einige zu nennen, können hier aus erster Hand abgefragt werden und helfen den Bewerbern, einen umfassenden Eindruck zur Situation der Doktoranden am Standort zu gewinnen. Ein Austausch auf dieser Ebene ist sehr wichtig, und es sollten daher möglichst viele Doktoranden der Research School an diesen Aktivitäten teilnehmen.

Der kritische Austausch von Bewerbern mit Doktoranden schafft Transparenz und kann eine autoregulative Wirkung entfalten: Sind Doktoranden mit der Betreuungssituation sehr zufrieden, werden sie ein positives Feedback geben, sodass Bewerber eher geneigt sein werden, diese Gruppe auszuwählen. Im Umkehrschluss werden es Gruppen, bei denen von Problemen bei der Betreuung oder in anderen Bereichen berichtet wird, möglicherweise schwerer haben, ihre Wunschkandidaten zu gewinnen. Dieser durchaus gewünschte Effekt soll Gruppenleiter anregen, verstärkt über die Betreuungssituation in ihrer Gruppe zu reflektieren und eventuell Verbesserungen umzusetzen.

> Ein entsprechendes Rahmenprogramm ermöglicht den kritischen Austausch von Bewerbern mit eingeschriebenen Doktoranden der Research School

Matching Besonders wichtig für eine erfolgreiche Promotion ist eine gute »Passgenauigkeit« zwischen Doktorand und Betreuer. Deshalb wird während der Auswahlwoche auch verhältnismäßig viel Zeit für das sogenannte Matching reserviert. Dabei gilt es, eine Vielzahl von Aspekten, z. B. Projektthema, Betreuungsstil, Gruppenstruktur und -größe, Teamgeist und persönlicher Zugang zum Betreuer, zu berücksichtigen. Bewerber werden zu Beginn der Auswahlwoche ermuntert, sich kritisch mit diesen Themen auseinanderzusetzen, bevor sie sich auf eine Forschungsgruppe festlegen. Wenn sich für Bewerber kein guter »Match« finden lässt, ist es nicht ratsam, einen solchen unter Druck herbeizuführen. Diese Kandidaten sind möglicherweise in

> Eine gute »Passgenauigkeit« zwischen Doktorand und Betreuer trägt substanziell zum Gelingen einer Promotion bei

einem anderen Programm wesentlich besser aufgehoben, und man sollte ihnen diesen Schritt nicht erschweren.

Vollversammlung der IMPRS-LS-Faculty mit Endauswahl Bevor sich die Faculty der Research School am Ende der Auswahlwoche zur Plenarsitzung trifft, geben alle Bewerber eine Präferenzliste ab und alle Gruppenleiter reichen die Evaluationen der von ihnen interviewten Kandidaten ein. Alle Informationen und Wertungen werden in einer zentralen Excel Tabelle zusammengeführt und der Faculty in der Plenarsitzung vorgestellt.

> Bei der Endauswahl werden die Interessen der Gruppenleiter sowie der Bewerber gleichermaßen berücksichtigt, um die bestmögliche Passgenauigkeit zu erreichen

Bewerber, die die Interviewmindestanforderungen erfüllen (◘ Tab. 7.2), können nun den jeweiligen Gruppenleitern zugeordnet werden. Dabei wird angestrebt, eine möglichst optimale Passgenauigkeit (»Matching«) zwischen den Interessen der Gruppenleiter und der Bewerber zu erreichen.

Es wird wie folgt vorgegangen: Der Gruppenleiter, der auf der Präferenzliste eines Bewerbers auf dem 1. Platz gelistet ist, kann nun entscheiden, ob er diesen Kandidaten in seine Gruppe aufnehmen möchte oder nicht. Sollte er sich gegen eine Aufnahme des Kandidaten entscheiden, so wird der auf Platz 2 gelistete Gruppenleiter gefragt. Dieses Verfahren wird so lange fortgesetzt, bis sich ein »Match« zwischen einem Gruppenleiter und dem Kandidaten ergibt. Sollte sich kein »Match« etablieren lassen, so kann der betroffene Bewerber nicht in das Promotionsprogramm aufgenommen werden.

Die Zusage eines Gruppenleiters in der Plenarsitzung ist verbindlich, und der Gruppenleiter verpflichtet sich dadurch, die Betreuung des zukünftigen Doktoranden nach den Statuten der Research School durchzuführen und die entsprechenden Mittel zur Finanzierung des geplanten Projektes zur Verfügung zu stellen.

7.2.6 Nachbetreuung

Nach der Auswahlwoche werden die Bewerber über die Ergebnisse der Plenarsitzung informiert. Es wird erwartet, dass Kandidaten, die ein Angebot erhalten, innerhalb von drei Wochen eine verbindliche Zusage machen. Nach Verstreichen dieses Zeitfensters ist der Gruppenleiter nicht mehr an seine Zusage gebunden und kann die entsprechende Stelle auch mit einem anderen Bewerber besetzen.

> Ein enger Kontakt mit den zukünftigen Doktoranden während der Nachbetreuungsphase verfestigt die Bindung an das Promotionsprogramm

Nach der verbindlichen Zusage eines Kandidaten unterstützt das Coordination Office diesen bei seinen weiteren Planungen und den Vorbereitungen für den Umzug nach München. Ein enger und umsorgender Kontakt mit den zukünftigen Doktoranden während dieser Phase ist vertrauensbildend und kann sich daher sehr positiv auf die Verfestigung der Bindung an das Programm auswirken.

Tab. 7.3 Das koordinierte Auswahlverfahren – Pro und Kontra

Pro	Kontra
– Definierte Standards bürgen für hohe Qualität und einen fairen Auswahlprozess. – Beurteilung der Bewerber durch mehrere Kollegen reduziert das Risiko einer Fehlbewertung. – Die webbasierte Bewerbungsplattform schafft Freiräume für Faculty und Gutachter. – Verbesserte Vergleichbarkeit von Bewerbern, da Sichtung aller Bewerber zeitnah erfolgt. – Umfangreiche Wahlmöglichkeiten machen eine bessere Passgenauigkeit von Gruppenleiter und Bewerber möglich.	– Es ist ein hoher planerischer und logistischer Aufwand erforderlich. – Wenig terminliche Flexibilität (Auswahlwoche). – Partieller Kontrollverlust für Gruppenleiter, da Kollegen mitentscheiden. – Wettbewerb um Doktoranden kann für Gruppen, die weniger kompetetiv sind, problematisch sein. – Hohe Kosten bei internationalen Bewerbern.

7.3 Diskussion

Das hier vorgestellte koordinierte Auswahlverfahren hat sich bei der IMPRS-LS sehr bewährt und ist ein wichtiges, von der Faculty anerkanntes und geschätztes Instrument bei der Auswahl und Rekrutierung von Doktoranden geworden. Das Verfahren weist deutliche Vorteile gegenüber der klassischen Rekrutierung auf und ermöglicht einen verantwortungsvollen Umgang mit den Ressourcen Zeit, Kapital und Mensch (Tab. 7.3).

Trotz der erkennbaren Vorteile des Auswahlverfahrens ist es wichtig, dieses immer wieder selbstkritisch zu hinterfragen und zu prüfen, ob die hohen Ansprüche an Fairness und Transparenz wirklich gewährleistet sind.

Besondere Aufmerksamkeit sollte dabei den gewählten Auswahl- und Ausschlusskriterien gewidmet werden. So wird z. B. von unserer Faculty immer wieder diskutiert, ob bei der Beurteilung der schriftlichen Bewerbung die Noten angemessen gewichtet werden. Auch wenn gute Noten häufig als Indikator für Leistungsbereitschaft bzw. Begabung angesehen werden, ist es fraglich, ob man anhand der Noten eine zuverlässige Aussage über die »Forschungseignung« eines Bewerbers machen kann. Eine Übergewichtung der Noten als Auswahlkriterium könnte daher dazu führen, dass einzelne Kandidaten mit sehr guter Forschungseignung aussortiert werden, da deren Noten nicht den gesetzten Erwartungen entsprechen.

Auch während der Interviewwoche könnten Fehleinschätzungen die Auswahlentscheidungen ungünstig beeinflussen. Da hier z. B. die individuelle Kommunikationsfähigkeit und Überzeugungskraft der Bewerber eine zunehmend wichtige Rolle spielen, sind schüchterne oder zurückhaltende Personen tendenziell benachteiligt. Dies kann

Ein kritisches Hinterfragen des eigenen Auswahlverfahrens und interne Kontrollen zur Qualitätssicherung tragen dazu bei, das Verfahren kontinuierlich zu verbessern

Die soziokulturelle Prägung eines Bewerbers sollte bei der Auswahlentscheidung berücksichtigt werden

im Besonderen für Bewerber aus dem asiatischen Raum ein Problem darstellen, da sie häufig aufgrund ihrer soziokulturellen Prägung gegenüber höher gestellten Personen, wie Gruppenleitern, eher zurückhaltend operieren und dadurch – im Vergleich zu Bewerbern aus anderen Kulturkreisen – fälschlicherweise als passiv oder desinteressiert wahrgenommen werden könnten.

Es empfiehlt sich – sofern möglich – interne Kontrollen zur Qualitätssicherung zu etablieren. So gleichen wir z. B. routinemäßig die Einschätzung von Bewerbern durch das Coordination Office mit den entsprechenden Evaluierungen durch die Faculty ab. Treten hier bei der Evaluation von einzelnen Bewerbern große Diskrepanzen auf, so sollte untersucht werden, warum es zu diesen unterschiedlichen Bewertungen gekommen ist. Gewonnene Erkenntnisse können helfen, zukünftige Bewerbungen besser und zuverlässiger einzustufen und gegebenenfalls die Gewichtung von Bewertungskriterien neu zu justieren.

Eine sinnvolle Risikominimierung kann dazu beitragen, die Effizienz und Effektivität des Auswahlverfahrens zu verbessern

Im Rahmen des Auswahlverfahrens sollte angestrebt werden, die Zahl der Fehleinschätzungen und somit das Risiko für das Promotionsprogramm so gering als möglich zu halten. Dabei ist davon auszugehen, dass es die Aufgabe des Bewerbers sein muss, überzeugend darzulegen, warum er eingeladen bzw. aufgenommen werden sollte und warum kein Risiko bestünde dies zu tun. Wenn Kandidaten nicht voll überzeugen können, empfiehlt es sich daher im Sinne der Risikominimierung »im Zweifel gegen den Bewerber« zu entscheiden.

Da die zur Verfügung stehenden (meist steuerfinanzierten) Mittel und Ressourcen in der Regel begrenzt sind, sollten auch Überlegungen zur Risiko-Kosten-Nutzen-Abwägung bei der Auswahl von Bewerbern berücksichtigt werden.

Klar definierte Auswahl- bzw. Ausschlusskriterien gepaart mit Transparenz und Offenheit tragen maßgeblich zu einem fairen Auswahlverfahren bei

Es ist uns ein wichtiges Anliegen, das Auswahlverfahren so fair wie möglich zu gestalten. Dies kann u.a. dadurch erreicht werden, dass definierte Auswahl- bzw. Ausschlusskriterien in der Vor- und Endauswahl für nachvollziehbare Auswahlentscheidungen sorgen. Weiterhin soll durch Transparenz und Offenheit allen Beteiligten des Auswahlverfahrens Zugang zu den für sie relevanten Informationen ermöglicht und potenzielle Interessenkonflikte sichtbar gemacht werden. So soll verhindert werden, dass einzelnen Interessengruppen durch Informationsvorsprung Vorteile entstehen.

Die hier diskutierten Methoden und Verfahren sollen als Anregung dienen und neue Perspektiven bei der Rekrutierung und Erfassung in Promotionsprogrammen eröffnen. Viele der angestellten grundsätzlichen Überlegungen können dabei als Ausgangsbasis für die Entwicklung eines eigenen Auswahlverfahrens dienen. Nicht alles, was im Umfeld unseres Promotionsprogrammes gut funktioniert, lässt sich unbesehen auf andere Auswahlsituationen übertragen, sodass sicherlich Anpassungen an die jeweilige Situation erforderlich sind. Dennoch hoffe ich, dass der Leser durch diesen Beitrag inspiriert sein möge, neue Ideen für die Weiterentwicklung des eigenen Auswahlverfahrens mitzunehmen.

7.3 · Diskussion

Lessons learned

- Definierte Auswahlstandards und -kriterien sichern hohe Qualität und gewährleisten einen fairen Auswahlprozess.
- Gemeinsame Begutachtung mit Kollegen reduziert das Risiko und erhöht die Trefferquote.
- Effizienzsteigerungen können mithilfe von Digitalisierung und teilweiser Automatisierung des Bewerbungsverfahrens realisiert werden.
- Transparenz und freier Zugang zu allen relevanten Informationen sorgen für klare Verhältnisse und verhindern eine Vorteilsnahme Einzelner.
- Ein gesunder Wettbewerb ist erwünscht und verbessert die Qualität des Auswahlverfahrens und (indirekt) des Promotionsprogramms.
- Eine Risikoabwägung ist nötig und legitim.

Doktorandenerfassung an der Friedrich-Schiller-Universität Jena

Gunda Huskobla, Matthias Jakob, Jörg Neumann

8.1 Ausgangslage – 110

8.2 Entwicklung und Implementierung der elektronischen Doktorandenverwaltung doc-in – 111
8.2.1 Grundprinzipien der Ausgestaltung von doc-in – 111
8.2.2 Der Entwicklungs- und Implementierungsprozess – 113
8.2.3 Maßnahmen zur Datengewinnung – 115

8.3 Übersicht über die Ergebnisse für die Friedrich-Schiller-Universität Jena – 116
8.3.1 Ergebnis für Promovierende – 116
8.3.2 Ergebnis für Verwaltung und Hochschulleitung – 117
8.3.3 Ergebnis: Beispielhafte Daten – 118
8.3.4 Erweiterungsmöglichkeiten – 118

8.4 Fazit: Erfolgsfaktoren für die Einführung eines Doktorandenverwaltungssystems – 120

Im Jahr 2007 wurde an der Friedrich-Schiller-Universität Jena die Graduierten-Akademie gegründet. Es handelt sich um eine zentrale wissenschaftliche Einrichtung, die zum Ziel hat, hervorragende Bedingungen für die Promotions- und Postdoc-Phase in Jena zu schaffen. Die Graduierten-Akademie bietet Service- und Informationsangebote für alle Promovierenden und Postdocs der Friedrich-Schiller-Universität Jena, unabhängig davon, ob eine Promotion auf traditionellem Weg erfolgt oder im Rahmen eines strukturierten Promotionsprogramms. Der Fokus liegt dabei auf der umfassenden und maßgeschneiderten Förderung junger Wissenschaftler, um sie auf anspruchsvolle Aufgaben in Wissenschaft, Wirtschaft und Gesellschaft vorzubereiten. Um diese Zielsetzungen zu erfüllen, ist die Kenntnis der Anzahl und Zusammensetzung der Promovierenden sowie ihrer Promotionsverläufe erforderlich. Voraussetzung hierfür ist zunächst die Existenz einer verlässlichen und umfassenden Datenerfassung.

8.1 Ausgangslage

Bereits zu Beginn der Tätigkeit der Graduierten-Akademie wurde festgestellt, dass die Datenlage über Promovierende in Deutschland unzureichend ist. Verlässliche Zahlen gibt es nur zu den immatrikulierten Promovierenden und den abgeschlossenen Promotionen. In der Regel wissen deutsche Universitäten nicht, wie viele Nachwuchswissenschaftler aktuell promovieren. Auch an der Friedrich-Schiller-Universität Jena sah die Situation nicht besser aus.

Die konkrete Zahl der Promovierenden konnte nur mit sehr hohem Aufwand über einen Abgleich verschiedener Datenquellen ermittelt werden. Es konnten z. B. Informationen der Professoren, Listen der Fakultäten, des für die Immatrikulation zuständigen Dezernates, des Personaldezernates und des Internationalen Büros verwendet werden. Dabei gab es kein einheitliches Format und keine einheitliche Form für die Datenerfassung: Unterschiedliche Kategorien von Doktorandendaten wurden sowohl in elektronischer Form als auch in handschriftlicher Form unsystematisch erfasst.

Kurzfristige Auskünfte waren somit nicht möglich, und aufgrund der Heterogenität der Datenquellen musste darüber hinaus davon ausgegangen werden, dass die Zahlen nicht verlässlich waren.

Bedarf an einer zuverlässigen Datenquelle

Gleichwohl bestand und besteht ein großer Bedarf an einer zuverlässigen Datenquelle mit umfassenden Informationen über die Promovierenden der Universität: Zielgerichtete Maßnahmen zur evidenzbasierten Verbesserung der Promotionsbedingungen lassen sich nur dann umsetzen, wenn Informationen über die Promovierenden und die Promotionsverfahren vorliegen. Bei Kenntnis der Zusammensetzung der Promovierenden und derer Promotionsverläufe lassen sich die vorhandenen, begrenzten finanziellen Mittel besser in Erfolg versprechende Instrumente kanalisieren.

Auf Basis dieser Ausgangslage wurden drei Ziele formuliert, die mit der Einführung einer Doktorandenerfassung in Jena realisiert werden sollten.

> **Ziele der Datenerfassung an der Friedrich-Schiller-Universität Jena**
> 1. Es sollen kurzfristig und jederzeit die Zahl der laufenden und abgeschlossenen Promotionen sowie Informationen über die demografische Zusammensetzung der Promovenden zentral verfügbar sein.
> 2. Es sollen mittel- und langfristig empirisch gestützte Aussagen über Promotionserfolg, Promotionsverläufe und deren Moderatoren getroffen werden und daraus Handlungsmaßnahmen abgeleitet werden können.
> 3. Es soll die Promotionsverwaltung sowohl aufseiten der dezentralen und zentralen Universitätsverwaltung als auch aufseiten der Doktoranden einheitlicher und einfacher werden.

8.2 Entwicklung und Implementierung der elektronischen Doktorandenverwaltung doc-in

Um die aufgeführten Ziele zu erreichen, wurde an der Friedrich-Schiller-Universität Jena das Doktorandenverwaltungssystem »doc-in« entwickelt und eingeführt. Es handelt sich dabei um eine elektronische, webbasierte Datenbank, mit der eine Online-Verwaltung für Promotionsverfahren möglich ist. Die Software ist browserbasiert, sodass keine Installation des Programms auf den Rechnern der Nutzergruppen erforderlich ist. Dadurch wird die Zugangsbarriere vergleichsweise niedrig gehalten.

Die Datenbank doc-in

8.2.1 Grundprinzipien der Ausgestaltung von doc-in

Die Ausgestaltung der Software basiert auf dem Prinzip der zentralen Datenspeicherung bei dezentraler Datengewinnung und -nutzung.

Zentrale Datenspeicherung bedeutet, dass alle erfassten Daten an einer zentralen Stelle auf einem Server der Universität gespeichert werden. An der Universität Jena werden beispielsweise Daten zu folgenden Bereichen zentral erfasst.

Zentrale Datenspeicherung

> **Zentral erfasste Daten der Doktoranden**
> — Persönliche Daten (Kontaktdaten, Familienstatus)
> — Promotionsverlauf (Fach, Thema, Betreuer, Annahme, Verfahrenseröffnung, Gutachter, Prädikate)
> — Einschreibung (Hochschulabschlüsse, bisherige Immatrikulationszeiten)
> — Mitgliedschaft in Doktorandenprogrammen
> — Finanzierung (Stipendien, Arbeitsverhältnisse)
> — Eigene Lehre, Teilnahme am Studienprogramm

Dezentrale Datengewinnung und -nutzung

Dezentrale Datengewinnung und -nutzung bedeutet, dass die in doc-in gespeicherten Daten auf der Basis eines ausdifferenzierten Rollenmodells durch unterschiedliche Nutzergruppen eingegeben und verarbeitet werden. Die Stammdaten des Promovierenden werden zunächst mittels Selbstregistrierung durch die Doktoranden eingegeben. Das heißt, jeder Promovierende legt seine eigene »elektronische Promotionsakte« selbst an. Die Registrierung wird durch das jeweilige Dekanat validiert. Anschließend wird dieses elektronische Datenblatt dezentral bei der jeweils zuständigen Einrichtung der Universität bearbeitet und gepflegt. Universitätsinterne Nutzer sind z. B. die Dekanate der Fakultäten, das für die Immatrikulation zuständige Dezernat, die Graduierten-Akademie, das Internationale Büro, die Bibliothek, das für die Hochschulstatistik zuständige Büro sowie das Universitätsarchiv. Für jede Einrichtung werden rollenbasiert die erforderlichen Lese- bzw. Schreibrechte vergeben. Ziel ist es, dass sämtliche an der Verwaltung der Promotion beteiligten Stellen einen für ihren Aufgabenbereich angepassten Einblick in die »elektronische Promotionsakte« haben, sodass sie alle für ihren jeweiligen Arbeitsbereich erforderlichen Informationen auf einen Blick einsehen können. Damit dient doc-in nicht nur der Erfassung der Promovierenden, sondern integriert eine Online-Verwaltung für Promotionsverfahren. Als Ergebnis wird der gesamte »Lebenszyklus« des Promovierenden in der »elektronischen Akte« abgebildet.

Sowohl bei der Entscheidung, welche Daten gespeichert werden (freiwillige versus Pflichtdaten), als auch bei der Definition der Nutzerrollen ist es zwingend erforderlich, dass die für den Datenschutz beauftragte Person der Universität eingebunden wird.

Die ◘ Abb. 8.1 veranschaulicht grafisch das Prinzip der rollenbasierten Gewinnung und Verwendung der Promotionsdaten. Die Pfeile symbolisieren den Datenfluss.

Doktoranden speisen in erster Linie Daten in die Datenbank ein (persönliche Daten, externe Arbeitsverhältnisse und Stipendien sowie eigene Lehre). Die Fakultäten liefern die Promotionsdaten (Antragstellung zur Annahme, Zulassung, Abgabe der Dissertation bzw. Abbruch des Verfahrens, Verfahrenseröffnung, Verfahrensschritte, Verfahrensabschluss). Das Personaldezernat pflegt interne Arbeits-

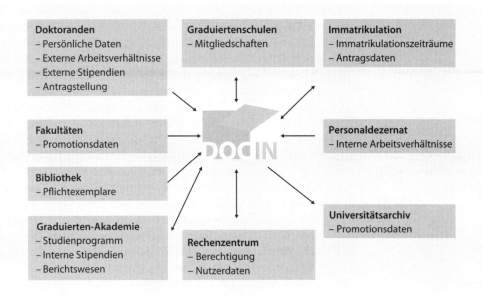

Abb. 8.1 Zentrale Datenspeicherung bei dezentraler Datengewinnung und -nutzung

verhältnisse und die Bibliothek das Datum der Abgabe der Pflichtexemplare ein. Das für die Immatrikulation zuständige Dezernat liefert Immatrikulationszeiträume. An der Universität Jena gibt es keine Pflichtimmatrikulation während der Promotionszeit. Allerdings besteht unter gewissen Voraussetzungen die Möglichkeit zur Immatrikulation. Sollte ein Doktorand von dieser Option Gebrauch machen, so erfolgt auch diese Antragstellung über doc-in. Ein schon vorhandener Log-in des Rechenzentrums für das Universitätsnetz kann als Zugang für doc-in verwendet werden. Sollte ein Log-in für das Rechenzentrum nicht vorliegen, können in doc-in registrierte Doktoranden einen Zugang zum Universitätsnetz erhalten. Die einzelnen Graduiertenschulen und -kollegs verifizieren Mitgliedschaften und können doc-in bei Bedarf für die eigene Mitgliederverwaltung verwenden. Die Graduierten-Akademie gibt Auskunft über die Teilnahme am fakultätsübergreifenden Studienprogramm sowie über intern ausgezahlte Stipendien. Für das Berichtswesen werden aggregierte Daten exportiert. Die relevanten Daten der elektronischen Promotionsakte gehen nach Verfahrensabschluss an das Universitätsarchiv.

8.2.2 Der Entwicklungs- und Implementierungsprozess

Die Entwicklung einer universitätseinheitlichen Doktorandenerfassung wurde gemeinschaftlich von der Graduierten-Akademie, der

Chief-Information-Officer-Gruppe (CIO-Gruppe = Gremium, das die Universitätsleitung bei strategischen informationstechnischen Fragen berät und unterstützt) sowie einer externen Softwarefirma durchgeführt. Darüber hinaus wurden im weiteren Projektverlauf alle potenziellen Nutzergruppen in den Entwicklungsprozess eingebunden. Finanziell wurde das Projekt unterstützt durch das Land Thüringen und den Stifterverband für die deutsche Wissenschaft. Die Projektlaufzeit von der ersten Idee bis zum Start des Systems betrug 22 Monate.

Workflow-Analysen und universitätsinterne politische Wegbereitung

Projektstart war im Januar 2008: Der Anstoß zum Projekt kam aus dem Prorektorat für die Graduierten-Akademie. Dem Rektorat und dem Erweiterten Rektorat, das im Wesentlichen aus der Universitätsleitung und den Dekanen besteht, wurde eine erste Analyse der Situation zur Beratung vorgelegt, die in einem Vorschlag zur Erarbeitung eines fakultätsübergreifenden Systems mündete. Die darauffolgenden neun Monate wurden für erste Workflow-Analysen und die universitätsinterne politische Wegbereitung genutzt.

Umfassende Geschäftsprozessanalyse

Aufbauend auf den gemeinsamen Vorarbeiten von Graduierten-Akademie und CIO-Gruppe fiel im Oktober 2008 der Startschuss zur Umsetzung des »Projektes Doktorandenerfassung«, legitimiert durch einen Beschluss von Rektorat und Erweitertem Rektorat. Für die konkrete Umsetzung wurde eine externe Softwarefirma, die Divinus Soft GmbH aus Jena, hinzugezogen. Im Zeitraum von Oktober 2008 bis Februar 2009 wurde gemeinsam ein Fachkonzept entwickelt, das auf einer umfassenden Geschäftsprozessanalyse basierte. In dieser Entwicklungsphase wurden auch neun Fakultäten, drei Dezernate, das Internationale Büro, das Rechenzentrum, das Universitätsarchiv, die Thüringer Universitäts- und Landesbibliothek (ThULB) sowie die Stabsstelle Berichtswesen eingebunden. Insbesondere wurden Interviews mit den potenziellen Nutzern der Software geführt, um Anwendungsfälle und Benutzeroberflächen ableiten zu können. Ziel war es, sich nicht allein auf die Entwicklung eines Datenmodells zu beschränken, das die bestehenden Prozesse abbildet, die ein Doktorand im Promotionsverlauf durchlaufen musste. Vielmehr sollten auch sämtliche administrativen Prozesse kritisch hinterfragt und gegebenenfalls optimiert werden. Dabei musste ein ausgewogenes Verhältnis zwischen der Anpassung der Software an die Verwaltung und der Anpassung der Verwaltung an die Software gefunden werden.

Implementierung und First-Level-Support

Ab Februar 2009 erfolgte eine Verfeinerung und Fortschreibung des Fachkonzeptes. Gleichzeitig wurde mit der Implementierung begonnen. Am 15. Oktober 2009 konnte doc-in schließlich offiziell gestartet werden. Seither ist die Graduierten-Akademie für die Verwaltung und den First-Level-Support zuständig. Das heißt, die Graduierten-Akademie ist die erste Anlaufstelle für alle eingehenden Unterstützungsfragen seitens der Nutzer.

8.2.3 Maßnahmen zur Datengewinnung

Entscheidend für den erfolgreichen Einsatz der Doktorandensoftware ist die Datengewinnung. Um Anreize für die Selbstregistrierung zu schaffen, mussten seitens der Universität vorbereitende und begleitende Maßnahmen durchgeführt werden. Zu unterscheiden sind dabei Maßnahmen für die Datengewinnung in der unmittelbaren Startphase und Maßnahmen für die kontinuierliche Sicherstellung der Datengewinnung.

Anreize für die Selbstregistrierung schaffen

In der Startphase wurden Aktionen durchgeführt, die zum Ziel hatten, möglichst viele, bereits laufende Promotionen in das System aufzunehmen. An der Friedrich-Schiller-Universität Jena wurde docin über Internet, Anschreiben und Flyer beworben. Ergänzend wurde eine zeitlich begrenzte Bonusaktion durchgeführt, mit der ein Großteil der Promovierenden zur Selbstregistrierung motiviert werden sollte: Für einen Zeitraum von drei Monaten erhielt jeder Promovend für die Erstregistrierung eine Campus-Karte (thoska) mit einem Startguthaben in Höhe von 30 Euro (aus Drittmitteln). Die Campus-Karte für Doktoranden hebt sich im Design von der Campus-Karte für Studierende oder Mitarbeiter ab. Das Guthaben konnte beispielsweise für die Anfertigung von Kopien oder für die Bezahlung des Mensaessens eingelöst werden. Seit Ablauf der Bonusaktion erhält weiterhin jeder Promovierende eine Campus-Karte für Doktoranden, mit der der Status nachgewiesen werden kann – allerdings ohne Guthaben.

Zeitlich begrenzte Bonusaktion

Im Anschluss an die Selbstregistrierung der »Altbestände« lassen sich bereits vorhandene elektronische Daten zu den laufenden Promotionen anhand von Schnittstellen in das System importieren.

Für die kontinuierliche Datenerfassung neuer Promovierender war eine Veränderung der rechtlichen Grundlagen und der universitären Policy erforderlich. Schon während der Entwicklungs- und Implementierungsphase der Software wurde als begleitende Maßnahme eine Änderung der Rahmenpromotionsordnung und der Promotionsordnungen der einzelnen Fakultäten vorgenommen. Hierbei ging es insbesondere darum, die Annahme als Doktorand bereits zu Beginn der Promotion verpflichtend zu machen. Als Folge wird seitens der Universität nur derjenige als Doktorand behandelt, der als solcher an einer Fakultät der Friedrich-Schiller-Universität angenommen ist. Die Annahme als Doktorand erfolgt ab Einführung von doc-in zwangsläufig und ausschließlich über dieses System.

Veränderung der rechtlichen Grundlagen und der universitären Policy

Mit der Annahme verbunden wird der Zugang zu Ressourcen der Universität geregelt (Bibliothek, Rechenzentrum, Lizenzen). Um einen weiteren Anreiz zur Selbstregistrierung zu schaffen, sind Serviceleistungen nur für erfasste Promovierende verfügbar. Zum Beispiel sind die Teilnahme am Studienprogramm der Graduierten-Akademie oder der Erhalt von über die Universität ausgezahlten Stipendien (u.a. aus der Landesgraduiertenförderung, Kurzzeitstipendien der Graduier-

Serviceleistungen für erfasste Promovierende

ten-Akademie sowie aus dem Stipendien- und Betreuungsprogramm [STIBET] des Deutschen Akademischen Austauschdienstes [DAAD] für ausländische Doktoranden) an die Registrierung in doc-in geknüpft.

Über die Vorteile der frühzeitigen Registrierung wird informiert und beraten. Außerdem erfolgt eine regelmäßige Berichterstattung in den Gremien der Universität. Hier lassen sich vergleichende, nicht denunziatorische Zahlen präsentieren, die den Wert der Doktorandenerfassung zeigen und gleichzeitig einen gesunden Wettbewerb zwischen den Fakultäten anregen.

8.3 Übersicht über die Ergebnisse für die Friedrich-Schiller-Universität Jena

8.3.1 Ergebnis für Promovierende

Transparenz Durch die Einführung der Doktorandensoftware doc-in haben die Promotionsverfahren an Transparenz gewonnen: Die persönlichen Daten werden zunächst durch Selbstauskunft generiert. Im weiteren Verlauf der Promotion ist jederzeit eine Einsicht in die elektronische Promotionsakte möglich, sodass im vorgegebenen Rahmen der Promotionsordnungen permanent Transparenz sowohl in Bezug auf die erfassten Daten als auch in Bezug auf den Bearbeitungsstand des Verfahrens besteht.

Vereinfachung und größere Standardisierung der Verwaltungsprozesse

Standardisierung Mit der Entwicklung der Software ist außerdem eine Vereinfachung und größere Standardisierung der Verwaltungsprozesse einhergegangen. Um das Ziel der Vereinfachung von Verwaltungsprozessen zu erreichen, ist es wichtig, dass sich der Entwicklungsprozess nicht auf die alleinige Abbildung der bestehenden Verwaltungswege beschränkt. Vielmehr ist eine umfassende Analyse erforderlich, mit welchen Stellen ein Doktorand während seiner Promotion Kontakt hat und welche Verwaltungsschritte dort ablaufen. Dadurch lassen sich Redundanzen und komplizierte Antragsverfahren aufdecken, die an der Universität Jena im Zuge der Entwicklung von doc-in optimiert wurden. Beispielsweise wurden Verwaltungsprozesse vereinheitlicht und die Anträge für die Annahme als Doktorand bzw. der Immatrikulationsantrag überarbeitet und »entschlackt«.

Dokumentvorlagen Ein weiteres Ergebnis ist die moderne, übersichtliche und bequeme Handhabung der Software. Doktoranden können je nach Stand des Promotionsverfahrens auf verschiedene Dokumentvorlagen zugreifen (Betreuungsvereinbarung, Anträge etc.). Bei Änderung der persönlichen Daten während der Promotion (z. B. bei Umzug, Heirat mit Namensänderung oder Ähnlichem) ist eine problemlose und vor allem nur einmalige Änderung der Angaben möglich. Alle relevanten Stellen sind anschließend automatisch darüber informiert.

Mehrsprachigkeit   Für internationale Promovierende liegt der Wert der Verwaltungssoftware in einer kompletten Mehrsprachigkeit des Systems. An der Universität Jena können Doktoranden zwischen Deutsch und Englisch wählen.

8.3.2 Ergebnis für Verwaltung und Hochschulleitung

Automatischer Informationsaustausch   Die Doktorandenverwaltungssoftware doc-in trägt auch aufseiten der zentralen und dezentralen Universitätsverwaltung zur Realisierung des Zieles der Vereinfachung der Promotionsverwaltung bei. Das System ermöglicht einen automatischen Informationsaustausch zwischen allen an der Bearbeitung beteiligten Personen. Änderungen werden an einer zentral für alle verfügbaren elektronischen Promotionsakte vorgenommen. Somit sind Eintragungen automatisch und ohne Zeitverzug für alle anderen Stellen einsehbar.

Entlastung von Routineaufgaben   Darüber hinaus ermöglicht doc-in eine Entlastung von Routineaufgaben, insbesondere auf der Ebene der Sachbearbeiter in den Dekanaten. Beispielsweise lassen sich Vorlagen zur einfachen automatisierten Dokumenterstellung anfertigen (Anschreiben an Gutachter, Bestätigung vom Abschluss des Promotionsverfahrens etc.). Diese Dokumente lassen sich im PDF- oder Word-Format ausgeben. Größere Mengen an Standardschreiben lassen sich mithilfe der Serienbrieffunktion bewältigen.

Wiedervorlagefunktion   Mitarbeiter können außerdem von einer Wiedervorlagefunktion Gebrauch machen. Beispielsweise lassen sich Fristen hinterlegen, die sich aus der jeweils relevanten Promotionsordnung ergeben. Anhand eines integrierten Benachrichtigungssystems erfolgt dann eine Erinnerung per E-Mail über die nächsten anstehenden Bearbeitungsschritte.

Berichtswesen   Wie bereits eingangs skizziert, war der Ausgangspunkt für die Entwicklung und Implementierung von doc-in zunächst nicht die Vereinfachung der Promotionsverwaltung, sondern der Bedarf an einer verlässlichen Datenquelle mit umfassenden Informationen über die Promovierenden der Universität. Mittlerweile werden seit dem Wintersemester 2009/10 zuverlässige Informationen über alle abgeschlossen Promotionsverfahren generiert. Das Berichtswesen kann dementsprechend sowohl Daten für die Hochschulstatistik liefern als auch auf Verlaufsdaten zugreifen.

Exportmöglichkeiten Um Daten passgenau für verschiedene Empfänger und Zwecke bereitstellen zu können, lassen sich Exportmöglichkeiten definieren. Universitätsintern sind standardmäßig Exporte für das Universitätsarchiv und die Hochschulstatistik vorgesehen. Jede Nutzergruppe kann darüber hinaus für eigene Zwecke Exporte definieren. Die Graduierten-Akademie nutzt diese Funktion z. B. für den Versand des Newsletters: Tagesaktuell lässt sich ein Verteiler von allen Promovierenden erstellen, die in doc-in angegeben haben, dass sie über die Angebote der Graduierten-Akademie informiert werden möchten. Ein anderes Nutzungsbeispiel ist die Erstellung des »Jahrbuch Promotionen«. Hierfür werden die relevanten Daten von allen Promovierenden exportiert, die im zurückliegenden akademischen Jahr ihre Promotion abgeschlossen haben.

Neben internen Verwendungsmöglichkeiten sind auch Exporte nach extern möglich. So stellt die Universität Jena Daten für das Promovierendenpanel ProFile des Instituts für Forschungsinformation und Qualitätssicherung (iFQ) bereit, die über die Doktorandensoftware doc-in generiert werden.

8.3.3 Ergebnis: Beispielhafte Daten

Im Jahr 2012 wurden an der Friedrich-Schiller-Universität Jena 326 Promotionen abgeschlossen (ohne Medizin), davon 142 von weiblichen (43,6 %) und 55 von internationalen Promovierenden (16,9 %). Zum Jahresende 2012 gab es 2 266 laufende Promotionen (ohne Medizin), davon 1 044 von weiblichen Doktorandinnen (46,07 %) und 417 von internationalen Promovierenden (18,40 %). 468 Promovenden (20,65 %) verfolgten ihr Dissertationsprojekt im Rahmen eines strukturierten Graduiertenprogramms (GRDP). Das Durchschnittsalter lag bei 29 Jahren. Wie aus der ◘ Tab. 8.1 zu entnehmen ist, lassen sich die Daten problemlos nach Fakultäten oder anderen Kriterien aufschlüsseln.

Auswertungen Mit den in doc-in erfassten Daten lassen sich interessante Auswertungen durchführen. Zum Beispiel lässt sich der Frage nachgehen, ob die Teilnahme an Graduiertenprogrammen oder die Durchführung eigener Lehre einen Einfluss auf die Promotionsdauer haben. Außerdem lassen sich Disziplinenvergleiche durchführen, beispielsweise hinsichtlich der Beziehung zwischen Finanzierung und Promotionsdauer.

8.3.4 Erweiterungsmöglichkeiten

Die Ausgestaltung der vorhandenen Funktionen von doc-in entspricht den Bedürfnissen der Universität Jena. Alle relevanten Basisfunktionen wurden zum Systemstart realisiert, sodass die mit dem

8.3 · Übersicht über die Ergebnisse für die Friedrich-Schiller-Universität Jena

Tab. 8.1 Laufende Promotionen, ohne Medizin (Stand: 31. Dezember 2012)

Fakultät	Gesamt	weiblich		Ausländer		GRDP		Alter
	N	N	in %	N	in %	N	in %	arithmetisches Mittel
Theologie	20	6	30,00	3	15,00	2	10,00	32
Rechtswissenschaften	168	80	47,62	17	10,12	3	1,79	24
Wirtschaftswissenschaften	146	42	28,77	28	19,18	58	39,73	31
Philosophie	340	200	58,82	60	17,65	40	11,76	31
Sozial- und Verhaltenswissenschaften	330	171	51,82	35	10,61	50	15,15	32
Mathematik und Informatik	105	20	19,05	19	18,10	7	6,67	29
Physik und Astronomie	231	47	20,35	28	12,12	77	33,33	28
Chemie und Geowissenschaften	374	157	41,98	74	19,79	49	13,10	29
Biologie und Pharmazie	552	321	58,15	153	27,72	182	32,97	29
Gesamt	2266	1044	46,07	417	18,40	468	20,65	29

Einführungsprozess verfolgten Hauptziele erreicht wurden. Gleichzeitig handelt es sich um eine flexible Softwarelösung, die sich bei Veränderung der Bedürfnisse entsprechend anpassen oder erweitern lässt. An der Universität Jena sind mittelfristig folgende Erweiterungen geplant.

Geplante Erweiterungen an der Friedrich-Schiller-Universität Jena
- Mitgliederverwaltung für Graduiertenprogramme
- Stipendienverwaltung
- Online-Bewerbung für Stipendien und Programme
- Studienprogrammverwaltung
- Alumniverwaltung
- Erweiterung auf Postdocs

Mit dem Ausbau sollen bestehende Systeme ersetzt bzw. neue Funktionsbereiche abgedeckt werden.

Denkbar sind auch andere Varianten der Einführung einer Doktorandenerfassung. Beispielsweise könnte auch zunächst mit der Implementierung einer Mitgliederverwaltung für Graduiertenprogramme begonnen werden, die dann in einem nächsten Schritt in eine universitätsweite Doktorandenverwaltung ausgebaut wird.

8.4 Fazit: Erfolgsfaktoren für die Einführung eines Doktorandenverwaltungssystems

Die Entwicklung und Implementierung einer Doktorandenerfassung ist ein aufwendiger, aber lohnender Prozess. Der Nutzen liegt sowohl darin, dass die erfassten Daten tagesaktuell für diverse Zwecke zur Verfügung stehen – sei es für die Antragstellung, für Berichte, Auswertungen, Exporte oder für die Ermittlung von Bedürfnissen der Promovierenden, als auch in der Unterstützung einer mittel- und langfristigen strategischen Planung und einer differenzierten Optimierung von Promotionsbedingungen.

Maßgeschneiderte, mandantenfähige Lösung »docata«

Für die Einführung sind verschiedene Modelle denkbar. In Jena wurde der Weg einer Eigenentwicklung mit Unterstützung durch eine externe Softwarefirma gegangen, da es zu dem Einführungszeitpunkt keine geeignete Softwarelösung auf dem Markt gab. Dadurch ist eine auf die Bedingungen der Friedrich-Schiller-Universität Jena maßgeschneiderte Lösung der Doktorandenverwaltung entstanden. Gleichzeitig bestand die Vorgabe der fördernden Institutionen, dass die Software mandantenfähig ist und sich somit auch an anderen Universitäten einsetzen lässt. Die Software, die von der Softwarefirma Divinus Soft GmbH unter dem Namen »docata« vertrieben wird, kann dementsprechend als Lizenz erworben werden. Damit das System den Bedingungen der jeweiligen Universität entspricht, werden vor dem Einsatz von docata universitätsspezifische Anpassungen vorgenommen.

Erfolgsfaktoren für den Implementierungsprozess

Unabhängig davon, ob ein Verwaltungssystem für Promotionsverfahren selbst entwickelt oder eingekauft wird, lassen sich ein paar allgemeingültige Erfolgsfaktoren für den Implementierungsprozess formulieren.

Verankerung auf Leitungsebene Ein wesentlicher Erfolgsfaktor ist zunächst die Verankerung auf Leitungsebene. Die Universitätsleitung muss die Einführung mindestens vorbehaltlos unterstützen, wenn nicht selbst vorantreiben. Dadurch wird dem Entwicklungs- und Implementierungsprozess eine höhere Wertigkeit beigemessen. Darüber hinaus bedarf es einer gewissen Beharrlichkeit, um den Prozess voranzutreiben.

Enger Kontakt mit Entscheidungsträgern Der Projektverantwortliche sollte in engem Kontakt mit den Entscheidungsträgern stehen. Dadurch lässt sich eine vergleichsweise kurze Entwicklungs- und Implementierungsphase realisieren.

Prozessanalyse Die Entwicklungsphase sollte mit einer umfassenden Prozessanalyse einhergehen. Die bestehenden Verwaltungsabläufe sollten nicht einfach nur in einem Datenmodell abgebildet werden. Vielmehr sind alle Prozesse einer kritischen Bewertung und gegebenenfalls Optimierung zu unterziehen. Entscheidend ist außerdem, dass die Doktorandenerfassung keinem Selbstzweck unterliegt. Eine umfassende Erfassung sämtlicher zur Verfügung stehender Daten ist nicht sinnvoll, wenn es für die gespeicherten Daten keine relevante Verwendung gibt (Stichwort: Schaffung von Datenfriedhöfen).

Frühzeitiges Einbeziehen aller Beteiligten Ebenfalls wichtig für den Projekterfolg ist das frühzeitige Einbeziehen aller Beteiligten. Die Akzeptanz der veränderten Verwaltungsabläufe lässt sich nur durch Beteiligung der späteren Nutzer realisieren. Gleichzeitig ist deren Fachexpertise notwendig, um ein praxistaugliches Instrument zu schaffen, das die alltägliche Verwaltung der Promotionsverfahren nicht nur abbildet, sondern auch vereinfacht.

Kommunikation Das Bindeglied zwischen allen genannten Erfolgsfaktoren ist schließlich die Kommunikation. Hierzu zählt nicht nur die regelmäßige Information über Projektstand, Zwischenergebnisse und von der Leitungsebene getroffene Entscheidungen. Unverzichtbar ist auch der Dialog mit allen Beteiligten, sodass Feedback aufgenommen werden kann und eine frühzeitige Auseinandersetzung mit Ängsten, Widerständen und potenziellen Konflikten erfolgen kann. Gute Kommunikation kann in diesem Zusammenhang zum Schlüssel der erfolgreichen Implementierung einer Doktorandenverwaltung werden.

Lessons learned

Die Einführung eines universitätsweiten Doktorandenerfassungs- und -verwaltungssystems ist unter folgenden Voraussetzungen erfolgreich:
- Verankerung auf der Leitungsebene
- Enger Kontakt zwischen Projektverantwortlichem und den Entscheidungsträgern
- Durchführung einer umfassenden Prozessanalyse
- Frühzeitiges Einbeziehen aller Beteiligten
- Gute Kommunikation untereinander

Gestaltung der Übergangsphasen Predoc – Doc – Postdoc

Kapitel 9　　Predoc – Doc – Postdoc: Phasen gestalten –
　　　　　　Vom Master zur Promotion an der Leuphana
　　　　　　Graduate School – 125
　　　　　　Anja Soltau

Kapitel 10　Kompetenzerwerb für Postdocs –
　　　　　　Kompetenzförderung on the job und off the job
　　　　　　am Beispiel von Zukunftskolleg und Academic
　　　　　　Staff Development der Universität Konstanz – 137
　　　　　　Mirjam Müller

Predoc – Doc – Postdoc: Phasen gestalten – Vom Master zur Promotion an der Leuphana Graduate School

Anja Soltau

9.1 Einleitung – 126

9.2 Aufgaben und Struktur der Leuphana Graduate School – 126

9.3 Vergleich mit angelsächsischen Modellen – 128

9.4 Verzahnung des Überganges vom Master zur Promotion – 129
9.4.1 Instrumente bzw. Maßnahmen an der Leuphana Universität Lüneburg – 131
9.4.2 Vorteile der Verzahnung von Master- und Promotionsphase – 132
9.4.3 Herausforderungen bei der Verzahnung von Master- und Promotionsphase – 133

9.5 Schlussbetrachtung und Ausblick – 135

Literatur – 135

Die Leuphana Universität Lüneburg hat im Jahr 2007 ein innovatives Universitätsmodell vorgestellt, in dem die akademischen Aus- und Weiterbildungsstufen nach Vorbild des anglo-amerikanischen Modells von jeweils einer spezialisierten School getragen werden: Dem Leuphana College, der Graduate School und der Professional School. Dabei wurden die konsekutiven Master und die Promotion gemeinsam in der Graduate School verankert. Somit wurden in Lüneburg im Zuge der Umsetzung der Bologna-Reform nicht nur vollständig neue Bachelor- und Masterstudiengänge entwickelt, sondern auch entsprechenden europäischen Empfehlungen zur Betrachtung der Doktorandenausbildung im Sinne eines »third cycle«, einer dritten Ausbildungsstufe, Rechnung getragen.

9.1 Einleitung

Die European University Association (EUA) erläutert Ziele und Aufgaben des Bologna-Prozesses u.a. wie folgt (EUA 2013, S. 1):

» Most importantly, all participating countries have agreed on a comparable three cycle degree system for undergraduates (Bachelor degrees) and graduates (Master and PhD degrees). «

In diesem Kontext kann konstatiert werden, dass die von der EUA eher beiläufig getroffene Unterteilung der akademischen Ausbildung in »undergraduate« und »graduate studies«, wie sie vor allem in den USA bereits seit dem 19. Jahrhundert Tradition ist, am Hochschulstandort Deutschland bislang institutionell keinen Niederschlag findet. Einzige (bekannte) Ausnahmen stellen die Leuphana Universität Lüneburg und seit jüngerem Datum die Zeppelin Universität in Friedrichshafen dar.

In Lüneburg vereint die zentrale Graduate School Master- und Promotionsstudium nach anglo-amerikanischem Modell

Auch wenn in Deutschland Graduiertenzentren im Sinne von fachübergreifenden Serviceeinrichtungen mit Umsetzung der ersten Bewilligungsrunde der Exzellenzinitiative vermehrt Verbreitung gefunden haben, so konzentrieren sich die Aktivitäten dieser Einrichtungen fast ausschließlich auf die Doktorandenausbildung, eine Verzahnung mit dem Masterstudium findet hingegen weitgehend nicht statt. Diese Aussage gilt für fachübergreifende und somit universitätsweit angelegte Graduiertenzentren/-schulen. Auf Ebene einzelner Fächer/Promotionsprogramme ist eine Verzahnung mit einem fachlich hinführenden Masterstudiengang hingegen häufiger zu finden.

9.2 Aufgaben und Struktur der Leuphana Graduate School

Die Leuphana Graduate School versteht sich als unter nationalen Rahmenbedingungen agierende zentrale Graduate School nach US-amerikanischem Modell. Langfristiges Ziel ist es, dass in Lüneburg ab dem Master-Level »an der Graduate School« studiert wird, die School in diesem Sinne also eine starke Identifikationsleistung und damit Bindung der Studierenden schafft. Gleichwohl bestehen die Fakultäten und Institute als Verantwortliche für Lehre und Forschung sowie deren Qualität und Weiterentwicklung fort. In Lüneburg hat die Graduate School analog gängiger Praxis in den USA die Aufgabe, die Fakultäten von administrativen bzw. formalen Aspekten zu entlasten, sodass sich die Studienprogrammverantwortlichen auf ihre inhaltlichen Anforderungen konzentrieren können. Im Einzelnen stellen sich die Hauptarbeitsfelder der Leuphana Graduate School wie anhand folgender Übersicht gezeigt dar.

Hauptaufgabenfelder an der Leuphana Graduate School
- Weitgehende administrative Abwicklung des konsekutiven Masterstudiums (eine Ausnahme bildet die Lehrerbildung)
- Unterstützung bei der Neueinrichtung und Weiterentwicklung von Studiengängen
- Erarbeitung und Koordination von Ordnungen der Prüfungen und des Zuganges (Master und Promotion)
- Koordination des teilstrukturierten Promotionsstudiums
- Verwaltung der Promotions- und Postdoc-Stipendien
- Betreuung eines Nachwuchsförderfonds (Finanzierung zahlreicher Qualifizierungsmaßnahmen für Promovierende und Postdocs)
- Marketing für Master und Promotion (Print, Webpräsenz, Social-Media-Einbindung, Rekrutierungsveranstaltungen)
- Spezifische Studienberatung für Master und Promotion mit Angeboten zur Einzelberatung, Workshops und Informationsveranstaltungen
- Koordination eines Portals für extracurriculare Schlüsselkompetenzen
- Organisation von soziokulturellen Veranstaltungen für alle Master- und Promotionsstudierenden zur Förderung der eingangs erwähnten institutionellen Identifikation und von Vernetzungsmöglichkeiten

Das Team der Graduate School wird ergänzt durch eine Qualitätsmanagerin, die ebenfalls beide »cycle« betreut und diese in ihren Maßnahmen und Instrumenten gegeneinander abgleicht. Die Leuphana Graduate School hat eine Geschäftsführerin und einen Vizepräsidenten, ebenso eine eigene »Zentrale Studienkommission für Lehre, Studium und Prüfungen«, die über fachübergreifende Aspekte der School berät und entscheidet.

9.3 Vergleich mit angelsächsischen Modellen

Die oben dargestellte weitgehende Einbindung der School in die Hochschulstruktur und deren dauerhafte Aufgaben ist in den angelsächsischen Ländern nicht zwingend im gleichen Maße zu finden. So ist Großbritannien erst in den 1990er-Jahren in die Etablierung von zum Teil fachspezifischen, zum Teil fachübergreifenden Graduate Schools eingetreten. Die recht junge Geschichte der britischen Graduate Schools hat u.a. zur Folge, dass diese sich meist auf zusätzliche Serviceleistungen konzentrieren, welche das Graduiertenstudium bereichern, nicht aber – wie in den USA – deren Kern abbilden. In Australien ist eine ähnliche Tendenz zu beobachten, wobei es den Anschein hat, als wenn dort in noch stärkerem Maße auf den Informationsmehrwert und die Synergieeffekte einer Bündelung von Themen gesetzt wird, weniger auf eine institutionelle Einbindung in grundständige Aufgaben. Die Grenzen zwischen den beiden Extremen »study at graduate school« und einem reinen Zusatzangebot sind fließend und von der Philosophie der zugehörigen Universität bzw. den gesetzlichen Rahmenvorgaben der jeweiligen Länder abhängig. Allen angelsächsischen Graduate Schools gemein ist jedoch die Verantwortung für die »graduate studies«, die Ausbildungs- und Forschungsphase nach dem Bachelorabschluss und zur Erreichung des Doktorgrades, teilweise noch darüber hinaus.

In den USA werden geistes- und naturwissenschaftliche Masterabschlüsse meist en route erworben; eigentliches Ziel ist die Promotion

Gleichwohl in diesem Sinne von einer »Ausgrenzung« des Masterstudiums an fast allen deutschen Graduiertenzentren gesprochen werden kann, muss berücksichtigt werden, dass die Master- und Promotionsausbildung in den genannten angelsächsischen Vorbildern, vor allem in den USA, nach einer anderen Ausbildungssystematik verläuft als in Deutschland. So unterteilt sich die US-amerikanische Graduiertenausbildung in die »professional degrees«, zu finden vor allem im Bereich Jura (LL.M.), Wirtschafts- und Verwaltungswissenschaften (MBA, MPA) sowie Lehrerbildung (M.Ed.). In diesen Studiengängen stellt der Masterabschluss den gängigen und in der Regel höchstqualifizierenden Abschluss dar. Die entsprechenden Studiengänge werden in eigenen Professional Schools betreut (anders als an der Leuphana, an der die Professional School alle berufsbegleitenden Studienformate verantwortet) und sind in ihrer Mehrheit nicht auf eine anschließende Promotion ausgerichtet. Im Gegensatz dazu werden in den USA die Masterabschlüsse »Master of Arts« (Geisteswissenschaften) und »Master of Science« (Naturwissenschaften) in vielen Fällen »in course«, d. h. im Rahmen eines Promotionsprogramms optional und en route erworben. Die Zulassungsverfahren zum Promotionsstudium in den USA variieren je nach Institution bzw. Department, teilweise wird direkt nach dem Bachelor zugelassen, teils muss ein Masterabschluss nachgewiesen oder zumindest en route erworben werden. Vielfach wird aufgrund des Qualifikationsziels »Promotion« beim Zulassungsverfahren zum Master dezidiert darauf geachtet, ob die Bewerber potenzielle (entsprechend hoch qualifizierte) Doktoranden sein könnten (▶ Kap. 6).

Die Einführung eines vergleichbaren Auswahlkriteriums wäre derzeit im Rahmen deutscher Hochschulzulassungsgesetze schwierig zu realisieren, da bei der Zulassung zum Masterstudium die Eignung für dasselbe im Vordergrund stehen muss. Dies spiegelt das im deutschen Kontext flächendeckend vorzufindende Verständnis eines Masterabschlusses im Sinne einer für sich stehenden Berufsqualifikation wider. Auch in Deutschland sind fachspezifisch sehr unterschiedliche Tendenzen festzustellen, nach Abschluss des Masterstudiums einen Doktortitel zu erwerben. Daneben existiert augenscheinlich eine Schnittmenge zwischen den »akademischen« Mastern der USA und den Fächern, in denen in Deutschland am häufigsten promoviert wird. Dennoch erfolgt in Deutschland (noch) keine Zulassung zum Masterstudium unter der Fragestellung, wie geeignet die Personen für ein Promotionsstudium sein könnten. Die Statusdifferenzen der geistes- und naturwissenschaftlichen Masterstudiengänge zwischen dem Modell-Land der Graduate School, den USA, und Deutschland sind daher beträchtlich.

Diese Differenzen finden sich auch im Themenbereich des sogenannten »Fast Track zur Promotion« wieder. Wiederum unter Bemühung des Vorbildes USA ist es in Deutschland im Zuge des Bologna-Prozesses möglich geworden, besonders qualifizierte Bachelor-Absolventen im Rahmen eines Eignungsfeststellungsverfahrens direkt zur Promotion zuzulassen. Die Hochschulrektorenkonferenz sowie der Universitätsverbund für den wissenschaftlichen Nachwuchs in Deutschland (UniWiND) empfehlen in diesem Kontext, Fast-Track-Programme nur mit integriertem Masterabschluss anzubieten, u.a. aus besoldungstechnischen Gründen. Letzteres zeigt wiederum den berufsqualifizierenden Status des Masterabschlusses in Deutschland, welcher inzwischen Eingang in die Zugangsvoraussetzungen zum höheren Dienst gefunden hat, während die Promotion bzw. der Doktortitel in diesem Kontext nicht erwähnt werden. Ergänzend verdeutlicht dies, dass die europäischen Bestrebungen einer Integration der dritten Ausbildungsstufe »Promotion« vielfach noch nicht gelebt werden – der Doktortitel wird weiterhin als eine individuelle und hoch spezialisierte persönliche Entscheidung zur wissenschaftlichen Weiterqualifizierung angesehen, nicht als direkt auf den Master folgende berufsqualifizierende (universitäre) Ausbildung.

9.4 Verzahnung des Überganges vom Master zur Promotion

Es ist vor diesen Hintergründen naheliegend, dass Universitäten und auch übergeordnete Verbände und politische Einrichtungen über die Phänomene »Bachelor und Master« sowie »Doktorandenausbildung« in zwei Einheiten diskutieren, die eine Schnittstelle zwischen Master und Promotion und gleichzeitig eine Zusammengehörigkeit von Bachelor und Master suggerieren, die traditionell begründbar, aber nicht zwingend sinnvoll sind. Die Gründe hingegen, die für ein Zusammendenken von Master und Promotion anstelle von Bachelor und Master sprechen, sind vielfältig: Zum einen existiert zwischen Bachelor- und Masterstudium eine erhebliche Mobilitätsschnittstelle. In einer Studie der Hochschul-Informations-System GmbH – Institut für Hochschulforschung (HIS-HF) zum Übergang zwischen Bachelor und Master kam man diesbezüglich zu folgendem Ergebnis (Heine 2012, S. 17):

» Insgesamt zeigen sich die Bachelorabsolvent(inn)en bei der Wahl der Hochschule für das Masterstudium regional sehr mobil […]. Denn von denen, die ihr Masterstudium begonnen haben, haben zwei Fünftel (41 %) die Hochschule gewechselt, von den (wenigen), die dies noch planen, sind es sogar mehr als vier Fünftel (83 %). «

Die natürliche Ausbildungs- und Mobilitätsschnittstelle der universitären Qualifikation liegt zwischen Bachelor- und Masterstudium, nicht zwischen Master und Promotion

Die Begründung liegt nahe: Während nach dem Abitur noch eine gewisse Präferenz für die Nähe zum eigenen Wohnort und vielfach sicher auch Informationsdefizite über Alternativen anzunehmen sind, sind die Anfang bis Mitte 20-jährigen Bachelorabsolventen in der günstigen Lage, nach einem dreijährigen Sondieren der eigenen akademischen Fähigkeiten unter einer Fülle von konsekutiven und weiterbildenden Masterstudiengängen auszuwählen, gegebenenfalls auch im Ausland. Durch die gesetzlichen Vorgaben, dass auch konsekutive Masterstudiengänge den vorangegangenen Bachelorstudiengang lediglich erweitern müssen, sind Fachwechsel im gewissen Rahmen problemlos möglich, was die Auswahl um ein Vielfaches potenziert. Die Online-Informationsmöglichkeiten zu existierenden Masterstudiengängen sind ebenfalls umfangreich. Da Mobilität und Flexibilität in der Berufswelt hoch gehandelte Güter sind, stellt ein Hochschulwechsel nach dem Bachelor für viele Absolventen eine attraktive Option dar.

Der wissenschaftliche Nachwuchs ist im Masterstudium zu finden und zu rekrutieren

Es scheint demnach, abgesehen von den per Definition fachspezifischeren Ausbildungszielen des Masterstudiums, auch vor dem Mobilitätshintergrund zielführend, die Phase der tatsächlichen wissenschaftlichen Fachqualifikation und somit die Gewinnung von hoch qualifiziertem wissenschaftlichem Nachwuchs beim Masterstudium anzusetzen. Im ersten Mastersemester werden »die Karten neu gemischt«, an der Leuphana werden z. B. in einigen Masterstudiengängen bis zu 80 % Studierende verzeichnet, die ihren Bachelorabschluss an einer anderen deutschen oder internationalen Hochschule absolviert haben. Ähnlich wie es vor Einführung der strukturierten Studienabschlüsse am Ende des Hauptstudiums der Fall ist (ca. 7./8. Semester), beginnt der intensive und gezielte Austausch zwischen Studierenden und Professoren im 2. und 3. Mastersemester. An dieser Stelle werden die möglichen Interessen für eine Fortführung der akademischen Karriere gelegt, sowohl inhaltlich als auch personenbezogen. Anders als an der Schnittstelle Bachelor/Master ist es im Übergang zur Promotion um ein Vielfaches herausfordernder, mit vertretbarem Aufwand einen Hochschulwechsel zu vollziehen, da in der überwiegenden Mehrzahl der Promotionszulassungsverfahren das Einreichen eines Masterzeugnisses ohne vorherige Kontaktaufnahme zu einem potenziellen Betreuer nicht ausreicht. Ausnahmen sind in den drittmittelfinanzierten und vor allem internationalen Promotionsprogrammen (Deutsche Forschungsgemeinschaft [DFG], Marie-Curie Initial Training Networks (ITN) u.a.) zu finden, allerdings gelten hier in der Regel sehr hohe qualitative Ansprüche an entsprechende Anträge und vorangegangene Forschungsleistungen. Es ist mithin für Professoren und Masterabsolventen gleichermaßen hilfreich, die Talente früh zu identifizieren bzw. frühzeitig auf sich aufmerksam zu machen. Obgleich repräsentative Studien zu dieser Frage nicht vorliegen, dürfte die regionale Mobilität zwischen Master und Promotion demnach erheblich eingeschränkter sein als im Falle des Übergangs vom Bachelor zum Master.

Vereinfachend und zugespitzt formuliert: Die Forscher von morgen sitzen im Masterstudium, kennen bis dato nichts anderes als eine gekürzte Abiturzeit sowie die modularisierte und meist eng getaktete Credit-Point-Studienstruktur und fragen sich im besten Fall, ob die an verschiedenen Stellen angesprochene »Promotion« auch für ihren Karriereweg eine Option darstellt.

9.4.1 Instrumente bzw. Maßnahmen an der Leuphana Universität Lüneburg

An der Leuphana Universität Lüneburg hat man sich aufgrund der oben erläuterten Argumente und trotz eines von den USA abweichenden Ansatzes der Graduiertenausbildung für eine strukturelle Verzahnung von Masterstudium und Promotionsphase entschieden. Konkret wird dies anhand folgender Instrumente bzw. Maßnahmen realisiert:

Fast-Track-Konzept Die Leuphana Graduate School hat ein eigenes Fast-Track-Konzept entwickelt, das eine Belegung von Modulen des Promotionsstudiums bereits während des Masterstudiums vorsieht. Das Fast-Track-Programm ist besonders qualifizierten Masterstudierenden ab dem 2. Semester vorbehalten, die in einem mehrstufigen Auswahlverfahren inklusive Einreichung eines Forschungsexposés selektiert werden. Die Aufnahme in den Leuphana Fast Track beinhaltet nicht automatisch die Zulassung zur Promotion – Letztere setzt nach wie vor die erfolgreiche Beendigung des Masterstudiums voraus. Neben einer ersten informellen Selektion geeigneter Promotionskandidaten erhofft sich die Universität von dieser Variante des Fast Tracks eine höhere Sensibilisierung für die Möglichkeit einer

> Die Leuphana Graduate School praktiziert die Verzahnung von Master und Promotion seit 2008

Promotion und idealerweise qualitativ wie quantitativ steigende Promotionszahlen.

Team der Graduate School Das Team der Graduate School setzt sich aus Mitarbeitern zusammen, die in vielen Fällen beide Ausbildungsphasen in ihrem Aufgabengebiet vereinen, z. B. im Bereich Geschäftsführung, Studienberatung, Transferable Skills, Qualitätsmanagement und Marketing.

Marketing Sämtliche Marketingmaterialien sind auf Master und Promotion ausgerichtet und schaffen so frühzeitig eine optische Verbindung zwischen beiden Phasen.

Veranstaltungsformate Die Graduate School führt zahlreiche überfachliche Veranstaltungsformate durch, die beide Studienphasen bedienen und Studierende bzw. Promovierende zusammenbringen, z. B. Rekrutierungstage, Posterausstellungen, Sommerfeste, Jahrgangseröffnungs- sowie Absolventenfeiern.

Studieren mit Kind Im Herbst 2013 wird im Campusgebäude der Graduate School ein Eltern-Kind-Zimmer eröffnet, das insbesondere für Master- und Promotionsstudierenden vorgesehen ist, da sich die beiden Qualifikationsphasen auch hinsichtlich ihrer deutlich erhöhten »Studieren-mit-Kind«-Quote gleichen.

9.4.2 Vorteile der Verzahnung von Master- und Promotionsphase

Umfangreiche Synergie- und Lerneffekte für Master und Promotion

Die Leuphana Graduate School ist im Oktober 2008 in ihrer jetzigen Form an den Start gegangen und erprobt seitdem die angestrebte Verzahnung von Master und Promotion. Neben dem grundsätzlichen Argument, dass eine Bindung und Rekrutierung des zukünftigen wissenschaftlichen Nachwuchses im Masterstudium beginnen muss, haben sich für die Leuphana bislang die folgenden Vorteile der Verzahnung herausgestellt, die sich vor allem auf umfangreiche Synergie- und Lerneffekte für den jeweils anderen Bereich beziehen:

Marketing Die Promotion profitiert von den umfassenden Erfahrungen im Marketing von Masterstudiengängen und stellt sich im Online-Marketing optimal und professionell auf. So hat die Leuphana Graduate School z. B. eine eigene Facebook-Seite und kann auch über diesen Kanal Fragen zu den Promotionsmöglichkeiten und -rahmenbedingungen aufgreifen.

Standardisierung Die Promotion profitiert von den hinsichtlich Standardisierung und Auditverfahren weit fortgeschrittenen Instrumenten und Erfahrungen der Akkreditierung von Masterstudiengängen. Auf die Promotion sinnvoll übertragbare Maßnahmen werden somit vom Team der Graduate School sukzessive integriert (z. B. Studienabschlussbefragungen, strukturierte Feedbackrunden, Beiräte).

Forschungsformate Der Master profitiert von selektierten, in der Promotion gängigen Forschungsformaten, wie Posterpräsentationen und -wettbewerben.

Austausch Die Masterstudierenden profitieren von der durchgängig gelebten Präsenz einer potenziellen Promotion, indem zum einen der direkte Austausch mit Promovierenden jederzeit problemlos möglich ist. Zum anderen können sie durch diverse Informationsveranstaltungen der Studienberatung eine realistische Einschätzung der Rahmenbedingungen und beruflichen Perspektiven einer möglichen Promotion gewinnen und individuelle, fachunabhängige Reflexionshilfe bei der Entscheidung für oder gegen eine Promotion in Anspruch nehmen.

Gemeinsames Curriculum Master- und Promotionsstudierende profitieren von einem gemeinsamen Curriculum im Bereich Transferable Skills, mit sinnvollen Abweichungen in einigen spezialisierten Kursen. Gerade an einer mittelgroßen Universität ist es kapazitiv und ressourcentechnisch häufig nicht tragbar, für beide Ausbildungsphasen umfangreiche Weiterqualifizierungsangebote vorzuhalten. Geplant ist ebenfalls eine vorrangig im Kontext von Promovierenden in Großbritannien praktizierte Kompetenzanalyse, die zu einem individuellen Weiterbildungsportfolio führt. Der Ansatz soll auf die Masterstudierenden im Fast Track übertragen werden.

9.4.3 Herausforderungen bei der Verzahnung von Master- und Promotionsphase

Die »Lessons learned« der vergangenen vier Jahre hinsichtlich einer Verzahnung von Master und Promotion nach anglo-amerikanischem Vorbild beziehen sich vor allem auf die eingangs beschriebenen inhärenten Systemunterschiede der Ausbildungslogik eines Masterstudiums. So profitiert die Promotionsphase deutlich von allen übertragbaren Good-Practice-Ansätzen des Masterstudiums (s.o.). Bei einem Transfer von »gelebter Forschung« aus der Promotion in das Masterstudium jedoch zeigt sich, dass die Master-Curricula in ihrer aktuellen Form wenig Raum für ein frühzeitiges Eindringen der Promotion lassen. So hat sich beispielhaft an einem neu erprobten Format, dem Posterwettbewerb, gezeigt, dass dies trotz umfangreicher Informationsmaßnahmen für Masterstudierende (jeglicher Fächer) kein attraktives Format darstellt: Zum einen wurde der Arbeitsaufwand als zu hoch neben den Klausur- und Seminarverpflichtungen angesehen, zum anderen bestand vielfach die Befürchtung, die dargestellten For-

> Eine inhaltliche Verzahnung von Master- und Promotionsphase ist gegebenenfalls nicht für alle Studienrichtungen gleichermaßen zielführend

schungsvorhaben würden Nachahmer auf den Plan rufen und somit die eigene Abschlussarbeit gefährden. Studienkapazitative Herausforderungen stellen sich offenbar ebenfalls in der Leuphana Fast-Track-Variante, da die Anzahl der Studierenden bislang hinter den Erwartungen zurückbleibt. Grund scheint nicht die hohe Notenhürde von 1,5 zu sein, sondern die Anforderung, ein Forschungsexposé und die Bestätigung eines betreuenden Professors bei der Bewerbung mit einzureichen. Obgleich mit beiden Formalia keinerlei Bedingungen an ein späteres Promotionsverfahren verbunden sind, stellt sich der Aufwand für die Erstsemester im Master offenbar zu erheblich dar; hinzu kommt die Schwierigkeit, sich bereits so frühzeitig im Masterstudium mit der Erstellung eines Exposés vertraut zu machen.

Für das Leuphana Fast-Track-Programm stellt sich eine Optimierung der Situation vergleichsweise einfach dar, indem zwar die Notenhürde und somit die Qualität der Fast-Track-Gruppe nicht gesenkt wird, aber das Bewerbungsverfahren im Sinne einer aktiven Ansprache von infrage kommenden Personen und durch die Entlastung von einem konkreten Forschungsantrag (Research Proposal) verschlankt wird. Außerdem wird das Programm künftig von speziellen Begleitkursen und Beratungsangeboten flankiert.

Einrichtung von praxis- und forschungsorientierten Masterstudiengängen am Vorbild der USA

Die grundsätzliche Lösung des Problems einer unterschiedlichen Forschungskultur in Master- und Promotionsphase aufgrund der gegebenen Rahmenbedingungen des strukturierten grundständigen Studiensystems jedoch gestaltet sich komplexer. Eine konsequente, rechtlich gründlich zu prüfende Variante bestünde in einer Übertragung der in den USA praktizierten Differenzierung zwischen »professional« und »academic« Masterstudiengängen. Ansatzweise, wenn auch hinsichtlich der betroffenen Fachdisziplinen nicht deckungsgleich, wird diese Unterscheidung auch in Deutschland im Sinne von »praxisorientierten« und »forschungsorientierten« Masterstudiengängen vollzogen. Die Termini haben jedoch vor allem für die Akkreditierungsagenturen eine Bedeutung, umfassende curriculare Abweichungen sind nicht festzustellen und auch der Übergang in eine mögliche Promotion ist nicht mit der Unterscheidung in Zusammenhang zu bringen. Unabhängig von der terminologischen Frage könnte es jedoch für eine konsequente Verzahnung eine Option darstellen, stärker forschungsorientierte Masterstudiengänge in den Fokus von bestimmten Aktivitäten, wie Fast-Track-Programme und spezielle Forschungsformate zu rücken, während in den praxisorientierten Programmen die für den außeruniversitären Arbeitsmarkt relevanten berufsqualifizierenden Maßnahmen einen Schwerpunkt darstellen.

In einem Folgeschritt wäre es sinnvoll, bereits in den Zulassungsverfahren auf diese Differenzierung hin Instrumente und Kriterien einzuführen. Die Möglichkeit zur Promotion stünde gemäß gesetzlichen Vorgaben weiterhin allen Masterabsolventen offen, jedoch würde man die frühe Förderung des wissenschaftlichen Nachwuchses beginnend bei der Zulassung auf diejenigen Masterstudiengänge beschränken (oder fokussieren), deren Forschungskultur und Curricula der Promotionsphase nahe sind. Letzteres kann sich z. B. in möglichst wenig Klausurlast, vielen Blockformaten mit Raum für forschendes Lernen, einer umfangreichen methodischen Ausbildung sowie einer guten inhaltlichen Anknüpfung des Masterstudiengangs an ein bestehendes Promotionskolleg widerspiegeln.

9.5 Schlussbetrachtung und Ausblick

Abschließend und vorausblickend lässt sich festhalten, dass die Leuphana Universität Lüneburg den eingeschlagenen Weg in der Verzahnung von Master- und Promotionsstudium fortsetzen wird. Das Hauptaugenmerk wird dabei auf der Frage liegen, an welchem Punkt und gegebenenfalls in welchen Studiengängen man die Verzahnung fokussieren kann und besonders fördert, damit die Promotion nicht länger ein Dasein als »abgehobene Turmspitze« fristet, sondern tatsächlich als eine Kultur der dritten Ausbildungsstufe in der Universität etabliert werden kann.

Lessons learned

- Verzahnung von Master und Promotion sichert die frühe Rekrutierung und Bindung des wissenschaftlichen Nachwuchses
- Übertragung von vor allem qualitätssichernden Maßnahmen aus dem Masterkontext in die Promotionsphase unkritisch und bereichernd
- Promotionsphase profitiert vom Professionalisierungsgrad der Marketinginstrumente der Masterstudiengänge
- Unterschiedliche Forschungskultur von Master- und Promotionsphase sowie die eng getaktete Credit-Point-Studienstruktur vieler Masterprogramme erschweren ein frühzeitiges Eindringen der Promotion in das Masterstudium
- Konsequente Verzahnung erfordert gegebenenfalls eine fachspezifisch unterschiedliche curriculare Gestaltung der Masterstudiengänge hinsichtlich der Differenzierung »forschungsorientiert« und »praxisorientiert«

Literatur

Bosbach E (2009) Von Bologna nach Boston? Perspektiven und Reformansätze in der Doktorandenausbildung anhand eines Vergleichs zwischen Deutschland und den USA. Akademische Verlagsanstalt Leipzig, Wittenberg
EUA (European University Association) (2013) What is the Bologna process?
▶ http://www.eua.be/eua-work-and-policy-area/building-the-european-higher-education-area/bologna-basics.aspx. Zugegriffen: 18. Jan. 2013

Heine C (2012) Übergang vom Bachelor- zum Masterstudium. Studien zum deutschen Innovationssystem 2-2012. HIS-HF, Hannover

Kupfer A (2007) DoktorandInnen in den USA. Eine Analyse vor dem Hintergrund des Bologna-Prozesses. DUV, Wiesbaden

Reichert S, Winde M, Meyer-Guckel V (2012) Jenseits der Fakultäten. Hochschuldifferenzierung durch neue Organisationseinheiten für Forschung und Lehre. Stifterverband für die Deutsche Wissenschaft, Essen

Tauch C, Rauhvargers A (2002) Survey on Master Degrees and Joint Degrees in Europe. EUA, Brüssel

Kompetenzerwerb für Postdocs – Kompetenzförderung on the job und off the job am Beispiel von Zukunftskolleg und Academic Staff Development der Universität Konstanz

Mirjam Müller

10.1 **Kompetenzen für Postdocs – 138**
10.1.1 Strukturelles Kompetenzmodell – 139
10.1.2 Kompetenzmodell nach Anwendungskontext – 139
10.1.3 Kompetenzmodell nach Karrierestufen – 140

10.2 **On the job: Kompetenzförderung durch die Gestaltung von Nachwuchsförderprogrammen und -institutionen – 142**
10.2.1 Zukunftskolleg der Universität Konstanz – 142
10.2.2 Kompetenzerwerb für Postdocs im Zukunftskolleg – 144

10.3 **Off the job: Kompetenzförderung für Postdocs mit dem Methodenspektrum der akademischen Personalentwicklung – 145**
10.3.1 Methodenspektrum des Academic Staff Development für Postdocs – 146
10.3.2 Modell des Academic Staff Development – 149

Literatur – 151

Die Universität Konstanz hat sich mit akademischer Personalentwicklung für Nachwuchswissenschaftler zwischen Promotion und Professur einen Namen gemacht. Der folgende Werkstattbericht stellt im Sinne der Nachwuchsförderung und der strategischen individuellen Karriereplanung zusammen, welche Kompetenzen Postdocs für eine wissenschaftliche Karriere erwerben sollten. Mit Blick auf eine strategische Personal- und Organisationsentwicklung wird anschließend der Frage nachgegangen, wie die Gestaltung von Institutionen und Förderprogrammen den Kompetenzerwerb on the job fördern kann. Drittens zeigt der Beitrag, wie die akademische Personalentwicklung mit ihrem Methodenspektrum Postdocs Kompetenzen off the job vermitteln kann.

Der zweite und dritte Aspekt wird am Beispiel zweier Institutionen der Universität Konstanz, dem Zukunftskolleg und dem Academic Staff Development, vorgestellt. Die Überlegungen, die an dieser Stelle angestellt werden, sind – so die Annahme – auch auf weitere Karrierephasen sowie auf andere Nachwuchsförderinstitutionen übertragbar.

Wissenschaftliche Leistung gilt als das entscheidende Kriterium für die Karriere von (Nachwuchs-)Wissenschaftlern. Um fachlich Herausragendes zu leisten, aber auch vielfältige Aufgaben in Lehre, Management und Gremien erfüllen zu können, benötigen Forscher wissenschaftsrelevante Kompetenzen. In den vergangenen 15 Jahren ist ein rapider Anstieg an Weiterbildungsangeboten für den wissenschaftsrelevanten Kompetenzerwerb zu beobachten. Grund hierfür ist zum einen, dass Nachwuchswissenschaftler unterstützt werden sollen, aktuelle Qualifizierungsschritte, wie etwa die Dissertation oder die Einwerbung des ersten eigenen Drittmittelprojekts, effizient und erfolgreich zu bewältigen. Zum anderen haben wissenschaftsrelevante Kompetenzen als sekundäre Entscheidungskriterien in Bewerbungsprozessen an Bedeutung gewonnen, wie etwa Lehrkompetenz in Berufungsverfahren für Professuren. Postdocs stellen hier eine besondere Zielgruppe dar, da sich meist in dieser Qualifizierungsphase entscheidet, ob eine Karriere in der Wissenschaft Erfolg versprechend ist. Der Begriff »Postdoc« wird in diesem Beitrag als Oberbegriff für die gesamte Karrierephase zwischen Promotion und Professur verwendet.

Die lohnenden Fragen, welche dieser wissenschaftsrelevanten Kompetenzen für außerwissenschaftliche Karrieren einsetzbar sind bzw. welche Kompetenzen möglicherweise in der Postdoc-Phase für Karrieren außerhalb der Wissenschaft erworben werden sollten, können an dieser Stelle nicht behandelt werden.

10.1 Kompetenzen für Postdocs

Kompetenzen sind nach Erpenbeck und von Rosenstiel (2007) Dispositionen, die es Personen ermöglichen, selbstorganisiert und kreativ zu handeln. Sie setzen sich aus Fertigkeiten, Wissen und Qualifika-

tionen, aber auch aus der Kenntnis von Regeln, Werten und Normen zusammen, die zu Handlungsfähigkeit sowohl in repetitiven wie auch in offenen, unsicheren und komplexen Situationen befähigen. Unterschieden werden vier grundlegende Kompetenzklassen (Erpenbeck u. von Rosenstiel 2007):
- Fachlich-methodische Kompetenzen
- Personale Kompetenzen
- Sozial-kommunikative Kompetenzen
- Aktivitäts- und umsetzungsorientierte Kompetenzen.

Für das Berufsfeld Wissenschaft wurden verschiedene Kompetenzmodelle entwickelt (u.a. Benz 2005, Brockschnieder et al. 2009, Diez 2010, Schmidt 2007). Sie listen diejenigen Kompetenzen, die für die Arbeit in der Wissenschaft notwendig sind, und ordnen sie nach unterschiedlichen Kriterien.

10.1.1 Strukturelles Kompetenzmodell

Ein strukturelles Kompetenzmodell bieten Brockschnieder et al. (2009). Sie unterscheiden zwischen Fachkompetenz und außerfachlicher Kompetenz. Die außerfachliche Kompetenz teilen sie für die Wissenschaft in drei Bereiche, denen sie jeweils folgende Kompetenzdimensionen zuordnen (Brockschnieder et al. 2009, S. 15):

- **Leitungskompetenz:** Strategisch handeln, systemisch/unternehmerisch denken und handeln, Entscheidungen treffen und Verantwortung tragen, Mitarbeiterführung/-motivation, Moderieren unterschiedlicher bzw. divergierender Interessen
- **Sozialkompetenz:** Kommunikationsvermögen, Kooperation und Vernetzung, Konfliktfähigkeit, Empathie, (inter-)kulturelle Kompetenz
- **Selbstkompetenz:** Werteorientierung und Identifikation, Präsenz/Authentizität, Gestaltungsmotivation/Innovationswillen/Kreativität, Leistungsmotivation/Engagement, Lernbereitschaft.

Unterscheidung zwischen Fachkompetenz und außerfachlicher Kompetenz

10.1.2 Kompetenzmodell nach Anwendungskontext

Ein Kompetenzmodell nach Anwendungskontext, in dem die Kompetenzen von jungen Forschenden ihren Tätigkeitsschwerpunkten zugeordnet werden, nimmt Schmidt (2007, S. 121) vor:

- **Forschung und wissenschaftliches Arbeiten:** Spezielles Fachwissen/fachspezifische Fähigkeiten, wissenschaftliche Ergebnisse/Konzepte praktisch umsetzen, Kenntnis wissenschaftlicher Methoden, fachübergreifendes Denken, Literaturrecherche/Einarbeiten in neue Themen, Einsatz von Forschungsmethoden
- **Präsentation und Vermittlung:** Präsentation erarbeiteter Ergebnisse, Beratungskompetenz, didaktische Aufbereitung von

Inhalten, Einsatz von Multimedia/Internet/Präsentationssoftware, Moderation von Diskussionen, schriftliche Ausdrucksfähigkeit
- **Management und Führung:** Zeitmanagement, Verhandlungsgeschick, Kooperationsfähigkeit, Qualitätsmanagement/Evaluation, Führungsqualitäten, Organisationsfähigkeit/Projektplanung.

Zielgruppen in der Wissenschaft mit Anforderungsprofil

Ein sehr umfangreiches Kompetenzmodell nach Anwendungskontext hat Diez (2010) für die Handlungsfelder Forschung, Lehre, Innovation und Management vorgelegt. Für sieben relevante Zielgruppen in der Wissenschaft konkretisiert sie ihr Modell und stellt für die Personalentwicklung Kompetenzmatrizen mit Anforderungsprofilen zur Verfügung.

10.1.3 Kompetenzmodell nach Karrierestufen

Zuordnung wissenschaftsrelevanter Kompetenzen zu den Karrierephasen

Schließlich lässt sich ein Kompetenzmodell nach Karrierestufen aufstellen, in dem die wissenschaftsrelevanten Kompetenzen jeweils der Karrierephase zugeordnet werden, in der sie zuerst, prioritär und – verallgemeinert – fachübergreifend benötigt werden (◘ Abb. 10.1). Gemeint sind hier diejenigen Kompetenzen, die für eine Karriere in der Wissenschaft erworben werden müssen. Sie lassen sich theoretisch aus den Karriereschritten bis zur Professur ableiten, spiegeln sich jedoch auch empirisch in den Themen von Coachinganfragen von Nachwuchswissenschaftlern der entsprechenden Karrierephasen wider.
- **Promotionsphase:** In der Promotion geht es zunächst um Kompetenzen, die das wissenschaftliche Forschungsvorhaben im engeren Sinne betreffen, wie wissenschaftliche Methoden, wissenschaftliches Schreiben und möglicherweise Englischkenntnisse. Zur Präsentation der wissenschaftlichen Ergebnisse vor den Betreuern und in der fachlichen Community werden Präsentations- und Kommunikationstechniken gebraucht sowie die Fähigkeit der Selbstpräsentation und Feldkompetenz im Wissenschaftssystem. Schließlich wird Zeitmanagement benötigt, um das Dissertationsprojekt voranzubringen und in überschaubarer Zeit abzuschließen.
- **Späte Promotions-/frühe Postdoc-Phase:** In der späten Promotionsphase und der frühen Postdoc-Phase kommen zunehmend Kompetenzen hinzu, die Lehre (Lehrkompetenz, Betreuungskompetenz), die Leitung von Projekten (Projektmanagement, Konfliktmanagement, interkulturelle Kompetenz) und die eigene Profilierung in der wissenschaftlichen Community (Drittmitteleinwerbung, Netzwerke) betreffen. Da diese Phase oft mit der »rush hour of life« zwischen Karriere und Familiengründung

10.1 · Kompetenzen für Postdocs

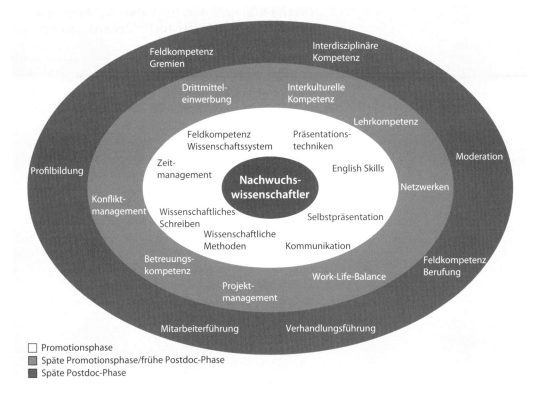

☐ Promotionsphase
▨ Späte Promotionsphase/frühe Postdoc-Phase
■ Späte Postdoc-Phase

Abb. 10.1 Kompetenzmodell nach Karrierestufen

zusammenfällt, wird hier besonders auch die Kompetenz zu einer Work-Life-Balance benötigt.

— **Späte Postdoc-Phase:** Je näher Nachwuchswissenschaftler an die Berufbarkeit herankommen, desto mehr wird bereits das Kompetenzprofil einer Professur von ihnen erwartet, das Mitarbeiterführung, vertiefte kommunikative Fähigkeiten (Moderation, Verhandlungsführung) und Feldkompetenz in Gremienarbeit beinhaltet. Fachlich kann hier interdisziplinäre Kompetenz hinzukommen. Für den nächsten Karriereschritt wird die Kompetenz zur Profilbildung sowie Feldkompetenz in Berufungsverfahren benötigt.

Bis zur Professur entsteht nach dem Kompetenzmodell nach Karrierestufen ein zeitlich abgestuftes, aber umfangreiches Kompetenzspektrum, das Nachwuchswissenschaftler für ihren Karriereweg in der Wissenschaft erwerben müssen.

10.2 On the job: Kompetenzförderung durch die Gestaltung von Nachwuchsförderprogrammen und -institutionen

Kompetenzerwerb traditionell im Lernen aus den praktischen Aufgaben

Im Wissenschaftssystem findet der Kompetenzerwerb traditionell im Lernen aus den praktischen Aufgaben statt, die Nachwuchswissenschaftler auf ihrem Karriereweg übernehmen – also einem Kompetenzerwerb on the job unter Anleitung eines Betreuers oder Mentors. Zunehmend wird gerade in der Postdoc-Phase eine frühe Selbstständigkeit gefördert, die die Phase des Lernens durch Anleitung verkürzt. Zudem ist die Postdoc-Phase in Deutschland geprägt durch eine Vielfalt möglicher wissenschaftlicher Karrierewege. Jeder dieser Wege zeichnet sich durch ein unterschiedliches Tätigkeitsportfolio in Forschung und Lehre aus. Im Sinne des Kompetenzerwerbs on the job werden daher auf jedem der Wege unterschiedliche Kompetenzen ausgeprägt: Durch die Lehrverpflichtung erwirbt beispielsweise ein Juniorprofessor Lehrkompetenz, eine Nachwuchsgruppenleiterin durch die ihr unterstellten Mitarbeiter Führungskompetenz und ein wissenschaftlicher Assistent durch die Gremienarbeit Kompetenz im strategischen Agieren im Fachbereich.

Dreht man diesen Gedanken um, stellt sich die Frage, wie der Kompetenzerwerb von Nachwuchswissenschaftlern gerade durch die Ausgestaltung eines institutionellen Förderprogramms (z. B. in einer Graduiertenschule, einem Institute of Advanced Studies, bei Fellowships oder Stipendien) möglichst umfassend und nachhaltig gefördert werden kann.

Beispielhaft möchte ich dies am Zukunftskolleg der Universität Konstanz verdeutlichen.

10.2.1 Zukunftskolleg der Universität Konstanz

Interdisziplinäres Kolleg für Postdocs

Das Zukunftskolleg der Universität Konstanz (▶ https://www.zukunftskolleg.uni-konstanz.de/) ist ein interdisziplinäres Kolleg für Postdocs aller an der Universität Konstanz vertretenen Fächer. Es besteht aus rund 40 Postdoc-Fellows, die hoch kompetitiv international ausgewählt werden. Die Postdocs erhalten Fellowships für zwei oder fünf Jahre. In dieser Zeit führen sie als unabhängige Forschende ein selbst gewähltes Forschungsprojekt durch.

Interdisziplinärer Austausch zwischen den Fellows

Unterstützt werden sie dabei durch die Möglichkeit, renommierte Senior Fellows nach Konstanz einzuladen, sowie durch ein gut durchdachtes Angebot an Ausstattungsmitteln und die enge Unterstützung seitens der zentralen Serviceangebote der Universität Konstanz. Zu einer innovativen Institution wird das Zukunftskolleg vor allem aufgrund des breiten interdisziplinären Austausches zwischen den Fellows und nicht zuletzt durch die Auflage für die 5-Jahres-Fellowships, ein Drittmittelprojekt über mindestens 50 000 Euro einzuwerben. In den Jahren von 2007 bis 2011 sah das Modell der 5-Jahres-Fellowships vor, dass diese Drittmittel mitgebracht oder während der ersten zwei Jahre des Fellowships eingeworben werden mussten. Ab 2012 gilt für die 5-Jahres-Fellowships als Qualifizierungskriterium, dass ein Drittmittelprojekt über 50 000 Euro eingeworben worden sein muss und an der Universität Konstanz durchgeführt wird.

Mit diesem Konzept verfolgt das Zukunftskolleg das Ziel, junge Talente auf dem Weg zu starken Wissenschaftlern zu fördern, eine kreative wissenschaftliche Gemeinschaft zu schaffen und eine frühe Unabhängigkeit der Fellows zu ermöglichen. Damit sieht es sich als einen alternativen Karriereweg zu Juniorprofessur oder Nachwuchsgruppenleitung.

In der Struktur des Zukunftskollegs ist ein breites Spektrum an Möglichkeiten für den Kompetenzerwerb seiner Fellows on the job enthalten. Beispielhaft lässt sich dies anhand einiger der Förderelemente verdeutlichen.

Förderelemente des Zukunftskollegs

Jour Fixe

Einmal wöchentlich im Semester treffen sich alle Fellows zum Jour Fixe, wie dies etwa auch aus Graduiertenkollegs bekannt ist. Im Turnus stellt dort jeder Fellow sein Forschungsprojekt, aktuelle forschungspolitische Fragen oder Methoden, die disziplinübergreifend relevant sind, vor. Der jeweilige Vortrag trainiert neben Kommunikations-, Lehr- und Präsentationstechniken nicht zuletzt die interdisziplinäre Kompetenz im Sinne der Fähigkeit, das eigene Fachgebiet einer akademischen, aber fachfremden Zuhörerschaft verständlich zu machen. Die Zuhörer wiederum lernen, die Sprache und die Gedankenwelt anderer Disziplinen zu verstehen. Da sich das Zukunftskolleg aus Fellows aus rund 15 Nationen zusammensetzt und die Umgangssprache Englisch ist, werden auch Kommunikationskompetenz auf Englisch und die interkulturelle Kompetenz trainiert. Für den Vortragenden ist der Jour Fixe auch ein Anlass, das eigene Profil als Wissenschaftler zu präsentieren. Der als Moderator eingeladene Mit-Fellow hat Gelegenheit, seine Moderationsfähigkeit einzusetzen. Für alle Fellows ist der Jour Fixe auch ein Anlass, eigene Netzwerke aufzubauen und sich in bestehende Netzwerke zu integrieren – nicht zuletzt in Hinblick auf gemeinsame interdisziplinäre Forschungsprojekte.

Drittmittelantrag

Für das 5-Jahres-Fellowship muss ein eigenes Drittmittelprojekt von mindestens 50 000 Euro eingeworben werden. Diese Anforderung erfordert Feldkompetenz in Drittmitteleinwerbung und im Wissenschaftssystem, vertieft Kompetenzen zum wissenschaftlichen Schreiben innerhalb des fachwissenschaftlichen Begutachtungssystems und dient dem Aufbau von Netzwerken mit potenziellen Kooperationspartnern. Sowohl die Platzierung des Themas wie auch die erfolgreiche Einwerbung der Mittel tragen zur eigenen Profilbildung bei. Nicht zuletzt stellt ein Drittmittelantrag auch hohe Anforderungen an das eigene Zeitmanagement, um den Antrag fristgerecht fertigzustellen.

Projektleitung

Wurde das Drittmittelprojekt und mit ihm in aller Regel eine Doktorandenstelle erfolgreich eingeworben, vertieft der Aufbau der ersten eigenen Arbeitsgruppe wiederum wissenschaftsrelevante Kompetenzen hinsichtlich Betreuung und Mitarbeiterführung, Konfliktmanagement und Projektmanagement.

Unabhängige Nachwuchsgruppenleitung

Mit der Leitung einer unabhängigen Nachwuchsgruppe ermöglicht es das Zukunftskolleg seinen Fellows, zu einem frühen Zeitpunkt der Karriere mit dem eigenen Profil einen Platz in der wissenschaftlichen Community zu besetzen. Um hier erfolgreich agieren zu können, brauchen die Fellows kommunikative Kompetenzen im Außenkontakt, wie Netzwerken, Konfliktmanagement und Verhandlungsführung. Zudem benötigt diese frühe Verantwortung ein gutes Zeitmanagement und vor allem mit Familie auch eine gelungene Work-Life-Balance.

Wie diese Beispiele zeigen, unterstützt die Struktur des Karrierewegs Zukunftskolleg den On-the-Job-Erwerb vieler der Kompetenzen, die für Postdocs wichtig sind, indem es ein breites Spektrum von Aufgaben verpflichtend vorsieht. Die Kombination dieser Aufgaben ist breiter, als es viele andere Postdoc-Karrierewege vorsehen.

10.2.2 Kompetenzerwerb für Postdocs im Zukunftskolleg

Abgestimmtes Agieren von Nachwuchsinstitutionen und Serviceeinrichtungen

Dieses Konzept stellt neben seinen großen Möglichkeiten auch hohe Anforderungen an die Fellows (◘ Abb. 10.2). Es ist erfolgreich, weil es nicht nur fordert, sondern auch fördert. Hier arbeitet die Geschäftsstelle des Zukunftskollegs eng mit den zentralen Serviceeinrichtungen, wie dem Academic Staff Development, dem Forschungssupport, dem Welcome Center und dem Referat für Gleichstellung und Familienförderung zusammen, sodass die institutionelle Struktur und das Serviceangebot aufeinander abgestimmt sind und in der Zusammenarbeit immer wieder neue Ideen für eine bedarfsorientierte und zielgruppengerechte Unterstützung entstehen.

Professionalisierung des Kompetenzerwerbs

Dem Kompetenzerwerb on the job wird im Zukunftskolleg durch das Academic Staff Development ein Kompetenztraining off the job zur Seite gestellt, das arbeitsintegrierte Lernen durch Methoden der Personalentwicklung angereichert.

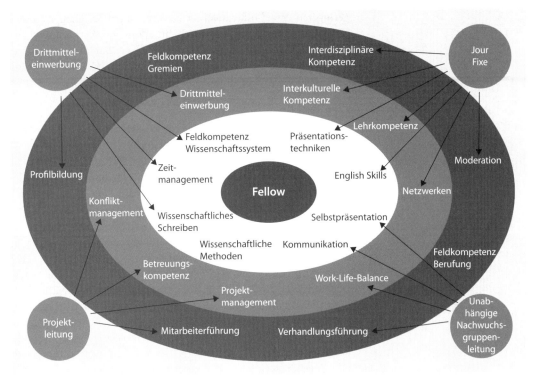

◘ Abb. 10.2 Kompetenzerwerb im Rahmen des Zukunftskollegs

10.3 Off the job: Kompetenzförderung für Postdocs mit dem Methodenspektrum der akademischen Personalentwicklung

Die akademische Personalentwicklung kann auf ein breites Spektrum an Methoden zurückgreifen, mit denen Kompetenzentwicklung off the job unterstützt wird, wie Workshops, Coaching, Beratung, Materialien zum Selbststudium, Mentoring und die Reflexion des On-the-Job-Lernens durch Hospitation und angeleitete Reflexion. Für eine Übersicht verschiedener Methoden für den Kompetenzerwerb in der Wissenschaft sowie ihrer Ziele und Eignung siehe Diez (2010). Jede dieser Methoden kann den Kompetenzerwerb sinnvoll unterstützen. Welche Methode bzw. welcher Methodenmix jeweils geeignet ist, ist abhängig von den Kompetenzen, die gefördert werden sollen, von der Vorerfahrung der Zielgruppe sowie vom formalen und zeitlichen Rahmen, der zur Verfügung steht.

In der Wissenschaft sollte sich der Methodenmix an die Qualifizierungsphase anpassen: So ist in einer frühen Qualifizierungsphase (Promotion) und mit entsprechend geringerer Berufserfahrung ein Mix mit einem großen Anteil standardisierter Formate und einem geringeren Anteil individualisierter Formate gut geeignet. Während der Postdoc-Phase verschiebt sich ein optimales Mischungsverhältnis zugunsten der individualisierten Formate. Für Professoren haben weitgehend individualisierte Programme die höchste Akzeptanz (Diez 2010, S. 222ff.).

10.3.1 Methodenspektrum des Academic Staff Development für Postdocs

An der Universität Konstanz wird ein breites Methodenspektrum für den Kompetenzerwerb für Postdocs zentral durch das Academic Staff Development angeboten. Die Serviceeinrichtung wurde 2008 als Teil des Zukunftskonzepts der Exzellenzinitiative gegründet. Ziel ist es, Nachwuchswissenschaftler bei einer erfolgreichen Karriere in Wissenschaft und Forschung zu unterstützen.

Angesprochen sind Nachwuchswissenschaftlerinnen und Nachwuchswissenschaftler aller Qualifizierungsstufen, von der Entscheidung für eine Promotion bis zur ersten Professur. Die Einrichtung arbeitet universitätsweit für alle Fächer und unterstützt alle Nachwuchswissenschaftler, die ein wissenschaftliches Projekt an der Universität Konstanz verfolgen – unabhängig von Status, Finanzierungsquelle und Zugehörigkeit zu einer Graduiertenschule oder zum Zukunftskolleg.

Das Angebot umfasst professionelle Beratung und Coaching, fachübergreifende Seminare und Workshops sowie Information rund um die wissenschaftliche Karriere. Für die Universität und ihre Institutionen bietet das Academic Staff Development Beratung zu **Prozessgestaltung und Strukturentwicklung in der Nachwuchsförderung**.

Der Erwerb der im Kompetenzmodell nach Karrierestufen aufgeführten Kompetenzen wird für Postdocs durch folgende Maßnahmen unterstützt.

Informationsangebote

Zum Erwerb von Feldkompetenz für das Wissenschaftssystem hat das Academic Staff Development ein umfangreiches Informationsangebot zusammengestellt, wie seinen Webauftritt (▶ http://www.asd.uni-konstanz.de/) und die zielgruppenspezifischen Karriereportale für Promovierende (▶ http://www.promovierenden-portal.uni-konstanz.de/), Postdocs (▶ http://www.postdoc-portal.uni-konstanz.de/) und Neuberufene (▶ http://www.neuberufenen-portal.uni-konstanz.de/), die einen selbstgesteuerten Ansatz zum Kompetenzerwerb bieten.

Als Präsenzangebot wurden Informationsveranstaltungen konzipiert, bei denen Inhouse-Experten aus Verwaltung und Forschung Grundlagenwissen zum Wissenschaftssystem vermitteln. Thematisch stehen für Postdocs die Orientierung im Wissenschaftssystem und die Drittmitteleinwerbung im Mittelpunkt. Die Angebote zur Drittmitteleinwerbung werden vom Forschungssupport der Universität

Tab. 10.1 Turnusmäßiges Workshop-Programm des Academic Staff Development

Sommersemester	Wintersemester
Karriereplanung	Berufungstraining
Advanced Presentation Skills	Selbstpräsentation
Führung	Projektmanagement
Zeitmanagement	Work-Life-Balance
Drittmittelanträge schreiben	Drittmittelanträge schreiben
Fit für die Lehre	Fit für die Lehre

Konstanz durchgeführt und wurden teilweise gemeinsam mit dem Academic Staff Development entwickelt (► http://www.forschung.uni-konstanz.de/forschungssupport/).

Feldkompetenz bildet die Basis für ein erfolgreiches Agieren in der Wissenschaft. Oft muss diese Kompetenz zunächst vermittelt oder ergänzt werden, bevor eine gute Entscheidung zum Karriereweg getroffen oder Kompetenzen für passende Verhaltensstrategien vermittelt werden können. Die Informationsveranstaltungen sind ein niedrigschwelliges Angebot, das sehr gut angenommen wird. Beratung und Coaching von Nachwuchswissenschaftlern kann sich dadurch zunehmend auf Anliegen der Entscheidungsfindung, Prozessbegleitung und dem Erwerb weiterer Kompetenzen konzentrieren.

Niedrigschwellige Informationsangebote machen Beratungen effektiver

Workshops

Als Präsenzangebot wurde ein Workshop-Programm aus klassischen zweitägigen Workshops zusammengestellt, die die grundlegenden wissenschaftsrelevanten Kompetenzen für Postdocs abdecken, wie Drittmitteleinwerbung, Führung und Lehrmethoden. Dieses Workshop-Programm wird regelmäßig jedes Semester bzw. alternierend im Sommer- und Wintersemester angeboten; Spezialworkshops zu weiteren Themen werden zusätzlich in einem freien Turnus angeboten.

Workshop-Programm für Postdocs Das Angebotsschema der Workshops wurde auf Grundlage einer Bedarfsabfrage im Zukunftskolleg sowie auf Basis einer Top-down-Analyse des Qualifizierungsbedarfs von Nachwuchswissenschaftlern, von Best-Practice-Modellen aus der Personalentwicklung und auf Basis der hochschulpolitischen Diskussion erstellt.

Top-down-Themenfindung für Workshops

Das Programm umfasst mehrere turnusmäßig im Sommer- und Wintersemester durchgeführte zweitägige Workshops (◘ Tab. 10.1). Weitere Workshops, z. B. Medientraining, schwierige Lehr-/Lernsituationen etc., ergänzen das Angebot in unregelmäßigem Abstand. Pro Jahr werden ca. drei Workshops exklusiv für Wissenschaftlerinnen organisiert und durchgeführt.

Neue Workshop-Formate In der Postdoc-Phase wächst mit den vielseitigen Aufgaben auch der erlebte zeitliche Druck. Daher wurden mehrere kürzere Workshop-Formate entwickelt, die für Postdocs leichter in ihre wissenschaftlichen Verpflichtungen integrierbar sind. Bewährt haben sich beispielsweise die beiden Reihen »Hochschuldidaktik über Mittag« und »Führung über Mittag«, die jeweils eine Stunde zur Mittagszeit angeboten werden. Gerade fortgeschrittene Postdocs nehmen dieses Format gut an.

Das Format »English Skills in Academia« verbindet Elemente eines Sprachkurses mit kommunikativen Kompetenzen, wie sie etwa bei Verhandlungen, bei der Führung internationaler Mitarbeiter oder auf Konferenzen eingesetzt werden. Der Kurs findet abends statt und kann als Reihe oder Einzelveranstaltung besucht werden.

Bottom-up-Themenfindung für Workshops

Die Themen dieser Formate gehen oft auf Wünsche aus der Beratung und den Workshops zurück. Da die Personalentwicklerinnen des Academic Staff Development auch als Karriereberaterinnen und Inhouse-Coaches arbeiten, sind sie aktuell über die Bedürfnisse der Nachwuchswissenschaftler informiert. Das vielfältige Methodenspektrum vor Ort ermöglicht es, diese Wünsche mit kurzem Vorlauf umzusetzen.

Beratung und Coaching

Coaching komplementär zur wissenschaftlichen Betreuung

Je höher die Qualifizierungsstufe, umso mehr wächst die Nachfrage von Nachwuchswissenschaftlern, Karrierefragen in einem 1:1-Setting besprechen zu können. Dies entspricht dem Bedürfnis, eine schnelle Lösung für eine individuelle Fragestellung zu finden oder fehlende Kompetenzen passgenau zu ergänzen. Gerade in Institutionen und Förderprogrammen wie dem Zukunftskolleg, die eine frühe Selbstständigkeit von Nachwuchswissenschaftlern fördern, kann Coaching komplementär zu wissenschaftlichen Betreuungsverhältnisse gezielt und individuell unterstützen.

An der Universität Konstanz haben Nachwuchswissenschaftler die Möglichkeit, sich entweder zu einzelnen Fragen beraten oder sich durch ein längerfristiges Coaching begleiten zu lassen. Wichtig ist dabei die Qualifikation der Beraterinnen. Im Academic Staff Development verfügen alle Inhouse-Beraterinnen sowohl über langjährige Feldkompetenz in der Wissenschaft als auch über professionelle Beratungskompetenz, in der Regel als ausgebildete und zertifizierte Coaches.

Eingangsberatung

Dem Zukunftskolleg, wie auch den anderen Nachwuchsförderinstitutionen der Universität Konstanz, ist eine Inhouse-Coach zugeteilt, die einen besonders engen Kontakt zu den Fellows hält. Bewährt hat sich, u.a. im Zukunftskolleg und für Juniorprofessuren eine Eingangsberatung anzubieten, in der das Angebot des Academic Staff Development vorgestellt wird. In vielen Fällen schließt sich hieran eine Begleitung und Reflexion des beginnenden Karriereabschnittes an, die den Start in die neue Rolle erleichtert und früh wichtige Weichen stellen lässt.

Top-Themen in der Beratung von Postdocs im Zukunftskolleg sind die Bewerbung auf Professuren, Mitarbeiterführung und Karriereplanung – und immer häufiger sowohl für Frauen als auch für Männer das Thema Vereinbarkeit von Wissenschaft und Familie. Das besondere Format des Jour Fixe wird durch eine didaktische Beratung auf freiwilliger Basis unterstützt. Oft dient dies als Türöffner für einen weitergehenden hochschuldidaktischen Kompetenzerwerb.

Das Academic Staff Development stimmt sich bei seiner Beratungstätigkeit eng mit den weiteren Serviceeinrichtungen der Universität Konstanz ab, die eine themenspezifische Beratung anbieten, wie Forschungssupport, Dual Career Service oder Referat für Gleichstellung und Familienförderung. Je nach Beratungsanlass werden Klienten auch im Tandem von Beratern mit unterschiedlichen thematischen Schwerpunkten beraten.

Kooperative Beratung durch die Serviceeinrichtungen

Peer-Coaching

In den moderierten Peer-Coaching-Formaten schaffen die Coaches den Rahmen, innerhalb dessen Postdocs sich individuell und gleichzeitig mit Unterstützung von Peers auf wichtige Karriereschritte vorbereiten können.

Beispiel Berufungstraining: Zur Vorbereitung auf einen konkreten Probevortrag wird auf Wunsch eine Expertenkommission aus Peers eingeladen, vor der ein Berufungsvortrag und Kommissionsgespräch möglichst realitätsnah geprobt werden können. Der Coach gibt eine Einführung zu Dos and Don'ts in Berufungsverfahren und achtet auf die Qualität des Feedbacks durch die Gruppe. Von einem sehr positiven Lerneffekt berichten nicht nur die so vorbereiteten Bewerber, sondern auch die Peers aus der fingierten Expertenkommission, die aus dieser Position heraus Kompetenzen für ihre eigenen Berufungsverfahren vertiefen.

Direkte und indirekte Kompetenzförderung für Peers

Insgesamt konnte das Academic Staff Development, wie hier am Beispiel der Angebote für den Kompetenzerwerb für Postdocs gezeigt wurde, in den vergangenen fünf Jahren ein umfangreiches Angebotsspektrum aufbauen, das den Off-the-Job-Erwerb der im Modell gezeigten Kompetenzen für die wissenschaftliche Karriere unterstützt und es ermöglicht, sehr differenziert auf die Bedürfnisse der einzelnen Nachwuchswissenschaftler einzugehen.

10.3.2 Modell des Academic Staff Development

Das Modell des Academic Staff Development (◘ Abb. 10.3) bietet ein Angebotsspektrum, in dem die unterschiedlichen Bedürfnisse verschiedener Zielgruppen gut berücksichtigt werden, insbesondere auch diejenigen von Frauen und internationalen Wissenschaftlern. Die regelmäßige Evaluation der Angebote zeigt eine hohe Zufriedenheit der Nachwuchswissenschaftler mit den bestehenden Formaten. Auch Nachwuchsförderinstitutionen, wie das Zukunftskolleg, kön-

Methodenspektrum zur differenzierten Unterstützung einzelner Zielgruppen

Abb. 10.3 Modell Academic Staff Development. Karriereförderung und Personalentwicklung für Nachwuchswissenschaftler (Grafik: Academic Staff Development, Universität Konstanz 2013)

Ausbau des Programms für Professoren

nen hiermit passgenau unterstützt werden. Die Fellows des Zukunftskollegs berichten, dass ihnen die Unterstützung durch das Academic Staff Development insbesondere bei der Bewältigung neuer wissenschaftlicher Aufgaben hilft – der Kompetenzerwerb off the job also den Kompetenzerwerb on the job unterstützt.

Wie anhand des Konstanzer Beispiels aufgezeigt, hat es sich als erfolgreich erwiesen, die Personalentwicklung zunächst ausschließlich für Nachwuchswissenschaftler anzubieten und das Angebot universitätsweit für diese Zielgruppe zu öffnen. Durch den Erfolg, den es bei Nachwuchswissenschaftlern hat, wächst das Interesse bei erfahrenen Wissenschaftlern, selbst Personalentwicklung in Anspruch zu nehmen.

> **Lessons learned**
>
> Der Kompetenzerwerb für Postdocs lässt sich – wie am Konstanzer Beispiel gezeigt – am besten fördern, wenn zunächst eine Analyse derjenigen Kompetenzen durchgeführt wird, die allgemein in der Postdoc-Phase und speziell in einer Institution oder einem Förderprogramm gefördert werden sollen. Darauf aufbauend ist es wichtig, die Institution oder das Förderprogramm bereits so zu gestalten, dass sie die Möglichkeit zum Erwerb dieser Kompetenzen on the job bieten. Nicht zuletzt sollte der Kompetenzerwerb durch Methoden der akademischen Personalentwicklung für den Kompetenzerwerb off the job ergänzt werden.

Neben diesen generellen Befunden haben sich an der Universität Konstanz folgende Punkte bewährt:
1. Nachwuchsförderinstitutionen und Personalentwicklung sollten eng miteinander kooperieren: Zur Professionalisierung des Kompetenzerwerbs in den Institutionen und für einen hohen Zielgruppenbezug der Personalentwicklung.
2. Hochschulen sollten über die traditionelle Weiterbildung bzw. das Angebot von »Kursen in Schlüsselkompetenzen« hinaus in den Aufbau einer übergreifenden und professionellen akademischen Personalentwicklung investieren.
3. Professionelles (Inhouse-)Coaching ist für Nachwuchswissenschaftler und in Strukturen, die eine frühe Selbstständigkeit ermöglichen, eine ideale Unterstützung: Weit genug vom jeweiligen Arbeitskontext entfernt, um unabhängig zu sein, und doch aktuell informiert und leicht erreichbar.

■ **Danksagung**

Die im Beitrag vorgestellten Methoden und Strukturen des Academic Staff Development der Universität Konstanz wurden vom Team des Academic Staff Development entwickelt. Ich danke meinen Kolleginnen Dr. Bettina Duval, Alexandra Hassler, Silke Hell, Inka Leidig und Melanie Moosbuchner sowie meinen ehemaligen Kolleginnen Daniela Hrzán und Cornelia Brand. Mein Dank geht ebenfalls an Prof. Dr. Giovanni Galizia vom Zukunftskolleg der Universität Konstanz sowie an Dr. Stefanie Preuß vom Forschungssupport der Universität Konstanz.

Literatur

Benz C (2005) Das Kompetenzprofil des Hochschullehrers. Zur Bestimmung der Kompetenzanforderungen mittels Cojointanalyse. Shaker, Aachen

Brockschnieder S, Deckert R, Klaus G, Mehrtens M, Senger U, Thren M (2009) Konzeptioneller Rahmen für Personalentwicklung an Hochschulen. In: Schlüter A, Winde M (Hrsg.) Akademische Personalentwicklung. Eine strategische Perspektive. Stifterverband für die Deutsche Forschung, Essen, S 8–31

Diez A (2010) Entwicklung eines Konzepts zur Personalentwicklung für eine technische Universität. Dissertation, Technische Universität Dortmund, Dortmund

Erpenbeck J, von Rosenstiel L (Hrsg) (2007) Handbuch Kompetenzmessung. Schäffer Poeschel, Stuttgart

Jaksztat S, Schindler N, Briedis K (2010) Wissenschaftliche Karrieren. Beschäftigungsbedingungen, berufliche Orientierung und Kompetenzen des wissenschaftlichen Nachwuchses. HIS: Forum Hochschule 14/2010. HIS, Hannover

Schmidt B (2007) Personalentwicklung für junge wissenschaftliche Mitarbeiter/-innen. Kompetenzprofil und Lehrveranstaltungsevaluation als Instrumente hochschulischer Personalentwicklung. Dissertation, Friedrich-Schiller-Universität Jena, Fakultät für Sozial- und Verhaltenswissenschaften, Jena

Qualitätssicherung

Kapitel 11　　Evaluation von Promotionsprogrammen
　　　　　　　an der Ludwig-Maximilians-Universität München – 155
　　　　　　　Manuela Braun

Kapitel 12　　Doctoral Supervision Education at Karolinska
　　　　　　　Institutet – 169
　　　　　　　Italo Masiello

Evaluation von Promotionsprogrammen an der Ludwig-Maximilians-Universität München

Manuela Braun

11.1 Hintergrund – 156

11.2 Untersuchungseinheit – 156

11.3 Erhebungsdesign – 157
11.3.1 Kombination quantitativer und qualitativer Forschung – 157
11.3.2 Quantitative Befragung – 158
11.3.3 Qualitative Befragung – 158

11.4 Erhebungsinhalte – 159

11.5 Erhebungszeitraum – 159

11.6 Datenauswertung – 160
11.6.1 Online-Fragebogen – 160
11.6.2 Leitfadeninterviews – 160

11.7 Ergebnispräsentation – 160

11.8 Zeitlicher Ablauf – 161

11.9 Ergebnisse – 161

11.10 Verbesserungen – 165

11.11 Qualitätsmerkmale – 166

11.12 Ausblick – 167

Eine der Hauptaufgaben des GraduateCenter^{LMU}, der zentralen Einrichtung zum Thema Promotion an der Ludwig-Maximilians-Universität München (LMU), ist die Unterstützung der Fakultäten bei der Konzeption und Umsetzung von strukturierten Promotionsprogrammen. Besonderes Augenmerk liegt dabei auf der Qualitätsentwicklung bzw. -sicherung dieser Programme. Da bei der Beratung von Hochschullehrern, welche in die Etablierung bzw. Neuausrichtung von Promotionsprogrammen involviert sind, kaum auf empirisches Material zurückgegriffen werden kann, entstand die Idee, das Format »Promotionsprogramm« zu evaluieren.

11.1 Hintergrund

Qualitätsentwicklung bzw. -sicherung von Promotionsprogrammen

In einem ersten Schritt wurde ein Erhebungsdesign entwickelt und eingesetzt, das der empirischen Überprüfung von Promotionsprogrammen dient und zur Identifikation von Merkmalen, welche die Qualität dieser Programme positiv beeinflussen, beiträgt. Darauf aufbauend sollen in einem zweiten Schritt die Qualität weiterer LMU-Promotionsprogramme überprüft und Vorschläge zur besseren Umsetzung herausgearbeitet werden. Das GraduateCenter^{LMU} nutzt diese Ergebnisse, um bei der Neueinrichtung und Weiterentwicklung von Promotionsprogrammen zu beraten.

Unter dem Begriff »Promotionsprogramm« subsumieren sich Programme, denen bestimmte Standards, wie die kompetitive Auswahl der Doktoranden, die Betreuung im Rahmen eines Betreuungsteams, Betreuungsvereinbarungen zwischen Hochschullehrern und Doktoranden etc., eigen sind – unabhängig von der Art ihrer Finanzierung. Das können also Graduiertenschulen aus der Exzellenzinitiative, Graduiertenkollegs der Deutsche Forschungsgemeinschaft (DFG), LMU-finanzierte Programme oder Ähnliches sein.

11.2 Untersuchungseinheit

Empirische Analyse der Abläufe und Strukturen einer Graduiertenschule

Als erste Untersuchungseinheit diente eine Graduiertenschule aus den Life Sciences, die im Rahmen der ersten Runde der Exzellenzinitiative etabliert wurde und einer der Vorreiter in der Neu- und Ausgestaltung des Promotionsprozesses an der LMU ist. So obliegt ihr beispielsweise das Recht zur Vergabe des PhD-Titels, und sie bedient mit 78 beteiligten Betreuern ein breites, interdisziplinäres Themenfeld. Darüber hinaus ist sie mit administrativen Anforderungen konfrontiert, die im Vorfeld der Beantragung nur schwer abzusehen waren.

Nach Durchlaufen der ersten Hälfte des Bewilligungszeitraumes und in Vorbereitung auf die erneute Antragstellung wurde das GraduateCenter^{LMU} von den beiden Sprechern der Graduiertenschule beauftragt, eine empirische Analyse der internen Abläufe und Strukturen durchzuführen. Im Vordergrund der Evaluation standen Herausforderungen, wie die Umsetzung der neuartigen Promotionsordnung, die Etablierung der Betreuungsstruktur, die Organisation der Verwaltungsabläufe und die damit einhergehenden Strukturentwicklungen sowie die Akzeptanz dieser Neuerungen. Ein Schwerpunkt der Evaluation lag auf der Entwicklung eines Stärken-Schwächen-Profiles, aus dem Handlungsempfehlungen für eine verbesserte Umsetzung der Graduiertenschule abgeleitet wurden. Diese Empfehlungen sind anschließend sowohl in den Fortsetzungsantrag eingeflossen als auch für die zweite Phase der Umsetzung der Graduiertenschule mit berücksichtigt worden.

11.3 Erhebungsdesign

11.3.1 Kombination quantitativer und qualitativer Forschung

Um ein möglichst differenziertes Bild der Graduiertenschule zu erhalten, wurde ein Erhebungsdesign entworfen, das eine Kombination von qualitativen und quantitativen Methoden der empirischen Sozialforschung darstellt: eine Triangulation von standardisierter Online-Befragung und leitfadengestützten Experteninterviews. Nach John Creswell (1994 bzw. 2003) ist die Triangulation ein Phasendesign, bei dem qualitative und quantitative Methoden separat nacheinander angewendet werden. Die Integration erfolgt in der Phase der Analyse der Daten und der Interpretation der Ergebnisse. Als Grundannahme wurde davon ausgegangen, dass mit einer standardisierten Befragung komplexe Sachverhalte nur bedingt erfasst werden können, zusätzliche Leitfadeninterviews aber einen deutlichen informativen Mehrwert liefern. Qualitativer und quantitativer Methodenansatz ergänzen sich wechselseitig und ermöglichen ein besseres Gegenstandsverständnis. Die Integration qualitativer und quantitativer Verfahrensweisen trägt somit zu einem erhöhten Erkenntnisgewinn bei. In den später durchgeführten Interviews wurden Fragen aufgenommen, die der Klärung von Zusammenhängen aus der standardisierten Befragung dienten.

Um den unterschiedlichen Befragungseinheiten der Graduiertenschule gerecht zu werden, erfolgte die Einteilung in vier Befragungsgruppen: Sprecher, Faculty (also Hochschullehrer und Dozenten), Koordination und Doktoranden. Für diese wurden jeweils unterschiedliche Befragungsinstrumente konzipiert. Es sei jedoch darauf hingewiesen, dass die unterschiedlichen Fragebogen eine gewisse Schnittmenge an gemeinsamen Fragen aufweisen (z. B. für die Sprecher und für die Faculty).

> Triangulation: Kombination von qualitativen und quantitativen Methoden, hier von Online-Befragung und leitfadengestützten Experteninterviews

11.3.2 Quantitative Befragung

Die quantitative Befragung erfolgte anhand von elektronischen Online-Fragebogen, die mit der Befragungssoftware EFS Survey der Firma Unipark umgesetzt wurden. Alle Mitglieder der Graduiertenschule (n = 112 Personen) wurden zu dieser Befragung durch eine E-Mail mit einem personalisierten Code eingeladen. Dadurch wurde sichergestellt, dass jeder Befragte den Fragebogen nur einmal ausfüllen konnte. Die Rücklaufquote ließ sich durch gezielte Erinnerungs-E-Mails erhöhen. Der Fragebogen wurde in deutscher und englischer Sprache angeboten; den deutschen Doktoranden und Faculty-Mitgliedern wurde ein Zugang zur deutschen Version, den internationalen Befragungsteilnehmern ein Zugang zur englischen Version geschickt. Es gab allerdings auch die Möglichkeit, den Fragebogen selbst auf die gewünschte Sprache umzustellen. Der Fragebogen umfasste etwas mehr als 50 Fragen mit einer durchschnittlichen Gesamtbearbeitungszeit von etwas über zehn Minuten. Der Rücklauf lag bei 93 Personen (83 %).

11.3.3 Qualitative Befragung

Mit den beiden Sprechern, sechs Teilnehmern aus der Faculty, der Koordination und sechs Doktoranden wurden teilstandardisierte Experteninterviews geführt. Dazu wurde ein Leitfaden entwickelt, der die im Online-Fragebogen enthaltenen Punkte aufgriff und dabei diejenigen Fragestellungen vertiefte, die mit quantitativen Methoden nur schwer zu erfassen sind. Die Interviews waren je nach Befragungseinheit auf eine Dauer zwischen 30 Minuten (Sprecher), 45 Minuten (Faculty und Doktoranden) und 75 Minuten (Koordination) ausgelegt.

Bei der Stichprobenfestlegung der Interviewpartner aus der Faculty, also der Gruppe der Hochschullehrer bzw. Dozenten, wurde auf eine Verteilung über möglichst viele Fachgebiete sowie eine Mischung aus Core Faculty, Associated Faculty und Junior Faculty geachtet. Bei den Doktoranden wurden die Interviewpartner anhand folgender Merkmale ausgelost:
- Zugehörigkeit zur LMU (also beispielsweise nicht zur Technischen Universität München)
- Doktorand der International Max Planck Research School
- Nicht auf dem Campus ansässig (da die Doktoranden weit verstreut sind über die unterschiedlichen Institute und Standorte der LMU)
- Fast-Track-Teilnehmer (also direkt nach dem Bachelor in die Graduiertenschule eingetreten und nach einem Vorbereitungsjahr in die Promotion eingestiegen)
- Internationale Herkunft

Da nach der Auslosung zunächst ausschließlich weibliche Doktoranden der Stichprobe angehörten, wurde als zusätzliche Auswahlkategorie männliches Geschlecht festgelegt. Die Hälfte der Interviews wurde auf Englisch geführt.

11.4 Erhebungsinhalte

Die Fragestellung der Untersuchung wurde in folgende thematische Schwerpunkte unterteilt.

Inhalte der Befragung

> **Themenschwerpunkte der Befragung**
> - Struktur/Organisation
> - Ausstattung/Rahmenbedingungen
> - Kenntnisse/Informationen
> - Erwartungen gegenüber Betreuern/Koordination/Doktoranden
> - Betreuung
> - Fortschritt/Entwicklung
> - Veranstaltungen/Weiterqualifizierung
> - Arbeitsklima/Gemeinschaft
> - Outcome/Perspektiven
> - Abfrage der persönlichen Daten

11.5 Erhebungszeitraum

Die individualisierten Einladungen für den Online-Fragebogen wurden am 30. Juli 2009 per E-Mail an alle Mitglieder der Graduiertenschule verschickt. Am 20. August 2009 erfolgte eine erste Erinnerungs-E-Mail an alle diejenigen, die den Fragebogen zu diesem Zeitpunkt noch nicht ausgefüllt hatten. Mit einem Abstand von 19 Tagen (am 8. September 2009) erfolgte, auch im Namen der beiden Sprecher, die letzte Aufforderung zur Beantwortung des Fragebogens bis zum 15. September 2009. Der Zugang zum Online-Fragebogen wurde am 1. Oktober 2009 geschlossen. Anschließend erfolgte die Auswertung der quantitativen Untersuchungsergebnisse.

Die Interviewtermine fanden, je nach Verfügbarkeiten der befragten Personen, im Zeitraum zwischen dem 3. August und 5. Oktober 2009 statt. Zwischen November und Dezember 2009 erfolgte die Auswertung der qualitativen Interviewkomponente.

11.6 Datenauswertung

11.6.1 Online-Fragebogen

Der Rücklauf der Fragebogen belief sich auf 100 % bei den Sprechern, der Koordination und den Doktoranden. In der Gruppe der Faculty haben 76 % den Fragebogen beantwortet (davon 36 % aus der Core, 45 % aus der Associated und 20 % aus der Junior Faculty). Weitere acht Faculty-Mitglieder (dies entspricht 10 %) haben per E-Mail oder telefonisch rückgemeldet, dass sie erst seit kurzem Mitglied der Graduiertenschule sind und deshalb keine Beurteilung zu den gefragten Punkten abgeben können. Somit flossen insgesamt 93 Fragebogen in die Auswertung ein.

Auswertung von 93 Fragebogen anhand der Software SPSS

Das Auswertungsdesign beinhaltete statistische Analysen der Häufigkeitsverteilungen, die Herstellung von bivariaten Kreuztabellen sowie Subgruppenanalysen anhand der Statistik- und Analysesoftware SPSS/PASW Statistics, Version 17.

11.6.2 Leitfadeninterviews

Zur Auswertung lagen vor: 15 Interviews mit ca. 12 Stunden Datenmaterial

Die Bereitschaft, sich im Rahmen der Evaluation der Graduiertenschule interviewen zu lassen, war sehr hoch. Alle angefragten Personen haben für das Interview zugesagt und daran teilgenommen. Alle Interviews wurden mit einem digitalen Diktiergerät aufgenommen und anschließend von einem externen Dienstleister in Anlehnung an die Zeilenschreibweise von GAT (Gesprächsanalytisches Transkriptionssystem) mit prosodischen und parasprachlichen Merkmalen transkribiert, um die gesprochene Sprache zu verschriftlichen. Insgesamt wurden knapp 700 Minuten (das entspricht ca. 12 Stunden) Datenmaterial ausgewertet.

Als nächster Schritt wurden anhand von Auswertungskategorien, die in Abstimmung mit der quantitativen Analyse festgelegt wurden, aussagekräftige Textpassagen identifiziert und das gesamte Textmaterial codiert. Es folgten eine inhaltliche Zusammenfassung nach Kategorien und der thematische Vergleich anhand der Textpassagen.

Zum Schluss wurden die Auswertungsergebnisse der quantitativen Befragung mit den Ergebnissen der qualitativen Interviewauswertung zusammengeführt. Die Interpretation der Ergebnisse erfolgte anhand der Kombination von qualitativen und quantitativen Daten.

11.7 Ergebnispräsentation

Am 25. Januar 2010 wurden den beiden Sprechern sowie der Koordination die quantitativen Ergebnisse vorgestellt. Die Präsentation der Ergebnisse aus dem quantitativen sowie qualitativen Teil erfolgte im Rahmen des Faculty Retreats der Graduiertenschule am 14. April

11.9 · Ergebnisse

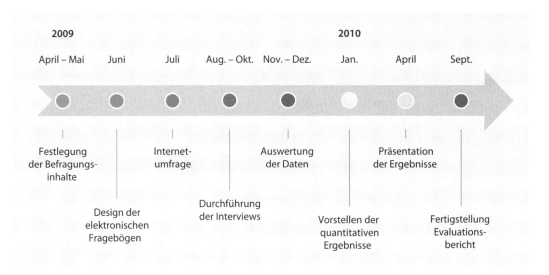

Abb. 11.1 Zeitlicher Ablauf der Evaluation

2010. Abschließend wurde das GraduateCenter^{LMU} mit der endgültigen Aufbereitung der Ergebnisse in einem Evaluationsbericht betraut.

11.8 Zeitlicher Ablauf

Anhand der ◘ Abb. 11.1 soll eine Vorstellung vom zeitlichen Ablauf der Evaluation vermittelt werden.

Insgesamt dauerte der Evaluationsprozess über ein Jahr, wobei die Vorbereitungszeit drei Monate umfasste, die Datenerhebung vier Monate dauerte und die erste Vorstellung der Ergebnisse nach neun Monaten erfolgte.

Dauer des Evaluationsprozesses

Inzwischen ist die Evaluation eines weiteren Promotionsprogramms abgeschlossen. Es hat sich gezeigt, dass der Evaluationsprozess durch die vorhandenen Vorarbeiten, wie die Erstellung der elektronischen Fragebogen und der Interviewleitfäden, erheblich beschleunigt werden konnte.

11.9 Ergebnisse

Da die Gesamtergebnisse der Evaluation sehr umfassend sind, können hier lediglich Teilergebnisse vorgestellt werden. Dafür soll exemplarisch der Bereich der Betreuung herausgegriffen werden, wobei sowohl die Sicht der Betreuer als auch die Sicht der Doktoranden dargestellt wird.

Vorstellung von Teilergebnissen aus dem Bereich der Betreuung

Zunächst geht es um die Frage, was als wichtigster Aspekt in der Betreuung von Doktoranden gewertet wird.

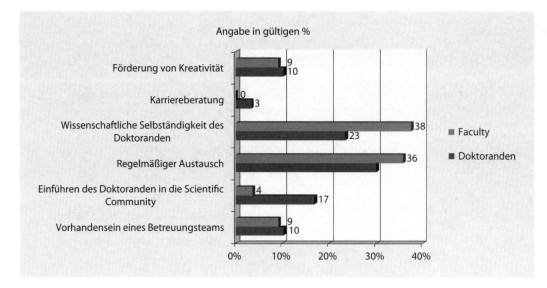

Abb. 11.2 Der wichtigste Aspekt in der Betreuung von Doktoranden

Wie der ■ Abb. 11.2 zu entnehmen ist, geben Doktoranden und Hochschullehrer bzw. Dozenten als wichtigsten Aspekt in der Betreuung den regelmäßigen Austausch und die wissenschaftliche Selbstständigkeit des Doktoranden an. Von den Doktoranden stärker betont, und damit wichtiger, ist die Einführung des Doktoranden in die Scientific Community und die Karriereberatung.

Für den Großteil der Faculty und der Doktoranden ist fehlende Zeit die Hauptschwierigkeit bei der Betreuung. Bei den Hochschullehrern folgen die Vereinbarkeit von Forschung und Lehre sowie die unzureichenden Kenntnisse der Doktoranden auf Platz zwei und drei (■ Abb. 11.3). Die Doktoranden sehen die Probleme dagegen eher in der Promotionsordnung und dem fehlenden Interesse des Betreuers (■ Abb. 11.4).

Trotz dieser Punkte zeigt sich insgesamt eine hohe Zufriedenheit aller Beteiligten mit der Betreuungssituation (■ Abb. 11.5).

Fast jeder vierte Doktorand ist mit der Betreuungssituation sehr zufrieden und fast die Hälfte der Doktoranden ist zufrieden. Aufseiten der Faculty sind 70 % mit der Betreuungssituation zufrieden.

Obwohl fehlende Zeit zuvor als Hauptschwierigkeit bei der Betreuung genannt wurde, zeigt sich anhand der nächsten Fragen (■ Abb. 11.6 und ■ Abb. 11.7), dass sowohl der Zeitaufwand für die Betreuung als auch die Kontaktfrequenz zwischen Betreuer und Doktorand von der Mehrzahl der Befragten als angemessen bzw. richtig eingeschätzt werden.

Mit der Umsetzung ihrer Betreuungsstrukturen scheint die Graduiertenschule damit einen Weg gefunden zu haben, sowohl die zeit-

11.9 · Ergebnisse

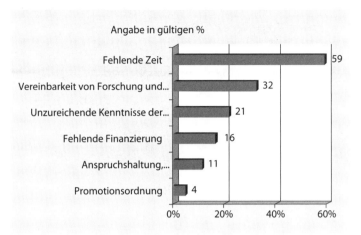

◘ Abb. 11.3 Schwierigkeiten in der Betreuung aus Sicht der Faculty

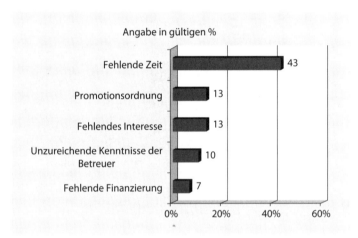

◘ Abb. 11.4 Schwierigkeiten in der Betreuung aus Sicht der Doktoranden

liche Belastung als auch das Betreuungsverhältnis für alle Seiten zufriedenstellend zu gestalten.

Unterstützt wird dieses positive Ergebnis auch durch die Antworten auf die Frage nach der Erfüllung der Erwartungen an den Betreuer (◘ Abb. 11.8).

Über drei Viertel der Doktoranden geben hier an, dass ihre Betreuer meistens bzw. immer ihre Erwartungen erfüllen.

Insgesamt ist festzustellen, dass durch die Leitfadeninterviews die quantitativen Aussagen bestätigt und vertieft werden konnten, wie das folgende Zitat eines Hochschullehrers zur Betreuungssituation exemplarisch zeigt:

Thesis Committees besonders Erfolg versprechend

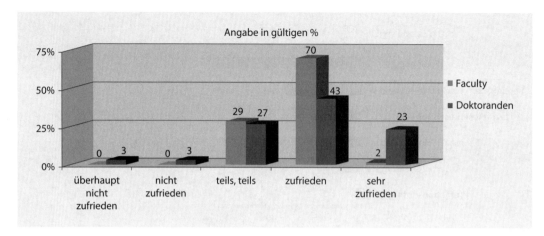

Abb. 11.5 Zufriedenheit mit der Betreuungssituation

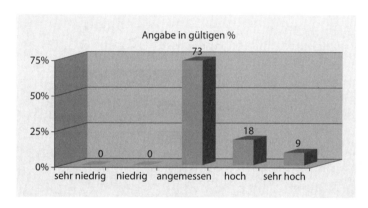

Abb. 11.6 Einschätzung des Zeitaufwandes durch die Faculty

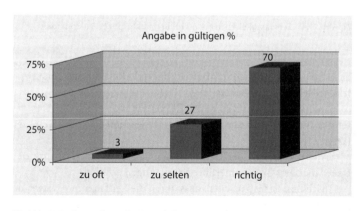

Abb. 11.7 Beurteilung der Kontaktfrequenz zu den Betreuern

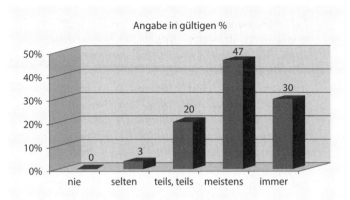

◘ **Abb. 11.8** Erfüllung der Erwartungen an den Betreuer aus Sicht der Doktoranden

>> Durch diese ‚Thesis Committees' hat sich eine andere Qualität der Betreuung durchgesetzt. […] dadurch, dass alle zumindest eine Person haben, die mehr von außen dazukommt, ist gewährleistet, dass es nirgendwo ganz abstürzt. […] Wir werden es nicht mehr erleben, […] dass Doktorarbeiten wirklich in die Hose gehen, weil da jetzt zu viele Sicherheitsnetze sind. Und das ist einfach eine entscheidende qualitative Veränderung. <<

Es lässt sich festhalten, dass von allen Befragungseinheiten die Betreuung durch Thesis Committees, also Betreuungsteams, einstimmig positiv bewertet wurde. Betreuungsteams dienen sowohl aus Sicht der Professoren als auch der Doktoranden als Mittel zur Qualitätssicherung in der Betreuung.

11.10 Verbesserungen

Auch wenn die Ergebnisse im Bereich der Betreuung sehr positiv ausgefallen sind, wurden von den Befragten auch Aspekte angesprochen, die man noch optimieren kann. Im Rahmen der Evaluation wurden diese Aspekte aufbereitet und im Evaluationsbericht folgende Empfehlungen zu einer verbesserten Umsetzung der Graduiertenschule für die zweite Hälfte des Antragszeitraumes ausgesprochen.

Empfehlungen zu einer verbesserten Umsetzung der Graduiertenschule
- **Stärkere Vernetzung** innerhalb der Graduiertenschule: Die Frequenz der Treffen von Sprecher, Faculty und Koordination soll von jährlich auf halbjährlich erhöht werden.

- **Einführungsveranstaltung für Doktoranden:** Für alle neuen Jahrgänge soll ein »PhD-Boot-Camp« organisiert werden, das intensiv die Studienordnung und die Gesamtanforderungen an die Doktoranden thematisiert.
- Veranstaltung von jährlichen **Retreats**, die sowohl den wissenschaftlichen als auch den persönlichen Austausch fördern.
- **Überarbeitung des Lehrangebots:** Die Graduiertenschule soll eine eigene Pflichtveranstaltung anbieten, die besser auf die Bedürfnisse der Untergruppen in der Graduiertenschule zugeschnitten ist.
- Aufstockung der **personellen Besetzung** im Bereich der Programmkoordination.

Diese Empfehlungen wurden auf einer Strategiesetzung der Graduiertenschule angenommen und ihre Umsetzung beschlossen.

11.11 Qualitätsmerkmale

Für die Unterstützungsarbeit des GraduateCenter^{LMU} bei der Konzeption und Umsetzung von Promotionsprogrammen war es von besonderem Interesse, Merkmale zu identifizieren, welche die Qualität von Promotionsprogrammen positiv beeinflussen.

Diese lassen sich nach Durchführung der Evaluation folgendermaßen zusammenfassen.

Merkmale mit positivem Einfluss auf die Qualität von Promotionsprogrammen
- Etablierung von Betreuungsteams und regelmäßiger Austausch zwischen Betreuern und Doktoranden
- Mitspracherecht der Doktoranden bei der Ausgestaltung des Curriculums
- Thematische Vielfalt und das Angebot an forschungsspezifischen Veranstaltungen
- Transparente Kommunikation von Informationen
- Entwicklung eines Gemeinschafts- und Zugehörigkeitsgefühls
- Vernetzung der Doktoranden, aber auch der Faculty
- Gute personelle Ausstattung im Bereich der Koordination
- Klare Strukturen und administrative Abläufe
- Attraktive Außendarstellung

11.12 Ausblick

Die Evaluation der Graduiertenschule war die erste umfassende empirische Untersuchung eines Promotionsprogramms an der LMU. In einem nächsten Schritt werden weitere Programme evaluiert, um auch die Unterschiede zwischen den Formaten (z. B. Graduiertenschule, Graduiertenkolleg etc.) und die Unterschiede zwischen den Fachbereichen Naturwissenschaften, Geisteswissenschaften und Sozialwissenschaften herauszuarbeiten. Zudem werden neue Befragungseinheiten, beispielsweise die Alumni, hinzukommen. Das GraduateCenter^{LMU} wird die Ergebnisse dieser Evaluationen für die Beratung von Anträgen für Promotionsprogramme an der LMU bzw. für deren Neueinrichtung und Weiterentwicklung nutzen.

Nutzung der Evaluationsergebnisse für die Beratung von Drittmittelanträgen für Promotionsprogramme

Lessons learned

- Der triangulative Ansatz mit seiner Kombination aus qualitativen und quantitativen Methoden der empirischen Sozialforschung hat sich sehr bewährt. Anhand der qualitativen Aussagen konnten bestimmte quantitative Ergebnisse besser erklärt und gestützt werden und umgekehrt.
- Das Besondere am Erhebungsdesign ist auch der Anspruch, alle vier Befragungsgruppen (Sprecher, Faculty, Koordination und Doktoranden) individuell anzusprechen, indem sowohl die Fragebogen als auch die Leitfäden an die jeweilige Befragungseinheit angepasst wurden.
- Der Mehraufwand eines für jeden Befragungsteilnehmer individuell generierten Codes und dessen personalisierte Weitergabe haben sich mit Blick auf den hohen Rücklauf (83 %), den damit verbundenen automatischen Ausschluss von Doppelbeantwortungen und die Möglichkeit, Personen gezielt nochmals an die Teilnahme zu erinnern, gelohnt.
- Wichtig war die Definition von Merkmalen zur Auswahl der Interviewpartner (Fachbereich, Zugehörigkeitsdauer, Herkunft etc.), um möglichst viele Perspektiven berücksichtigen zu können.
- Dadurch, dass die Vorschläge zur verbesserten Umsetzung des Programms aus den Reihen der Befragten kamen (also nicht vom GraduateCenter^{LMU}), war deren Akzeptanz gesichert. Sie wurden ernsthaft diskutiert und ihre Umsetzung größtenteils direkt anschließend beschlossen. Das GraduateCenter^{LMU} konnte als »neutrale Instanz« fungieren und einen objektiven Platz einnehmen.
- Hochschullehrer, die erst vor Kurzem in das Programm aufgenommen wurden, haben von sich aus vorgeschlagen, dass sie besser nicht an der Evaluation teilhaben sollten, um die Ergebnisse nicht zu verfälschen.

- Wichtig war, auch die Doktorandensprecher über das Evaluationsvorhaben zu informieren und sie im weiteren Prozess, beispielsweise bei der Präsentation der Ergebnisse, einzubinden.
- Nach Aushändigung des Evaluationsberichtes an den jeweiligen Sprecher des Promotionsprogramms ist das Programm selbst für die Kommunikation der Evaluationsinhalte sowie die Umsetzung der Empfehlungen verantwortlich.

Doctoral Supervision Education at Karolinska Institutet

Italo Masiello

12.1	**Background – 170**	
12.1.1	The International Context – 170	
12.1.2	The National Context – 172	
12.1.3	National Collaboration – 173	
12.1.4	The Local Context – 173	
12.2	**Results – 177**	
12.3	**Future Possibility – 179**	
	References – 179	

This article describes the development and structure of the courses and educational activities that are part of doctoral supervision education at Karolinska Institutet, Stockholm, Sweden, and evaluates the participants' attitudes to these. Before doing that, the author sets doctoral supervision education within a local but also a larger context in order to better understand the current shift on the requirement of supervision skills occurred during the last decade.

12.1 Background

The 1999 Bologna Process to synchronize higher education across Europe, which came into effect in Sweden in 2007, has undoubtedly brought many changes into all levels of Swedish higher education. This was also true for many other European countries. But one reform of the Bologna Process that has gone almost unnoticed is education of doctoral supervision.

Increasing the quality of supervision by means of professional training

In the Ordinance of June 2007, the Swedish National Agency for Higher Education (Högskoleverket, HSV) made explicit that each PhD student should be appointed at least two supervisors, one who must have undergone supervision training or have corresponding skills, and one who must have the Associate Professor (Docent) academic title. Of course one could fulfill both criteria. Thus HSV made education of doctoral supervisors compulsory throughout the country through an ordinance. In 2008, the ordinance changed and made education compulsory for those who were going to have the main supervision of PhD students. The ordinance was further diluted in 2011 when even the requirement that main supervisors undergo some form of training was removed and universities were given autonomy to decide this issue themselves. Today, many Swedish universities do require supervision training to prospective supervisors but there is no government requirement to ensure this. The basic idea with the 2007 reform was to increase the quality of supervision by means of professional training.

12.1.1 The International Context

Need of systematised supervision competencies

Competencies and skills in supervision have, in the academic world, traditionally been passed down from experienced senior supervisors to their younger colleagues in an informal and often spontaneous way, and have been formed by the prevailing culture at the university in question. In recent years, however, thanks to the Bologna Process, the discussion on quality in doctoral education has created a more pressing need to systematise supervision competencies and to reflect upon supervision and supervisor experiences. Within the undergraduate and advanced programs, the Bologna Process has succeeded in

12.1 · Background

leveraging the improvement of teaching and learning processes for the benefit of student's employability (Hénard 2010).

Staff development courses and activities for teachers at universities have increased incrementally. Very recently a shift has occurred also for doctoral supervisors, where universities around the world are creating development courses for this group of teachers/researchers.

The work of the PhD students is generally seen by universities as a vital component of the research effort, which contributes significantly to the university research profile (Delany 2008). The research production of the doctoral students helps the university to compete in the global knowledge economy. This can mean that a university encourages the production aspect of doctoral education and shies away from the pedagogical issues involved in supervision. Internationally there is a large body of research focusing now on doctoral education outcomes. These studies have focused on early career employment in the USA (Nerad et al. 2007), Germany (Ender 2004) and The Netherlands (Hulshof et al. 1996, cited in Enders 2004).

The above trend is counter-balanced by educational reforms that emphasise education as well as production in doctoral education and supervision. Australia is a good example of this sort of global reform and has long invested in supervision education and demonstrated that the quality of supervision has an effect on doctoral outcomes (Cullen et al. 1994). This research shows that it is in the interest of a university to reliably improve the efficacy of supervision since it can improve the production and accountability of research and help universities contribute to the global knowledge economy.

Improving the efficacy of supervision

The student-supervisor relationship can be enriching and productive, but it can also be difficult and devastating. Isolation, confusion, few supporting structures, and being at odds with a supervisor are major problems reported by Australian researchers. Such problems undermine the success of doctoral education (Dinham and Scott 1999, Powles et al. 1989). A Swedish report from the HSV compared the PhD student's response on a series of questions on doctoral life (Swedish National Agency for Higher Education, Report 2008: 23 R). Two questions focused on supervision. Only a small percentage of the students said they received adequate constructive criticism from their supervisors or were satisfied with their supervisors displaying sufficient interest in their studies. The supervisors as well face many challenges when they embark on the long joint research journey that characterises the PhD. A Swedish study concludes that many of the responsibilities of the supervisors and doctoral students must be clarified before they start the journey (Fridlund 2005).

Student-supervisor relationship

Many Australian universities have made supervision an educational reform priority and produce a lot of material that is meant to help with specific knowledge and skills. The Australian National University, for example, has a site that provides excellent material to staff undertaking development courses in supervision and

Supervision is a complex process

to supervisors in general (▶ http://researchsuper.chelt.anu.edu.au/). Australian government agencies also fund empirical research such as the report by Mark Sinclair, The Pedagogy of "Good" PhD Supervision: A national Cross-Disciplinary Investigation of PhD Supervision (Sinclair 2005). Supervision is a complex process that requires situational awareness and a flexible mind (Grant 1999) and the ability to master a set of roles in order to become a "good supervisor".

> **The roles of a "good supervisor" (Brown and Atkins 1986)**
> - Director: determining topic and method, providing ideas
> - Facilitator: providing access to resources or expertise, arranging field-work
> - Adviser: helping to resolve technical problems, suggesting alternatives
> - Teacher: of research techniques
> - Guide: suggesting timetable for writing up, giving feedback on progress, identifying critical path for data collection
> - Critic: of design of enquiry, of draft chapters, of interpretations or data
> - Freedom giver: authorises student to make decisions, supports student's decisions
> - Supporter: gives encouragement, shows interest, discusses student's ideas
> - Friend: extends interest and concern to non-academic aspects of student's life
> - Manager: checks progress regularly, monitors study, gives systematic feedback, plans work

Simply stated, "good supervision" requires a different mindset from the traditional one and should aim at integrating education and production in order to develop an employable and well-rounded PhD graduate (Pearson and Kayrooz 2004). The "good" academic supervisor will then need to re-identify research and training priorities and re-think the supervisory practice.

12.1.2 The National Context

Great diversity in Sweden

To meet this conundrum the Swedish universities – those offering the examination of doctoral students – have created courses and educational activities for doctoral supervisors. Each university in Sweden has different regulations on the mandatory requirements and format of the courses and activities, again in line with the "autonomy" change for universities. Some institutions have decided to run the course for doctoral supervisors compulsory, even though it is not necessary anymore. In addition, Swedish universities have adopted different

12.1 · Background

implementation approaches. Some make it compulsory for all, experienced and less experienced supervisors, while others make it compulsory only for supervisors who have not yet registered a doctoral student. The format can range between a two-day course, to a 10-day full course. Some have also continuing courses and activities. There is, however, no coherent documentation that describes the different approaches taken by each university and differences between them are large. Also, contrary to what has been done in Australia and the UK, in Sweden there is no empirical research on the quality of supervisors or the effect of supervision education on doctoral education. Only a doctoral thesis has looked at supervisors' attitudes to supervision within the area of engineering research education (Lönn Svensson 2007). There are also some books printed in Sweden about the experience of supervision as seen through the authors' eyes and a number of tips on how to succeed with supervision (Appel and Bergenheim 2005, Bergenheim and Ågren 2008, Lindén 1998).

12.1.3 National Collaboration

There is also a network for doctoral supervision educators (NFU). The educators in the NFU meet once or twice a year and reflect on the experiences of leading and teaching the courses created for supervisors in the different universities. In addition they inform each other of possible conferences to attend internationally within the subject of research education. A conference for example is held each alternate year in Adelaide, Australia and Stellenbosch, South Africa. A conference – SCORE, Scandinavian Conference on Research Education – was organized by Uppsala University in 2011, the second of its kind in Sweden. It attracted national and international guests and some of the themes discussed were the integration of research in supervision courses, management and leadership of doctoral education, and learning outcomes in doctoral education.

Network for doctoral supervision educators (NFU)

12.1.4 The Local Context

Supervision Courses

Introductory Course A basic course in doctoral supervision has existed at Karolinska Institutet since 2000. The course has seen many forms and designs and has developed through the years. The actual course at Karolinska Institutet has been in place more or less in its form since 2009, with small additions and development. The introductory course focuses on several themes of importance for a good working relationship between a supervisor and a doctoral student. Those are: research ethics, research documentation, diversity (including gender and culture), discrimination, governmental and institutional laws and regulations governing higher education at the doctoral level, communication, good supervision, recruitment and pedagogy of good supervision. A final written assignment is the culmination of the course. In the assignment, called Supervision Plan, each supervisor writes down how they would like to supervise. This is done according to a set of 42 questions within six themes: understanding, meetings, support, management, conflicts and thesis.

> **Examples of questions in the Supervision Plan**
> - What is good doctoral education, and how can I facilitate that as a supervisor?
> - How often should I meet the doctoral candidate and for how long?
> - What kind of feedback am I prepared to give to the doctoral candidate? When, how much and how often?
> - How should we assess that the project is on course to deliver the thesis?
> - If problems arise, how will we raise them with each other?
> - When should I discuss Intellectual Property Rights with the doctoral candidate?

Reflecting upon supervision

We understood that for many supervisors this is the first time they get to reflect upon supervision and write in general terms about the several themes that make up "good supervision". This is a unique exercise for supervisors in Sweden.

After completing the introductory course that lasts one week, the participating supervisors are expected to describe the supervision process and the several roles they may cover, organise the candidate's education in relation to their personal and career development, assess and follow up intended learning outcomes, nurture a collaborative relation, reflect upon diversity, be able to support the candidate during the various phases of research development, refer to principles of research ethics, be familiar and apply national and local laws and regulation governing doctoral education, be familiar with the recruiting process, and apply local requirements about research documentation.

Continuing Courses Since 2009, besides the introductory course, Karolinska Institutet offers also two continuing courses, which have two different themes.
- One course lasts ten full days but run from January to September. It focuses on leadership and group dynamics from a doctoral supervisor perspective, and on building creative, successful groups. The participants work in small course-groups of four during the course and they provide each other with feedback on the many assignments that they have to produce.

12.1 · Background

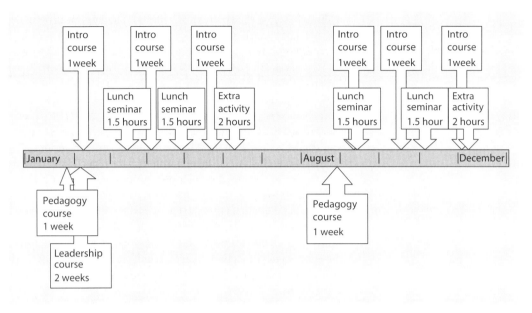

Fig. 12.1 Timeline of activities and courses offered at Karolinska Institutet since 2009

The assignments are though done within their own team of colleagues at their workplace, so the assignments are meant to maximize their own personal and career development. In fact, the participants have to produce a leadership portfolio, career plan, vision, goals and team development model, which are all discussed and refined within their small course-groups.

– The other course lasts five full days and focuses on student learning and on the pedagogy of doctoral supervision. During this course, the participants get to visit the other participants' workplace and meet their colleagues in order to reflect on how others do supervision and what kind of learning situations arise in different contexts. Besides, the participants learn how to examine learning objectives.

None of the two courses is compulsory, but the prospective participants are many, and we have a waiting list. Fig. 12.1 shows a timeline of activities and courses that we offer every year at Karolinska Institutet since 2009.

KI's supervision training courses provide supervisors not only with basic theoretical knowledge of the relevant rules and regulations and the formalities of leadership and pedagogy, but also – and more importantly perhaps – with opportunities to exchange practical experiences, allowing participants to learn from each other and question their own and others' methods of supervision. This process stimulates learning, as together participants construct new ideas and

> The courses offer opportunities to exchange practical experiences

methods based on the experiences, reflections and perspectives of the individual participants.

Supervisors are able to create and share knowledge

Supervision training at Karolinska Institutet is based on a range of pedagogical strategies, such as case, project and experienced-based learning through interviews, role play, group exercises and individual written documentation. The underlying idea is for the supervisors themselves to create and share their knowledge and for the course leader to act as a facilitator who encourages the participants to question, challenge and formulate ideas, opinions and conclusions. The training should help to create opportunities for reflection and to inspire supervisors to develop their own professional approach to the role of supervision.

Since the modules of the courses are many, we have recruited several experts that can contribute with their knowledge and competence within their respective field. This is important for the participants who demand to be taught from experts and receive education of high quality from competent teachers who can be challenged and stand for their knowledge.

Additional Activities and Support

Lunch seminars

As shown in ◘ Fig. 12.1, there is also a set of extra activities in the form of lunch seminars that are offered to all who have attended the introductory course. During the seminars, several themes of importance are taken up, e.g., ethics, learning outcomes and updates on rules and regulation. A lunch box is provided to all participants who register for the lunch seminar. The seminars are meant to be informal, so that participants feel free to discuss all possible issues of supervision, besides learning about the specific theme of the seminar. The lunch seminars are a good example of networking for the supervisors and a way to informally develop their own supervision skills.

Long-lasting formal and informal support and networking

The courses and activities are many throughout one given year, and if taken in order, each supervisor can get formal and informal support and networking under a long time. ◘ Fig. 12.2 shows the education continuum of doctoral supervision, which is meant to give at least two-year support especially to the supervisors who are new to this role. It has to be reminded that only the introductory course is compulsory, but we have a high demand for all courses and activities.

The course and activities have of course a budget, but the cost is covered entirely by the Board of Doctoral Education at Karolinska Institutet. The budget covers also for the lunches during all courses and seminars, course material, teachers' honorarium, and of course the salary costs for the coordinator and course leaders. The continuing courses, leadership and pedagogy, include also a budget for a hotel night for all participants in one of the local conference locations in Stockholm. The retreat format allows intensifying networking.

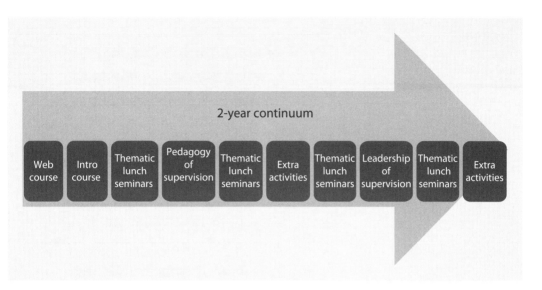

Fig. 12.2 Education continuum of doctoral supervision

12.2 Results

The activities at Karolinska Institutet have received local, national and even international attention because of their perceived success among the supervisors who attend them. The author wants to emphasize that unfortunately we do not have any empirical research data on the effects of the course on actual doctoral supervision but only evaluation data about participants' attitudes after attendance to the courses.

The evaluation shows that participants are consistently pleased with the courses, and when asked about the content as a whole, 95 % rate the course "Good" or "Very good" (Fig. 12.3). Something that is almost always mentioned in these evaluations is that participants value the practical exercises and the opportunities they are given to network and interact with others. It is not uncommon for people to leave the course on the last day with plans to enter new research collaborations, which gives added value to the course.

Some of the recurrent comments about the courses are:
- "It was a very pleasant course and we made a lot of new contacts through the introduction of our table neighbours and the following role-plays."
- "The course gave me lots of practical communication tools. I've already benefited from what I learnt."
- "Good to be amongst clinicians and pre-clinicians and understand the perspective of the other professions, even if we live in different worlds."
- "I feel inspired to do my best to be a good supervisor."
- "The course solved many of my questions, and the course motivated me a lot."

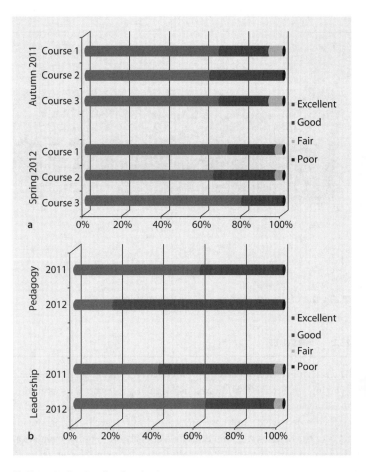

◘ Fig. 12.3 a,b Results of evaluation

Connecting theme: Reflection on aspects of "good supervision"

In 2011, Karolinska Institutet let an external panel of researchers review medical education research at the university, and according to the panel, the doctoral supervision training was deemed of "world class".

We believe that the formula for this success is to open up with course participants and to understand and get to know the attendees on a personal level; to help participants feel safe to discuss things that sometimes can include personal problems with their doctoral students; to give constant constructive feedback, as a course leader, to supervisor-teachers, so that they can improve their attitudes and pedagogical content as a supervisor; to demonstrate the "connecting theme" throughout the course, that is, attitudinal changes to supervision through reflection on important aspects of good supervision.

We have also found that teachers who do not meet the expectations of participants, meaning that they are unable to prove their expertise within their own domain, have had difficulties in reaching out and get respect. So we constantly strive to find teachers who can serve a demanding group of researchers.

12.3 Future Possibility

We are very well aware that two or three popular courses in supervision cannot alone prove the efficacy of mandated supervisor education. What is required is empirical research that evaluates the national state of supervision education. It would be interesting to understand the participants' changing perceptions/attitudes of academic identity and academic practice in supervision in the light of the educational reforms and changes. Educational research can and should go beyond the mere students satisfaction paradigm and understand if there is any real effect on supervision because of any of the aspects thought in the classroom.

At the moment however we are very pleased with the level of success and interest we have received for our courses and activities, and we are positive that a shift in attitudes in supervision is occurring, therefore we sincerely hope to perform such empirical research in the near future that could either prove or disprove our hypothesis.

> **Lessons learned**
>
> - Stimulating reflection by providing knowledge and opportunities to share experiences among supervisors make differences visible, and when reflecting about one's own and other's methods, attitudes and ideas new knowledge is created.
> - One important idea behind the courses is learning by experiences and by blending case studies, role plays, group exercises and interviews in combination with short lectures.
> - Emphasize the participants' ability to share and create knowledge, and let the course leader act as facilitator to encourage the participants to question, challenge and create their own ideas, views and conclusions.

- **Acknowledgment**

I would like to thank Michael Christie for his valuable comments on the manuscript.

References

Appel M, Bergenheim Å (2005) Reflekterande forskarhandledning. Studentlitteratur, Lund/Sweden

Bergenheim Å, Ågren K (red) (2008) Forskarhandledares robusta råd. Studentlitteratur, Lund/Sweden

Brown G, Atkins M (1986) Academic staff training in British universities: Results of a national survey. Studies in Higher Education 11: 29–42

Cullen D, Pearson M, Saha L, Spear R (1994) Establishing effective PhD supervision (No. EIP 94/230). AGPS, Canberra

Delany D (2008) A review of the literature on effective PhD supervision. Centre for Academic Practice and Student Learning. Trinity College, Dublin

Dinham S, Scott C (1999) The Doctorate: Talking about the Degree. University of Western Sydney, Nepean/Australia

Enders J (2004) Research training and careers in transition: a European perspective on the many faces of the Ph.D. Studies in Continuing Education 26: 419–429

Fridlund B (2005) 10 Challenges in Supervision of Doctoral Students. Eur J Cardiovasc Nurs 4: 97–98

Grant B (1999) Walking on a rackety bridge: Mapping supervision (ss 1–11). Presented at HERDSA Annual International Conference, 12–15 July 1999, Melbourne

Lindén J (1998) Handledning av doktorander. Bokförlaget Nya Doxa, Falun

Lönn Svensson A (2007) Det beror på: erfarna forskarhandledares syn på god handledning. Göteborg Universitet, Högskolan i Borås/Sweden

Nerad M, Rudd E, Morrison E, Picciano J (2007) Social Science PhDs – Five+ Years Out: A National Survey of PhDs in Six Fields (CIRGE Report 2007-01). CIRGE, Seattle/WA

Hénard F (2010) Learning our Lessons: Review of Quality Teaching in Higher Education. OECD Publishing, Paris/France

Pearson M, Kayrooz C (2004) Enabling critical reflection on research supervisory practice. International Journal for Academic Development 9: 99–116

Powles M, Patrick K, Bell D (1989) How's the Thesis Going? Former Postgraduates' and Their Supervisors' Views on Completion Times and Dropout. Centre for the Study of Higher Education, University of Melbourne, Melbourne/Australia

Sinclair M (2005) The pedagogy of 'good' PhD supervision: a national cross-disciplinary investigation of PhD supervision (No. 1/2005). Central Queensland University, Rockhampton/Australia

… VI

Kooperieren

Kapitel 13   Von Einzelmaßnahmen zu integrierten Netzwerken:
             Internationalisierung am International Graduate
             Centre for the Study of Culture (GCSC) – 183
             Martin Zierold

Kapitel 14   Außeruniversitäre Kooperationen der Potsdam Graduate
             School (PoGS) – 197
             Heike Küchmeister

Kapitel 15   Nach der gemeinsamen Sprache suchen -
             Interdisziplinär promovieren an der Berlin School
             of Mind and Brain – 207
             Annette Winkelmann

Kapitel 16   <interact> Münchner Doktorandensymposium
             in den Life Sciences – 219
             Anne Draeseke

Kapitel 17   Languagetalks – Eine interdisziplinäre
             Graduiertentagung des linguistischen und
             literaturwissenschaftlichen Promotionsprogramms
             an der Ludwig-Maximilians-Universität München
             (LIPP und ProLit) – 225
             Sylvia Jaki und Tanja Prokić

Von Einzelmaßnahmen zu integrierten Netzwerken: Internationalisierung am International Graduate Centre for the Study of Culture (GCSC)

Martin Zierold

13.1 Mehr als 10 Jahre Erfahrung in der Internationalisierung strukturierter Promotionsprogramme – 184

13.2 Vier Dimensionen der Internationalisierung – 185
13.2.1 Menschen – 185
13.2.2 Forschung – 187
13.2.3 Erfahrungen – 188
13.2.4 Strukturen – 189

13.3 Vier Phasen der Internationalisierung am GGK/GCSC – 189
13.3.1 Phase 1: Punktuelle Bearbeitung einzelner Dimensionen – 191
13.3.2 Phase 2: Ausweitung der Internationalisierungsaktivitäten – 191
13.3.3 Phase 3: Integration und Vernetzung der Aktivitäten – 192
13.3.4 Phase 4: Konsolidierung und punktuelle strategische Erweiterung – 193

13.4 Fazit – 194

Literatur – 196

Bereits 2001 wurde an der Justus-Liebig-Universität Gießen das Gießener Graduiertenzentrum Kulturwissenschaften (GGK) gegründet. Als erste Einrichtung dieser Art in Deutschland hat es ein Promotionsprogramm entwickelt, das konsequent die Qualifizierungsangebote für Doktoranden – und zunehmend auch für Postdocs – in den Forschungsprozess integriert. Diese Programmatik des »research training through research« ist nicht nur für wissenschaftliche Karrieren erfolgreich, sondern hat sich auch als Vorbereitung für Berufswege in forschungsnahen Feldern (etwa dem Wissenschaftsmanagement oder Museen und Archiven) und weit darüber hinaus (beispielsweise in Kunst, Medien oder Beratung) bewährt.

Das International Graduate Centre for the Study of Culture (GCSC) bietet seinen Mitgliedern eine strukturierte kulturwissenschaftliche Doktorandenausbildung in drei bis vier Jahren. Das Ziel des Zentrums ist es, mit einem forschungsintensiven Umfeld, einem zielgruppengerechten Qualifizierungsprogramm und einer intensiven persönlichen Betreuung bedarfsorientiert bestmögliche Promotionsbedingungen und eine maßgeschneiderte Vorbereitung auch auf die Zeit nach der Promotion zu bieten.

Heute hat das Graduiertenzentrum rund 130 im GCSC aktive Doktoranden, im Basisangebot des GGK sind rund 300 Promovierende Mitglied. Aus den drei beteiligten kulturwissenschaftlichen Fachbereichen engagieren sich gut 70 Professoren und Postdocs. Eine ausführlichere Darstellung der Programmatik und der Aktivitäten des Zentrums findet sich in Hauthal und Zierold (2011).

13.1 Mehr als 10 Jahre Erfahrung in der Internationalisierung strukturierter Promotionsprogramme

Internationalisierung ist kein Selbstzweck

»Change depends on exchange.« Dieses Motto, das eine amerikanische Gastwissenschaftlerin vor einigen Jahren bei einem Besuch in Gießen geprägt hat, verdeutlicht den zentralen Stellenwert von Internationalisierung für akademische Reformprojekte: Der Austausch über Landesgrenzen hinweg ist schließlich kein Selbstzweck, sondern kann u.a. ein Motor sein, um etablierte Routinen zu hinterfragen und den eigenen Horizont zu erweitern. So ist Internationalisierung seit der Gründung des GGK an der Justus-Liebig-Universität Gießen im Jahr 2001 ein zentrales Anliegen des Zentrums, wobei Internationalisierung als ein mehrdimensionaler Prozess verstanden wird, der für nahezu jeden Bereich der Doktorandenausbildung relevant und produktiv ist. Mit der Gründung des GCSC im Zuge der Exzellenzinitiative 2006 wurde dieses Anliegen weiter gestärkt. Im Folgenden sollen zunächst die Dimensionen der Internationalisierung vorgestellt werden, die in Gießen im Mittelpunkt der Aufmerksamkeit stehen. In einem zweiten Schritt werden vier Phasen der Internationalisierung mit unterschiedlichen Tätigkeitsschwerpunkten und Internationalisierungsstrategien beschrieben. Abschließend werden thesenhaft einige »Lessons learned« formuliert, die damit zugleich zur Diskussion gestellt werden.

Gerade weil Internationalisierung ein Prozess ist, der von vielen Faktoren geprägt wird und wiederum auf alle Ebenen einer Einrichtung zurückwirkt, kann es in diesem Feld keine einfachen Rezepte geben. Was für ein Zentrum, ein Kolleg oder eine Graduiertenschule hilfreich sein könnte und was nicht, ist ebenso variabel wie die Frage, was überhaupt machbar ist. Dies wiederum hängt von den verfügbaren Ressourcen ab, zu denen – neben der finanziellen Ausstattung – die personellen (und damit zeitlichen) Kapazitäten sowie der Rückhalt aus Faculty, Doktorandenkreisen und Hochschulleitung zählen. Die Darstellung der Gießener Entwicklung ist somit nicht als Blaupause für andere Einrichtungen zu verstehen, sondern als Erfahrungsbericht und Anregung, um eigene, lokal angemessene Prioritäten und Strategien zu entwickeln.

Ziele sind kontextabhängig

13.2 Vier Dimensionen der Internationalisierung

Das Schlagwort »Internationalisierung« ist in den Hochschulen seit geraumer Zeit in aller Munde – doch was ist damit konkret gemeint? Der Begriff hat viele Facetten und kann gleichermaßen auf sehr unterschiedliche Ziele verweisen, beispielsweise die Rekrutierung internationaler Wissenschaftler oder Studierender, die Steigerung der Mobilität der »heimischen« Studierenden, die Erhöhung der Quote fremdsprachiger Lehrangebote usw. Angesichts der vielfältigen Aktivitäten, die alle unter dem Label »Internationalisierung« subsumiert werden können, ist es sinnvoll den Begriff selbst explizit auszudifferenzieren. Dabei geht es an dieser Stelle nicht um Vollständigkeit, sondern um eine handhabbare Systematisierung, die dem Handlungsfeld »Promotionsprogramm« angemessen ist. Aus der Arbeit in Gießen lassen sich vier Dimensionen benennen, die Schwerpunkte der Internationalisierungsbemühungen markieren und in ❏ Abb. 13.1 visualisiert sind. Es liegt auf der Hand, dass die identifizierten Bereiche nicht isoliert nebeneinander stehen, sondern jeweils eng miteinander verwoben sind und aufeinander einwirken. Zugleich ist jede Dimension von eigenen Herausforderungen gekennzeichnet, von denen einige im Folgenden exemplarisch skizziert werden. Für einen Überblick klassischer Herausforderungen in der Internationalisierung von Promotionsstrukturen vergleiche auch Gymnich (2007).

13.2.1 Menschen

Die erste Dimension bezieht sich auf die Menschen, die das Leben am Graduiertenzentrum prägen – angefangen von den individuellen

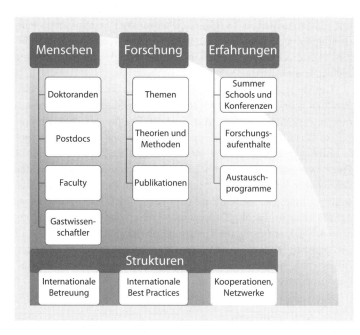

☐ Abb. 13.1 Dimensionen der Internationalisierung am International Graduate Centre for the Study of Culture (GCSC)

Herausforderungen der Statistik

und kollaborativen Forschungsvorhaben, über die Qualifizierungsangebote bis hin zu darüber hinausgehenden sozialen und kulturellen Aktivitäten. Im Rahmen der Internationalisierung des Zentrums streben wir an, den Anteil an »internationalen« Mitgliedern kontinuierlich zu steigern. Dieses Ziel gilt für alle Statusgruppen, angefangen von den Promovierenden über die Postdocs bis zur Faculty, d. h. den Professoren der beteiligten Fachbereiche, und den am Zentrum aktiven Gastwissenschaftlern.

In diesem Kontext stellen sich ganz unterschiedliche Herausforderungen: Zunächst ist zu beachten, dass keineswegs Konsens besteht, welche Personen eigentlich als »international« zu zählen sind: Wissenschaftler mit ausländischem Pass? Oder solche, die aus dem Ausland nach Deutschland kommen? Je nach Definition zählt eine Französin, die bereits in Deutschland ihren M.A. absolviert hat nicht als »Internationale«, ein Deutscher, der nach einem Auslandsstudium »heimkehrt« jedoch schon – oder umgekehrt. Vor diesem Hintergrund ist es das eine, statistisch eine überzeugende Definition zu finden, das andere und wichtigere jedoch, über die Zahlen hinauszublicken. Quoten von internationalen Mitgliedern sind schließlich kein Selbstzweck, sondern dienen lediglich als Indikator für eine bestimmte Form von Qualität: Die größere Vielfalt unter den Mitgliedern ermöglicht, so ist die Hoffnung, für alle Beteiligten Horizonterweiterungen, Perspektivwechsel, Reflexionsanlässe usw. Internationalisierung ist in diesem

Zusammenhang damit ein Teil einer breiten – und keineswegs rein quantitativ zu bemessenden – Strategie zur Förderung von Diversität.

Weitere Herausforderungen in diesem Bereich liegen insbesondere in der Rekrutierung. Es bedarf besonderer Strategien, qualifizierte internationale Doktoranden anzusprechen und für die eigene Einrichtung zu gewinnen – insbesondere, da der Wissenschaftsstandort Gießen vielfach international nicht in gleichem Maße auf der Landkarte präsent ist, wie beispielsweise Berlin oder Heidelberg. Während hier mit gezielten Maßnahmen erfolgreich Öffentlichkeitsarbeit geleistet werden kann, haben Graduiertenprogramme oft nur wenig Möglichkeit, Einfluss auf die Rekrutierung der Faculty zu nehmen, da die in der Regel den Fachbereichen obliegt. In Gießen ist es jedoch gelungen, das Zentrum strukturell in Berufungsverfahren einzubinden, sodass die Möglichkeit besteht, auch die Auswahl der Faculty bei zentralen Brückenprofessuren mitzugestalten.

Internationale Rekrutierungsstrategien

13.2.2 Forschung

Insbesondere in den Geisteswissenschaften ist es keineswegs selbstverständlich, auch die Forschungsprogrammatik in die Internationalisierungsstrategie einzubeziehen. Bis heute sind einige Disziplinen an manchen Standorten dominant auf den deutschsprachigen Raum ausgerichtet und pflegen nur sporadischen Austausch mit anderen Wissenschaftssystemen. Für das GCSC gehört es seit seiner Gründung zum Selbstverständnis, sich nicht als reines Qualifizierungsprogramm zu profilieren, sondern gleichermaßen als interdisziplinäres Forschungszentrum mit internationalem Anspruch. Bei der Auswahl von Mitgliedern am GCSC ist beispielsweise nicht nur die internationale Ausrichtung der Bewerber ein Begutachtungskriterium – also ob beispielsweise im Studium Auslandserfahrungen gemacht wurden –, sondern auch die internationale Anschlussfähigkeit des vorgeschlagenen Dissertationsprojekts.

Dies hat Auswirkungen auf die Arbeitsthemen und Fragestellungen, auf die herangezogenen Theorien und Methoden und auch auf die Wahl von Publikationsformen für Forschungsergebnisse. Es liegt auf der Hand, dass ein kulturwissenschaftlich ausgerichtetes Zentrum dabei nicht unkritisch einer Internationalisierungseuphorie verfallen darf, die allzu oft nichts anderes ist, als eine Fokussierung auf den anglo-amerikanischen Sprachraum. Die Internationalisierung der Forschung ist ein immanent politischer Prozess, der immer wieder hinterfragt und dessen Ziele regelmäßig neu überprüft und ausgehandelt werden müssen.

Internationalisierung als politischer Prozess

Eine exemplarische Herausforderung in diesem Kontext stellt die notorische Frage nach dem Stellenwert, den die Wissenschaftssprache Deutsch in den Kulturwissenschaften einnehmen kann und soll.

Diese Diskussion ist längst nicht abgeschlossen – und wahrscheinlich ist es nicht einmal möglich oder auch nur wünschenswert, sie abzuschließen. Vielmehr geht es um eine immer wieder neu zu justierende Balance zwischen der Pflege der deutschsprachigen Forschungstraditionen und der Öffnung für andere Sprach- und Forschungsräume.

An diesem Beispiel lässt sich auch verdeutlichen, wie eng die einzelnen Internationalisierungsdimensionen zusammenhängen: Eine Politik, die beispielsweise Englisch zur Arbeitssprache in allen Forschungsworkshops macht, wird nach unserer Überzeugung wenig Aussicht auf Akzeptanz haben, wenn sie lediglich Ausdruck einer in Zielvereinbarungen formulierten Internationalisierungsstrategie ist. Sobald aber konkrete Personen an einem Workshop teilnehmen, die hoch motiviert aus dem Ausland nach Deutschland gezogen sind, um hier ihre Promotion zu verfolgen, sind die allermeisten Gruppen umstandslos bereit, ins Englische zu wechseln oder ad hoc bilinguale Formate zu erproben, um einen gemeinsamen Austausch zu ermöglichen. Sobald Internationalisierung als Bereicherung **erfahrbar** wird, steigt auch die Akzeptanz von strategischen Maßnahmen, wie einer Öffnung für fremdsprachliche Wissenschaftskulturen und deren Fragestellungen, Theorie- und Methodentraditionen.

13.2.3 Erfahrungen

Mit dem Begriff der ‚Erfahrung' ist somit schon eine weitere zentrale Dimension der Internationalisierungsstrategie benannt: Es reicht nach unserer Überzeugung nicht aus, von Promovierenden abstrakt zu verlangen, sich in der Forschung für internationale Diskurse zu öffnen. Gerade auch für die in Deutschland akademisch sozialisierten Mitglieder ist es entscheidend, eigene internationale Erfahrungen zu machen, um in ihrer eigenen Forschung international überzeugende Anschlüsse entwickeln zu können und auch den eigenen Berufsweg international zu öffnen. Der Austausch mit internationalen Mitgliedern vor Ort ist dafür ein wichtiger Faktor, den man systematisch mit weiteren Angeboten ergänzen kann. Am GCSC eröffnet das Spektrum vielfältiger institutionalisierter Partnerschaften und Netzwerke zahlreiche Möglichkeiten, um durch netzwerkeigene Summer Schools, Konferenzen oder Austauschprogramme internationale Erfahrungen zu sammeln. Es gehört zu den Erwartungen des Programms, das jeder Doktorand seine Forschung zum Abschluss der Dissertation mehr als einmal in internationalem Kontext präsentiert und zur Diskussion gestellt hat. Daher unterstützt das GCSC seiner Mitglieder finanziell bei Tagungsteilnahmen und selbst organisierten Forschungsreisen. So entstehen für die Mitglieder individuelle internationale Kontakte und erste persönliche Netzwerke, die oftmals weit über die Promotionsphase hinaus fortbestehen und fruchtbar sind.

13.2.4 Strukturen

Die vierte Dimension der Internationalisierung bezieht sich auf die Strukturen des Graduiertenzentrums. Strukturelle Internationalisierung ist in doppelter Hinsicht ein Querschnittsprozess: Zum einen müssen alle oben beschriebenen Dimensionen strukturell im Graduiertenzentrum verankert, professionell entwickelt und umgesetzt werden. Zum anderen strebt das Zentrum an, in sämtlichen Tätigkeitsfeldern – also auch solchen, die nicht primär Gegenstand von Internationalisierungsprozessen sind – internationale Best-Practice-Modelle zur Kenntnis zu nehmen, wo sinnvoll zu implementieren und insbesondere im Rahmen seiner Netzwerke zur Entwicklung internationaler Standards beizutragen.

Internationalisierung als Querschnittsaufgabe

Am Beispiel der Betreuungsstrukturen lassen sich beide Aspekte exemplarisch verdeutlichen: Die Rekrutierung internationaler Doktoranden ist bereits oben als besondere Herausforderung beschrieben worden. Hier orientiert sich das Zentrum mit Blick auf seiner Marketingaktivitäten und auf die Ausgestaltung des Auswahlverfahrens anhand internationaler Best-Practice-Modelle. Gelingt es, internationale Doktoranden zu gewinnen, müssen diese oft auf vielen Ebenen besonders aufmerksam betreut werden: Angefangen von einer Unterstützung in Visumsangelegenheiten, Wohnungssuche usw., gilt es auch, wissenschaftlich-inhaltlich die Vernetzung mit der Herkunftsregion zu fördern und so spätere Rückkehroptionen offenzuhalten und zu unterstützen. Eine Integration internationaler, externer Zweitbetreuer für die Dissertationsprojekte, die vielfach von der Herkunftsuniversität stammen, hat sich hier als eine mögliche Maßnahme bewährt.

In zunehmendem Maße erfolgt die Betreuung von Doktoranden auch im Rahmen von sogenannten Cotutelle-Verfahren, bei denen die internationale Betreuung auch institutionell verankert ist und am Ende des Promotionsprozesses beide beteiligten Universitäten gemeinschaftlich den Doktorgrad bzw. PhD verleihen. Die Etablierung solcher Verfahren ist zwar aufwendig, stellt aber eine wichtige Voraussetzung für eine Vertiefung der Internationalisierung sowohl der Mitglieder als auch der Forschungsinhalte dar. Auf die besondere Rolle von Cotutelle-Vereinbarungen als Motor für die Internationalisierung wird weiter unten noch vertiefend eingegangen werden.

13.3 Vier Phasen der Internationalisierung am GGK/GCSC

Die European University Association (EUA) unterscheidet in ihren »Salzburg II Recommendations« verschiedene Grade von Internationalisierung, die von einer »internationalisation at home« über

Grade von Internationalisierung

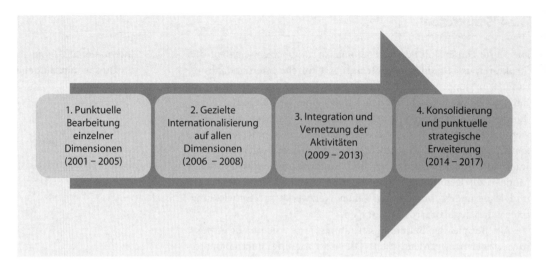

Abb. 13.2 Phasen der Internationalisierung am Gießener Graduiertenzentrum Kulturwissenschaften (GGK) und International Graduate Centre for the Study of Culture (GCSC)

»collaborative doctoral programmes« bis zu »international joint doctoral programmes« (EUA 2010, S. 6) reichen (vgl. für eine aktuelle Betrachtung der Promotion im europäischen Hochschulraum auch Keller 2012). Während Erstere vor allem durch lokale Internationalisierungsmaßnahmen, wie Gastwissenschaftler, internationale Rekrutierung und Ähnlichem, gekennzeichnet ist, fördern kollaborative Programme die Mobilität der Mitglieder beispielsweise durch internationale Partnerschaften für Konferenzen, binationale Betreuungsverhältnisse oder Ähnliches. Die »joint doctoral programmes« schließlich sind durch gemeinsame Curricula, Prüfungskommissionen und Urkunden gekennzeichnet, also durch eine tief greifende Integration des gesamten Promotionsverfahrens zwischen mindestens zwei, manchmal auch mehreren internationalen Partnereinrichtungen. Auch wenn der Gedanke naheliegt, dass »mehr Integration« automatisch als »bessere Internationalisierung« gelten könnte, betont die EUA in ihren Empfehlungen, dass dies keineswegs notwendigerweise der Fall ist. Vielmehr müsse jede Institution ein für ihre eigenen Forschungsfelder und die Interessen ihrer Promovierende passendes Modell entwickeln (EUA 2010).

In den über zehn Jahren seit der Gründung des Gießener Zentrums hat die Internationalisierung der Promotionsangebote mehrere Phasen durchlaufen, die zu unterschiedlichen Zeitpunkten jeweils Varianten der drei von der EUA skizzierten Modelle realisiert haben. Im Folgenden sollen die retrospektiv identifizierten vier Phasen knapp skizziert werden, die tendenziell eine Entwicklung von der Addition von Einzelmaßnahmen zu einer strukturell integrierten Internationalisierung darstellen (Abb. 13.2).

13.3.1 Phase 1: Punktuelle Bearbeitung einzelner Dimensionen

Schon unmittelbar mit der Gründung des GGK stand die Internationalisierung des Programms auf der Agenda. In den ersten vier Jahren wurden vor allem einzelne Dimensionen der Internationalisierung mit viel Energie und nachweislichem Erfolg bearbeitet. Insbesondere bilaterale Partnerschaften und multilaterale Netzwerke bildeten einen Schwerpunkt, sodass den Mitglieder des GGK schon nach kurzer Zeit, z. B. durch die Etablierung der EU-geförderten European Summer School in Cultural Studies (ESSCS) und zweier vergleichbarer weiterer Netzwerke, ein attraktives internationales Konferenzprogramm offenstand.

Darüber hinaus konnte ein vom Deutschen Akademischen Austauschdienst (DAAD) gefördertes Internationales Promotionsprogramm »Literatur- und Kulturwissenschaften« (IPP) eingeworben werden, das eine wichtige Grundlage für die Rekrutierung und Betreuung internationaler Doktoranden wurde und die Mobilität der »heimischen« Promovierenden förderte. Durch die Kombination von lokaler Internationalisierung mit der Etablierung von Kooperationen und Netzwerken kann diese Phase als Mischform der EUA-Modelle »internationalisation at home« mit ersten kollaborativen Aspekten bezeichnet werden.

13.3.2 Phase 2: Ausweitung der Internationalisierungsaktivitäten

Mit der Bewilligung des GCSC im Rahmen der Exzellenzinitiative erfuhren nicht zuletzt die Internationalisierungsbestrebungen des Gießener Zentrums einen weiteren Schub. Erstmals wurde es möglich, Promotionsstipendien anzubieten und zugleich die Sichtbarkeit des Zentrums sowohl innerhalb der wissenschaftlichen Community als auch über gezieltes Marketing etwa durch Messeteilnahmen und Anzeigen zu steigern.

Eine Herausforderung auf der Seite der Rekrutierung bestand in dieser Phase insbesondere darin, dass sich zwar die Zahl der internationalen Bewerbungen rasant entwickelte (bis heute kommen auf 10 ausgeschriebene Stipendien im Schnitt über 500 Bewerber), die Qualität der internationalen Bewerbungen jedoch nicht in gleichem Maße sichergestellt war. Nach ersten Bemühungen zur Steigerung der Sichtbarkeit und der Quantität von Bewerbungen wurde es daher schnell sehr viel wichtiger, die Passung und Qualität etwa durch eine gezieltere Ansprache und eine Mobilisierung bestehender Netzwerke zu steigern. Darüber hinaus ist es eine dauerhafte Herausforderung, in der Heterogenität der globalen Wissenschaftslandschaft die Qua-

Quantität und Qualität internationaler Bewerbungen

lität und das Potenzial von Bewerbungen angemessen einzuschätzen. Hier wurde u.a. einiger Aufwand betrieben, um das Auswahlverfahren selbst offener zu gestalten und die Mitglieder des Auswahlgremiums für die interkulturellen Herausforderungen vorzubereiten.

In der EUA-Differenzierung lässt sich für diese Phase ein starker Fokus auf Kollaboration konstatieren: Die Anzahl der Partnerschaften ist deutlich angestiegen, zugleich konnten durch die Mittel der Exzellenzinitiative bestehende Partnerschaften zusätzlich belebt werden, da erstmals ein signifikantes Budget für gemeinsame Forschungsaktivitäten, Austauschprogramme, Einladungen von Gastwissenschaftler und für die Mobilität von Promovierenden sowie der Faculty zur Verfügung stand.

Diese Erfolge in der Internationalisierung stellten selbst eine Herausforderung dar, weil alle Aktivitäten auch aktiv gestaltet und administrativ verwaltet werden müssen. Zudem besteht die Gefahr, dass das Angebot an internationalen Aktivitäten die Nachfrage durch die Mitglieder übersteigt – schließlich kann kein Promovierender an einer unbegrenzten Zahl von Summer Schools, Konferenzen, Publikationsprojekten, internationalen Master Classes usw. teilnehmen, weil ja »nebenbei« auch noch eine Dissertation entstehen soll.

13.3.3 Phase 3: Integration und Vernetzung der Aktivitäten

Auf die Phase der rapiden Expansion internationaler Aktivitäten folgte eine gewisse Ernüchterung bzw. Besinnungsphase: Die mit viel Euphorie und Motivation betriebene Internationalisierung ermöglichte zwar zahlreiche erfolgreiche Kooperationsprojekte, brachte aber Mitglieder wie Management zugleich an die Grenzen des Leistbaren. Erst eine Veränderung der Internationalisierungsstrategie konnte den Bemühungen einen neuen Schub geben. Statt einer weiteren Expansion und einer Ergänzung weiterer bilateraler oder anderer punktueller Initiativen ist die dritte, bis heute anhaltende Phase von einer Vernetzung der existierenden Initiativen und deren vertieften Integration in den gesamten Promotionsprozess geprägt.

Modellprojekt PhDnet

Beispielhaft für diese Entwicklung ist das PhDnet »Literary and Cultural Studies« zu nennen, das seit 2008 durch den DAAD gefördert wird. Dieses Promotionsprogramm ist selbst mit 12 Doktoranden pro Kohorte vergleichsweise klein, stellt aber so etwas wie das Labor für die künftige Internationalisierung des Graduierzentrums dar: Mit dem PhDnet ist es erstmals gelungen, ein im Sinne der EUA wirklich integriertes »Joint Doctoral Program« zu entwickeln. Gemeinsam mit vier starken Partnern in Bergamo, Helsinki, Lissabon und Stockholm hat das Gießener Zentrum ein Promotionsprogramm entwickelt, das sich durch ein gemeinsames Curriculum und flächendeckende Cotutelle-Vereinbarungen für alle Mitglieder auszeichnet. An die Stelle von einer Vielzahl von Einzelangeboten tritt hier erstmals ein vollständig integriertes internationales Promotionsprogramm.

Schon heute strahlen dabei die Erfahrungen des PhDnet als Pioniermodell der Internationalisierung auf die anderen Promotionsangebote des Graduiertenzentrums aus: So konnte die Zahl der Cotutelles auch über die Mitglieder des PhDnet hinaus signifikant gesteigert werden. Einzelne Elemente des PhDnet Curriculums, wie von den Promovierenden mitorganisierte Symposien und Konferenzen, können darüber hinaus für weitere Doktoranden geöffnet werden und ermöglichen so die Partizipation anderer Mitglieder.

Darüber hinaus haben sich die Verhandlungen zwischen den Partnern über die Ausgestaltung der Cotutelle-Bedingungen als überaus produktiver Anlass erwiesen, über die **Qualität** von Promotionsverfahren ins Gespräch zu kommen – schließlich ist fast nichts von dem, was in deutschen Promotionsordnungen selbstverständlich scheint, im internationalen Vergleich üblich: Hier dürfen die Erstbetreuer nicht an der Kommission mitwirken oder zumindest nicht die Note mitbestimmen, dort ist keine Veröffentlichung der Dissertation vorgesehen, die Formate der mündlichen Prüfung unterscheiden sich von Ort zu Ort zum Teil gravierend usw. Der Abschluss von Cotutelle-Verträgen ist vor diesem Hintergrund nicht nur eine Herausforderung für die Rechtsabteilungen der beteiligten Institutionen, sondern vor allem ein überaus ertragreicher Prozess der Horizonterweiterung über mögliche Verfahren und über die Kontingenz der eigenen unhinterfragten Standards, die im Dialog mit den internationalen Partnern zum Teil erstmals seit Jahrzehnten reflektiert und gegebenenfalls weiterentwickelt und verbessert werden können – wozu ohne den Anreiz der Cotutelles in den beteiligten Gremien womöglich keine Bereitschaft bestehen würde.

Cotutelle-Verfahren als Motor einer Qualitätsdiskussion

13.3.4 Phase 4: Konsolidierung und punktuelle strategische Erweiterung

Mit dem Ende der zweiten Programmphase des PhDnet steht ab 2014/15 die nächste Phase des Internationalisierungsprozesses an, bei dem einerseits das PhDnet strategisch um wenige neue Partner erweitert werden soll. Andererseits sollen im PhDnet entwickelte Best-Practice-Modelle, z. B. der internationalen Betreuung, gemeinsamer Qualifizierungsangebote mit internationalen Partnern und Ähnliche, systematisch in das breitere Angebot des GCSC integriert werden. An die Stelle der rapiden Expansion der Internationalisierung in Phase 2 wird damit endgültig eine Konsolidierung und lediglich punktuelle Erweiterung der Aktivitäten treten, die jeweils mit Blick auf ihren Beitrag zur Vernetzung und Integration der einzelnen Dimensionen von Internationalisierung bewertet werden.

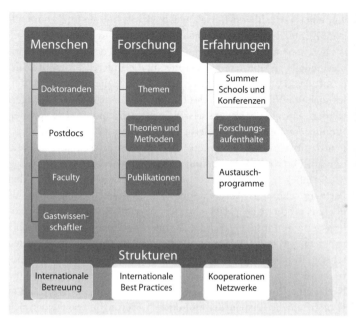

Abb. 13.3 Ausstrahlung binationaler Promotionen auf alle Dimensionen der Internationalisierung

13.4 Fazit

Aus der Gießener Erfahrung lässt sich feststellen, dass jede Form von Internationalisierung ihre spezifischen Herausforderungen, aber auch ihre Attraktivität hat. Für uns hat sich das integrierte Modell als das derzeit passendste erwiesen, weil es am nachhaltigsten die Internationalisierung auf vielen Ebenen umsetzt. Ausgehend von einigen integrierten Maßnahmen, wie einem Cotutelle-Programm und einem Curriculum mit internationalen Partnern, werden sozusagen »automatisch« nahezu alle anderen Dimensionen der Internationalisierung mit umfasst (Abb. 13.3).

Durch die starke Präsenz von internationalen Wissenschaftlern gelingt es, sowohl die Forschungsinhalte »en passant« an internationale Diskurse anzuschließen als auch die Strukturen der Promotion mit internationalen Best-Practice-Modellen zu vergleichen und sie auf dieser Basis weiterzuentwickeln.

Erfolge beflügeln Wer sich auf das Wagnis eines integrierten internationalen Promotionsprogramms einlassen möchte, sollte dabei nach unserer Erfahrung nicht warten, bis alle Rahmenbedingungen abschließend geklärt sind. Die Prüfung manch einer juristischen Frage, beispielsweise im Kontext von Cotutelle-Verträgen, kann sehr langwierig sein und anfängliche Motivation und Energie versanden lassen. In Gießen hat es sich als sinnvoll erwiesen, sofort umzusetzen, was unproblematisch ist. So kann durch erste Erfolge ein Momentum entstehen, das dann auch bei der Lösung von Detailfragen Klärungsprozesse beschleunigt

13.4 · Fazit

und selbst lange unveränderte Strukturen wie Promotionsordnungen neu in Bewegung bringen kann.

Lessons learned

- Internationalisierung ist ressourcenintensiv; ab einem gewissen Umfang von Initiativen ist auch innerhalb von Graduiertenprogrammen ein eigener Koordinator sinnvoll. Darüber hinaus bedarf es weiterer personeller, zeitlicher, budgetärer, aber auch symbolischer Ressourcen, wie den Rückhalt der Leitung und der Mitglieder.
- Internationalisierung hat viele Dimensionen und Facetten – Priorisierung und Profilbildung ist zwingend erforderlich.
- »Mehr« ist nicht automatisch »besser«, sondern kann Mitglieder sowie Administration überfordern und letztlich Internationalisierung ausbremsen.
- Es gibt kein Modell, das für alle Einrichtungen passend ist. Die Internationalisierungsstrategie muss jeweils individuell für die Institution und ihre Mitglieder angemessen sein.
- Bei der Rekrutierung internationaler Doktoranden liegt die Herausforderung nicht im Generieren von quantitativ vielen Bewerbungen, sondern von qualitativ hochwertigen und zum Profil passenden.
- Wer internationale Doktoranden gewinnen will, muss auch die eigenen Verfahren auf den Prüfstand stellen und interkulturell reflektiert vorgehen.
- Die internationale Entwicklung geht in Richtung integrierter Programme mit gemeinsamen Abschlüssen, doch auch deutlich reduzierter Modelle der Internationalisierung haben weiterhin ihre Berechtigung.
- Cotutelles können einen entscheidenden Motor für die Internationalisierung und insbesondere die Integration einzelner Maßnahmen darstellen und einen Anlass bieten, sich über Qualitätsstandards in Promotionsverfahren neu zu verständigen und unhinterfragte Prozesse zu reflektieren und gegebenenfalls zu verbessern.
- Nach unserer Erfahrung sollte man nicht warten, bis alle Rahmenbedingungen abschließend geklärt sind, da die Prüfung juristischer Fragen sehr langwierig sein kann und anfängliche Motivation und Energie versanden lassen.

■ **Danksagung**

Abschließend sei eine persönliche Anmerkung gestattet: Der Erfolg von Internationalisierungsbemühungen steht und fällt mit den Menschen, die sie gestalten. Ich durfte von 2007 bis 2013 als wissenschaftlicher Geschäftsführer in Gießen einen Beitrag dazu leisten, doch der Berichterstatter sollte nicht als Hauptakteur oder gar Urheber gelten:

In Gießen ist zuvorderst der Gründungsdirektor Ansgar Nünning zu nennen, der seit 2001 konsequent die Internationalisierung des Zentrums gestaltet und internationale Orientierung als Person verkörpert und mit Herzblut lebt; vergleiche für ein Plädoyer für die Internationalisierung von ihm auch Nünning (2009). Zugleich ist erfolgreiche Internationalisierung immer eine Teamleistung, und so haben von der Hochschulleitung über das Auslandsamt der Universität und die Mitglieder des Zentrums bis zu den Mitarbeitern in den internationalen Programmen am GGK und GCSC viele Menschen einen gewichtigen Anteil an der Entwicklung, die in diesem Beitrag dargestellt wird.

Literatur

EUA (European University Association) (2010) Salzburg II Recommendations. European Universities' Achievements Since 2005 in Implementing the Salzburg Principles. ▶ http://www.eua.be/Libraries/Publications_homepage_list/Salzburg_II_Recommendations.sflb.ashx. Zugegriffen: 25. Jan. 2013

Gymnich M (2007) Die Internationalisierung der Doktorandenausbildung. In: Nünning A, Sommer R (Hrsg) Handbuch Promotion. Forschung – Förderung – Finanzierung. Metzler, Stuttgart, S 33–41

Hauthal J, Zierold M (2011) Die Entwicklung kulturwissenschaftlicher Expertise – Arbeiten am »International Graduate Centre for the Study of Culture« (GCSC). In: Hauthal J, Zierold M, Carl H (Hrsg) Kulturwissenschaften exemplarisch. Gießener Forschungsbeiträge zu acht Kernkonzepten. wvt, Trier, S 1–20

Keller A (2012) Doktor Bologna – Promovieren im Europäischen Hochschulraum. In: Günauer F, Krüger AK, Moes J, Steidten T, Koepernik C (Hrsg) GEW-Handbuch Promovieren mit Perspektive. Ein Ratgeber von und für DoktorandInnen. wbv, Bielefeld, S 383–390

Nunning A (2009) Thesen zur Internationalisierung der geisteswissenschaftlichen Doktorandenausbildung und Forschung – Pladoyer fur Kooperationen, Perspektivenvielfalt und Selbstreflexivitaìt. In: Hempfer KW, Antony P (Hrsg) Zur Situation der Geisteswissenschaften in Forschung und Lehre. Eine Bestandsaufnahme aus der universitaren Praxis. Franz Steiner, Stuttgart, S 127–142

Außeruniversitäre Kooperationen der Potsdam Graduate School (PoGS)

Heike Küchmeister

14.1	Wissenschaftsregion Potsdam – 198
14.2	Gemeinsame Nachwuchsförderung an Universitäten und außeruniversitären Forschungseinrichtungen – 198
14.3	Potsdam Graduate School (PoGS) und das Forschungsnetzwerk »pearls« – 200
14.3.1	Institutionalisierte Nachwuchsförderung und transparente Qualitätssicherung – 200
14.3.2	Synergien durch Vernetzung – 202
14.4	Wechselseitige Gremienbeteiligung – 203
14.5	Gemeinsame Berufungen – 203
14.6	Vielschichtige Kooperationen – 204
	Literatur – 205

Die Universität Potsdam hat schon in ihrem Gründungskonzept eine enge Zusammenarbeit mit den außeruniversitären Forschungseinrichtungen der Region Berlin-Brandenburg festgeschrieben und in den jetzt 20 Jahren ihres Bestehens konsequent und beispielhaft realisiert. Mit Blick auf die gemeinsame Zielgruppe der Nachwuchswissenschaftler liegt es nahe, bestehende Angebote und geplante Maßnahmen abzustimmen bzw. zusammenzuführen und die Nachwuchsförderung unter einem gemeinsamen Dach, der Potsdam Graduate School (PoGS), anzubieten. Dies sorgt für Effizienz bei den Angeboten, ermöglicht Qualitätssicherung und schafft transparente, nutzerfreundliche Strukturen für alle Beteiligten. Darüber hinaus bietet die enge Kooperation der Wissenschaftsinstitutionen vielfältige Gelegenheiten zur regionalen, fachlichen und überfachlichen Vernetzung.

14.1 Wissenschaftsregion Potsdam

Die Wissenschaftsregion Potsdam ist mit ihren Hochschulen und einer Vielzahl außeruniversitärer Forschungseinrichtungen nach Berlin, München und Hamburg eine der am dichtesten besiedelten Forschungslandschaften Deutschlands. Alle vier großen außeruniversitären Forschungseinrichtungen, die Max-Planck-Gesellschaft, die Wissenschaftsgemeinschaft Gottfried-Wilhelm-Leibniz, die Fraunhofer-Gesellschaft und die Helmholtz-Gemeinschaft Deutscher Forschungszentren, sind hier mit mehr als 20 Instituten vertreten. Universität und außeruniversitäre Forschungseinrichtungen kollaborieren vielfach miteinander und sind Teile eines wissenschaftlich hochaktiven, internationalen Netzwerkes. Von dieser Vernetzung profitieren alle, die Wissenschaftler, die Studierenden und die Lehrenden der Universität und auch die außeruniversitären Forschungsinstitute. Sie finden vor Ort hervorragend ausgebildete Nachwuchswissenschaftler für ihre Forschungsvorhaben. Es liegt daher auf der Hand, vorhandene Synergien auch in der Nachwuchsförderung auf der Ebene der Promovierenden und Promovierten zu vertiefen.

14.2 Gemeinsame Nachwuchsförderung an Universitäten und außeruniversitären Forschungseinrichtungen

Externe Promotionen als besondere Herausforderung

Promotionsverfahren laufen an deutschen Universitäten in der Verantwortung ihrer Fakultäten, da das Promotionsrecht ausschließlich bei den Universitäten liegt. Viele Dissertationen werden jedoch extern an außeruniversitären Forschungseinrichtungen angefertigt, was gerade an einem Standort wie Potsdam, mit einer reichen außeruniversitären Forschungslandschaft oft der Fall ist. An vielen Universitätsstandorten generieren externe Promotionen eine Reihe von Problemen und Befindlichkeiten. Wissenschaftler an den Universitäten, die dem Humboldt'schen Ideal entsprechend für die Ausbildung des wissenschaftlichen Nachwuchses zuständig sind und gleichzeitig den Spagat zwischen Forschung und Lehre leisten müssen, sehen sich aufgrund des finanziellen und ausstattungsbedingten Ungleichgewichtes zwischen universitärer und außeruniversitärer Forschung häufig im Nachteil (Schwägerl 2006). Denn der »wissenschaftliche Nachwuchs muss in seinem eigenen Interesse dort seine Arbeitsmöglichkeiten suchen, wo die (relativ) besten Forschungsbedingungen zur Verfügung stehen« (HRK 1996).

In der Regel verlangen die Promotionsordnungen, dass der Hauptbetreuer eines Promotionsprojektes Mitglied der Fakultät sein muss, an der der Kandidat promoviert. Dies bedeutet, dass jede in einem außeruniversitären Institut angefertigte Doktorarbeit auch von einem entsprechend promotionsberechtigten Fakultätsmitglied betreut werden muss. Vielfach übernimmt ein Hochschullehrer stellvertretend die Rolle von Doktormutter/-vater, obwohl die tatsächliche Hauptlast der Betreuung durch einen Wissenschaftler einer außeruniversitären Forschungseinrichtung getragen wurde.

Bei den außeruniversitären Betreuern entsteht dadurch der Eindruck, dass ihr persönliches Engagement bei der Ausbildung des wissenschaftlichen Nachwuchses nicht angemessen Beachtung findet. Insbesondere die Max-Planck-Gesellschaft, deren International Max Planck Research Schools (IMPRS) international sehr gut etabliert sind, wünscht sich eine stärkere Beteiligung am Promotionsgeschehen, da die IMPRS mit den gemeinsamen Graduiertenprogrammen einen wichtigen Beitrag zur Internationalisierung der Nachwuchsförderung an den Universitäten leisten (Burchard 2008).

Der oben erwähnte Vorteil für die außeruniversitären Institute, die Absolventen der Universität direkt vor Ort als Doktoranden gewinnen zu können, macht aus Partnern an dieser Stelle immer wieder auch Konkurrenten.

Vor diesem Hintergrund zeigt das Beispiel Potsdam, wie durch zielgerichtete Zusammenarbeit auf drei unterschiedlichen, aber parallel laufenden Wegen diese mögliche Konkurrenzsituation erfolgreich umgangen werden kann:

Zielgerichtete Zusammenarbeit auf drei parallel laufenden Wegen

Gemeinsame Nachwuchsförderung und Forschungskooperationen
Vernetzung durch gemeinsame institutionalisierte Nachwuchsförderung und Forschungskooperationen (PoGS und das Potsdam Research Network »pearls«)

Wechselseitige Gremienbeteiligung Die außeruniversitären Forschungseinrichtungen werden an Prozessen und in vielen Gremien der Universität Potsdam beteiligt und Institutsdirektoren erhalten Funktionen und Mitspracherecht, beispielsweise als Beiratsmitglieder. Umgekehrt sitzen Mitglieder der Hochschulleitung der Universität Potsdam (Präsident oder Vizepräsident für Forschung und wissenschaftlichen Nachwuchs) in Kuratorien und Aufsichtsräten von außeruniversitären Forschungseinrichtungen.

Gemeinsame Berufungen Zurzeit sind insgesamt 51 Wissenschaftler der mit der Universität Potsdam kooperierenden Forschungsinstitute zugleich Professoren der Universität. Weitere 33 gemeinsame Berufungen sind geplant und noch in der Umsetzungsphase.

14.3 Potsdam Graduate School (PoGS) und das Forschungsnetzwerk »pearls«

14.3.1 Institutionalisierte Nachwuchsförderung und transparente Qualitätssicherung

PoGS seit 2009 zentrale wissenschaftliche Einrichtung der Universität Potsdam

Ein wichtiger Schritt zu einer effektiven Nachwuchsförderung am Wissenschaftsstandort Potsdam erfolgte im Herbst 2006 mit der Gründung der PoGS, die auf Beschluss des Akademischen Senats seit März 2009 als zentrale wissenschaftliche Einrichtung der Universität Potsdam an der Schnittstelle zwischen Nachwuchswissenschaftlern, Fakultäten und Promotionsausschüssen tätig ist. Um den Austausch zu fördern und Synergien zu bündeln, vernetzt sie sowohl die Einzelpromovierenden als auch die strukturierten Graduiertenprogramme unter ihrem Dach. Als fakultätsübergreifende Graduierteneinrichtung arbeitet sie darüber hinaus eng mit allen direkt an der Nachwuchsförderung beteiligten Einrichtungen zusammen: mit den außeruniversitären Partnerinstituten im Rahmen von diversen IMPRS, den Helmholtz- und Leibniz-Graduiertenschulen sowie den Graduiertenkollegs der Deutschen Forschungsgemeinschaft (DFG), den Sonderforschungsbereichen und weiteren Promotionsprogrammen, an denen auch Fraunhofer-Institute beteiligt sind.

Oberste Ziele der gemeinsamen Nachwuchsförderung sind Qualitätssicherung und die Gewährleistung einer exzellenten Ausbildung.

Qualitätsstandards einer strukturierten Doktorandenausbildung

Unter der Federführung der PoGS und in Absprache mit den Fakultäten der Universität und den außeruniversitären Partnern wurde ein Mindestkriterienkatalog für die Qualitätssicherung der Promotion entwickelt, der sich an international anerkannten Qualitätsstandards einer strukturierten Doktorandenausbildung orientiert. Die abgestimmten Qualitätskriterien gelten seitdem als einzuhaltende Mindeststandards für Promotionsvorhaben innerhalb von Graduiertenprogrammen und auch von Einzelpromovierenden im Rahmen der PoGS, weitergehende Vereinbarungen und notwendige fächerspezifische Modifikationen sind jedoch möglich.

Mindestkriterienkatalog für die Qualitätssicherung der Promotion

- Betreuungsteam: Die Betreuung und Begleitung der Promovierenden erfolgt durch mindestens zwei erfahrene Wissenschaftler, gegebenenfalls aus mehreren Wissensgebieten (»Mehr-Fach-Betreuung«). Aufgabe des Betreuungsteams ist eine an den individuellen Stärken und Entwicklungsbedürfnissen orientierte Beratung und wissenschaftliche Betreuung der Promovierenden auf der Grundlage einer kontinuierlichen Überprüfung des Promotionsfortschrittes.
- Fachunabhängiges Beratungsangebot durch Mentoren.
- Schriftliche Betreuungsvereinbarungen: Die Bestätigung eines Promotionsvorhabens im Rahmen der PoGS wird über eine schriftliche Betreuungsvereinbarung geregelt, die die Rechte und Pflichten des Promovierenden und seiner Betreuer festlegt sowie die Meilensteine des Promotionsprojektes und des Ausbildungsprogramms definiert.
- Vorstellung des Promotionskonzepts und des -zeitrahmens innerhalb der ersten sechs Monate.
- Entwicklung eines individuellen Karriereplans gemeinsam mit dem Betreuungsteam.
- Vereinbarung von regelmäßigen Betreuungsgesprächen.
- Jährliche Berichtspflicht zum Fortgang des Vorhabens, eventuell Modifikation des Arbeitsplans.
- Verlässliche Regelung der Promotionsdauer: in der Regel drei Jahre, max. vier Jahre (Fächerspezifika werden beachtet) bei entsprechender Schaffung geeigneter Rahmenbedingungen.
- Möglichkeit zur Teilzeitpromotion mit verlängerter Promotionsdauer.
- Förderung von Veröffentlichungen.
- Verpflichtung zur Einhaltung der Regeln guter wissenschaftlicher Praxis.

Strukturierte Promotionsprogramme müssen darüber hinaus folgende Kriterien erfüllen:
- Transparenz in der Doktorandenförderung: Klar definierte und für alle Beteiligten zugängige Vorgaben zu Auswahlkriterien, Betreuungsstrukturen, Promotionskonzepten und Zielen.
- Familienfreundlichkeit der Ausbildung.
- Einhaltung der Gleichstellungskonzepte: Diese Konzepte beinhalten konkrete und effektive Positivmaßnahmen, die für die Gleichstellung von Frauen und Männern in der Promotionsphase sorgen.

Dieser Kriterienkatalog wurde mit einstimmigem Senatsbeschluss verbindlich installiert, womit die Universität Potsdam Anfang 2009 ein bundesweit anerkanntes Good-Practice-Modell der Qualitätssicherung der Promotion entstehen ließ. Damit war eine tragende Säule für die Kooperationen im Bereich der Nachwuchsförderung geschaffen. Um die Einhaltung der Standards zu prüfen, führt die PoGS regelmäßig ein umfangreiches Monitoring in Form einer Online-Befragung aller Promovierenden und ihrer Betreuer durch.

Zweimal jährlich stattfindende Treffen aller Partner

Bei den regelmäßig zweimal im Jahr stattfindenden Treffen aller Partner, zu denen die PoGS einlädt, werden Fragen der Qualitätssicherung, die Optimierung der Promotionsbedingungen und -verfahren sowie die Intensivierung und Verbesserung der Betreuung besprochen, um die gemeinsame Promotionskultur zu etablieren und zu festigen. Auch die Aus- und Weiterbildungsangebote für die promovierenden und promovierten Nachwuchswissenschaftler sind Gegenstand der Kooperationen und Absprachen. Die PoGS bietet ein breites Spektrum an fächerübergreifenden Kursen zur Stärkung persönlicher und sozialer Kompetenzen an. Auch eine Reihe von mehrmonatigen zertifizierten Weiterbildungsprogrammen zur Karriereförderung und Berufsvorbereitung für akademische und wissenschaftsnahe Tätigkeitsfelder können in Anspruch genommen werden. Vor allem die überfachliche Breite der Ausbildung ist in den außeruniversitären Forschungseinrichtungen nicht immer so wie an der Universität mit ihren unterschiedlichen Fächerkulturen gegeben, sodass sich an dieser Stelle Synergien effektiv nutzen lassen.

14.3.2 Synergien durch Vernetzung

Pearls: Synergien durch regionale Vernetzung

Etwa gleichzeitig mit der Etablierung der PoGS als wissenschaftlicher zentraler Einrichtung schlossen sich die Universität Potsdam und 21 außeruniversitäre Partnereinrichtungen unter dem Namen »pearls – Potsdam Research Network« zu einem bundesweit einmaligen Verbund von Forschungseinrichtungen zusammen. 2011 folgte die Gründung der Stiftung »pearls – Potsdam Research Network«. Diese »Perlen der Wissenschaft« haben zum Ziel, gemeinsam im Wettbewerb um Forschungsgelder und um exzellente Nachwuchswissenschaftler noch erfolgreicher zu werden. Der Verbund erleichtert Kooperationen über Institutionen und Fächergrenzen hinweg. Als essenzielles Bindeglied fungiert die gemeinsame Ausbildung und Förderung des wissenschaftlichen Nachwuchses in der PoGS.

PoGS: Schrittmacher für die Gestaltung des Wissenschaftsraumes Potsdam

Bei der Initiative der Universität Potsdam, alle am Standort vertretenen Wissenschaftsinstitutionen in einem Forschungsnetzwerk zu verbinden und damit einen Mehrwert für die Region zu schaffen, hat sich die PoGS einen Ruf als Erfolgsmodell der Nachwuchsförderung erarbeitet und als Schrittmacher für die Gestaltung des Wissenschaftsraumes Potsdam und seine Sichtbarkeit über die Region hinaus erwiesen. Die gemeinsame Entwicklung der Qualitätskriterien für die

Promotion und die umfassenden Angebote der PoGS für die Karriereentwicklung der Promovierenden und PostDocs der beteiligten Institutionen haben innerhalb des Netzwerkes eine stabile Ebene für die Nachwuchsförderung geschaffen und das alleinige Promotionsrecht der Universität Potsdam stand zu keinem Zeitpunkt zur Diskussion. Die beteiligten Institutionen sind sich einig, dass langfristig die bestehenden Strukturen zur bestmöglichen Qualitätssicherung führen.

Aus den Kooperationen zwischen der Universität Potsdam und ihren außeruniversitären Partnern in der unmittelbaren Nachbarschaft ergibt sich ein deutlich größerer Spielraum bei der Ausgestaltung von Modellen zur Nachwuchsförderung (z. B. lassen sich Doppelkarrieren aufgrund eines größeren Stellenangebotes leichter realisieren). Diese Bedingungen fließen sowohl in die Qualitätssicherung der Promotion als auch in das Konzept der PoGS zur Karriereförderung von Nachwuchswissenschaftlern ein.

14.4 Wechselseitige Gremienbeteiligung

Die PoGS bildet gemeinsam mit den außeruniversitären Einrichtungen im Netzwerk pearls und ihren Gremien sowie Sitzungen der Aufsichtsräte das Forum des Wissenschaftsstandortes Potsdam, auf dem die Belange des wissenschaftlichen Nachwuchses thematisiert werden. Ansprechpartner seitens der Universität ist an dieser Stelle der Vizepräsident für Forschung und wissenschaftlichen Nachwuchs. Er ist darüber hinaus satzungsgemäß Mitglied des Direktoriums der PoGS und Vorsitzender der Stiftung pearls – Potsdam Research Network, sodass damit die bestmögliche Kommunikation und der entsprechende Informationsfluss gewährleistet sind. Umgekehrt sind Direktoren von außeruniversitären Partnerinstituten Vorstandsmitglieder der Stiftung pearls und Ratsmitglieder der PoGS, um nur einige Beispiele der Zusammenarbeit auf dieser Ebene aufzuzählen.

Förderung von Kommunikation und Informationsfluss

14.5 Gemeinsame Berufungen

Gemeinsame Berufungen verleihen externen Wissenschaftlern den Status von internen Fakultätsmitgliedern (HRK 2013). Derzeit arbeiten insgesamt 263 Professoren an der Universität Potsdam, etwas mehr als 19 % von ihnen sind gemeinsam mit außeruniversitären Forschungseinrichtungen berufen. Nach Umsetzung der aktuellen Gesamtplanung werden 32 % der Professorenschaft gemeinsam berufen sein. Auf diese Weise werden Promotionsprojekte, die unter der Betreuung eines gemeinsam berufenen Forschers an einer außeruniversitären Einrichtungen durchgeführt werden, durch die Doppelzugehörigkeit des Betreuers automatisch auch einer Fakultät zugeordnet. Das Problem der fehlenden Fakultätsmitgliedschaft der tatsächlich hauptbetreuenden Person (Doktormutter/-vater) entfällt.

Externe Wissenschaftler mit dem Status von internen Fakultätsmitgliedern

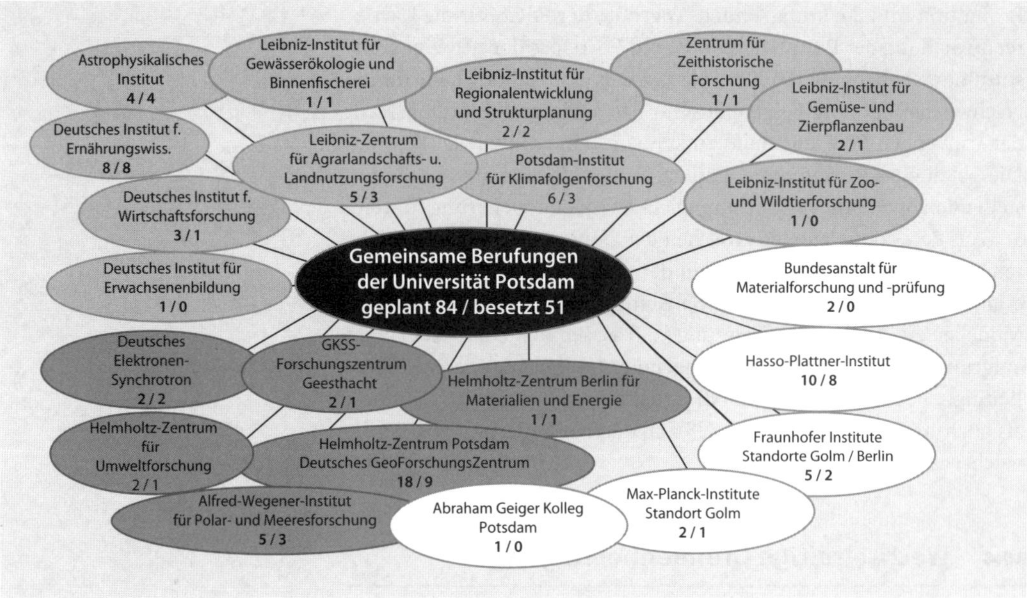

Abb. 14.1 Gemeinsame Berufungen der Universität Potsdam mit außeruniversitären Forschungseinrichtungen (Stand: Juli 2012). Hellgrau = Leibniz-Institute, Dunkelgrau = Helmholtz-Zentren

Die Abb. 14.1 verdeutlicht einen Überblick der gemeinsamen Berufungen der Universität Potsdam mit außeruniversitären Einrichtungen.

14.6 Vielschichtige Kooperationen

Forschungsverbünde schaffen vielfältige Optionen für den Nachwuchs

Forschungsverbünde schaffen vielfältige Optionen für den Nachwuchs und machen nicht vor Ländergrenzen halt. In 13 von den derzeit 27 unter dem Dach der PoGS registrierten Graduiertenprogrammen (DFG-Graduiertenkollegs, in Forschungsverbünde und Sonderforschungsbereiche integrierte Nachwuchsprogramme sowie weitere Promotionsprogramme) kooperiert die Universität Potsdam mit den drei großen Berliner Universitäten und diversen Max- Planck-, Helmholtz-, Leibniz- sowie Fraunhofer-Instituten der Region.

Insgesamt gibt es in Berlin und Brandenburg mehr als 65 außeruniversitäre Forschungseinrichtungen, die Vernetzungsmöglichkeiten der Wissenschaftler der Region können als einmalig bezeichnet werden. Die Universität Potsdam, die Freie Universität Berlin, die Humboldt-Universität zu Berlin, die Technische Universität Berlin, die Universität der Künste Berlin, die Europa-Universität Viadrina Frankfurt (Oder) und die Brandenburgische Technische Universität Cottbus kooperieren im Rahmen der Nachwuchsförderung und ihrer entsprechenden Einrichtungen seit Jahren intensiv miteinander, sodass die tatsächliche Vernetzung noch deutlich vielschichtiger ist. Die Türen aller genannten Partner sind gegenseitig für die Nachwuchswissenschaftler geöffnet.

Lessons learned

- Um dem Spannungsfeld der intern an den Fakultäten und der extern an den außeruniversitären Forschungseinrichtungen stattfindenden Promotionsprojekte entgegenzutreten, ist eine institutionalisierte Einrichtung für die Nachwuchsförderung an der Universität gemeinsam mit den außeruniversitären Forschungseinrichtungen eine langfristige und gut funktionierende Lösung. Zudem können hier nicht nur die promovierenden sondern auch die bereits promovierten Nachwuchswissenschaftler gemeinsam gefördert werden.
- Oberstes Gebot ist die fortlaufende Kommunikation mit allen am Prozess Beteiligten.
- Als vertrauensbildende Maßnahmen können die Beteiligung der außeruniversitären Forschungseinrichtungen an Prozessen und Rollen für die Partner in Gremien der Universitäten sowie im umgekehrten Wechsel die Beteiligung der Universitäten und Rollen in Gremien an den außeruniversitären Forschungseinrichtungen gelten. Darüber hinaus schaffen sie Transparenz.
- An den Abstimmungen zu den Promotionsordnungen und der Qualitätssicherung der Promotion sollten die außeruniversitären Forschungseinrichtungen beteiligt werden.
- Gemeinsame Berufungen machen aus externen interne Promotionen.
- Forschungsverbünde schaffen beste Voraussetzungen für die gemeinsame Nachwuchsförderung.

Literatur

Burchard A (2008) Max-Planck darf in Mainz promovieren. Artikel vom 10. Jan. 2008, erschienen in: Der Tagesspiegel, ► http://www.tagesspiegel.de/wissen/universitaet-max-planck-darf-in-mainz-promovieren/1138312.html. Zugegriffen: 26. Juli 2013

HRK (Hochschulkonferenz) (1996) Hochschulen als Kompetenzzentren der Forschung erhalten: Stellungnahme des 180. Plenums vom 4. November 1996. ► http://www.hrk-bologna.de/de/beschluesse/109_541.php?datum=180.+Plenum+am+4.+November+1996. Zugegriffen: 26. Juli 2013

HRK (Hochschulkonferenz) (2013) Finanzierung, Profilbildung und Kooperation. Zusammenarbeit mit außeruniversitären Forschungseinrichtungen, ► http://www.hrk.de/themen/forschung/arbeitsfelder/nationale-forschungspolitik/finanzierung-profilbildung-und-kooperation/. Zugegriffen: 3. Mai 2013

Schwägerl C (2006) Elite-Institut KIT: »Aus Partnern wird eine Einheit«. Artikel vom 22. Nov. 2006, erschienen in: FAZ, ► http://www.faz.net/aktuell/politik/forschungspolitik-elite-institut-kit-aus-partnern-wird-eine-einheit-1381301.html. Zugegriffen: 26. Juli 2013

Nach der gemeinsamen Sprache suchen - Interdisziplinär promovieren an der Berlin School of Mind and Brain

Annette Winkelmann

15.1 Wir müssen Disziplingrenzen überschreiten! – 209

15.2 Doktoranden und ihre Projekte – 210

15.3 Was heißt Interdisziplinarität für die Berlin School of Mind and Brain? – 211

15.4 **Vielfalt und Ermöglichung – 212**
15.4.1 Faculty-Mitglieder und Postdocs – 213
15.4.2 Management – 213
15.4.3 Forschungsthemen – 214
15.4.4 Curriculum – 214
15.4.5 Vortragsreihen, Workshops, Konferenzen – 215

15.5 **Eine Zwischenbilanz – 216**

Zentrale Forschungsinhalte für das Verständnis des menschlichen Geistes sind »Bewusstsein«, »Wahrnehmung«, »Sprache«, »psychiatrische Erkrankungen« und »soziales Denken und Handeln«. Sie lassen sich nur in der Zusammenarbeit von Geist- und Hirnforschung (vor allem Philosophie, Psychologie, Linguistik, Neurobiologie, Neurowissenschaften) bearbeiten. Ziel der Graduiertenschule Berlin School of Mind and Brain ist es, zu diesem Zweck den fächerübergreifenden Dialog und die Zusammenarbeit über die Disziplinen zu befördern.

In der Graduiertenschule werden seit 2007 junge Doktoranden auf diese anspruchsvolle interdisziplinäre Arbeit vorbereitet, 2012/13 erfolgte die Integration eines interdisziplinären Masterstudiengangs und eines Postdoktorandenprogramms. Der Beitrag erörtert die Voraussetzungen für einen gelungenen interdisziplinären Austausch und stellt erfolgreiche Maßnahmen vor.

Es folgt ein kurzer Auszug aus dem aus dem Leitbild der Berlin School of Mind and Brain:

>> Es ist das Ziel der Berlin School of Mind and Brain, junge Wissenschaftler zu Experten in einem der für die Geist-und-Gehirnforschung relevanten Fachgebiete zu machen, ihnen das notwendige Wissen über die gesamte Breite der Geist-und-Gehirnforschung zu vermitteln und sie zu befähigen sowie ihnen die Möglichkeiten zu eröffnen, mit Wissenschaftlern anderer Disziplinen zu kooperieren. **«**

Im fächerübergreifenden Dialog die Begrenztheiten der eigenen Disziplin überwinden, durch die Synthese verschiedener Denktraditionen das große Ganze erkennen, gemeinsam die Komplexität von Mensch und Natur erfassen: Dass interdisziplinäres Arbeiten grundsätzlich richtig und wichtig ist, darüber besteht schon seit einigen Jahren ein breiter akademischer und bildungspolitischer Konsens. Ganz besonders unser Gehirn, jenes viel zitierte »komplexeste Gebilde des Universums«, und der eng an seine Funktionsweise gekoppelte menschliche Geist rufen für ihre Entschlüsselung nach koordinierten Forschungsanstrengungen von Natur- und Geisteswissenschaftlern. Ebenfalls klar ist, dass das interdisziplinäre Denken bereits während der Ausbildung der kommenden Generation von Wissenschaftlern gefördert werden soll.

Interdisziplinarität ist kein Wert an sich

So weit, so gut. Aber Interdisziplinarität ist kein Wert an sich. Und aus der konkreten Umsetzung der hehren Bestrebung, Lehre und Forschung interdisziplinär zu betreiben, ergeben sich eine ganze Reihe von Herausforderungen. Die praktischen Erfahrungen im Umgang mit diesen Herausforderungen, aber auch die Chancen und Erfolge interdisziplinärer akademischer Nachwuchsförderung, möchte ich am Beispiel unseres dreijährigen internationalen englischsprachigen Doktorandenprogramms erläutern, das seit 2007 an der Berlin School of Mind and Brain der Humboldt-Universität zu Berlin angeboten wird. Ich hoffe zu zeigen, wie es gelingen kann, eine interdisziplinäre

Gemeinschaft aus Forschenden, Lehrenden und Lernenden herzustellen und dieser einen Mehrwert in einer Wissenschaftskultur zu bieten, welche die Spezialisierung innerhalb von Disziplinen schätzt.

15.1 Wir müssen Disziplingrenzen überschreiten!

Als sich in den Jahren 2005/06 eine Gruppe von Wissenschaftlern unterschiedlicher Disziplinen aus dem Berliner Metropolraum – darunter auch Forscher aus Potsdam, Magdeburg und Leipzig – zusammentat, um für die Exzellenzinitiative I einen Antrag für eine interdisziplinäre Graduiertenschule »Mind and Brain« zu schreiben, geschah dies aus einem gewissen Leidensdruck heraus. Durch die rasanten technologischen Entwicklungen der letzten Jahre bei der Untersuchung und Darstellung von Hirnaktivitäten (z. B. mittels Positronenemissionstomografie, Magnetresonanztomografie oder Optical Imaging) war deutlich geworden, dass Forschung, die sich um ein umfassendes Verständnis von Gehirn und Geist bemüht, höchst komplexe Fragen aufwirft, welche die Disziplingrenzen überschreiten und von der Philosophie, Neurobiologie, Psychologie oder Ökonomie allein nicht befriedigend beantwortet werden können.

Viele der beteiligten Antragschreiber waren der jungen Forschergeneration zuzurechnen und zur Antragszeit erst in ihren Dreißigern oder frühen Vierzigern. Doch wie die älteren Antragsteller hatten auch sie sich in ihrer Wissenschaftlerlaufbahn dafür entschieden (entscheiden müssen), zwei oder sogar drei Disziplinen zu studieren, um sich fundiert mit dem Verhältnis von Gehirn und Geist/Psyche auseinandersetzen zu können: Psychologen und Mediziner wiesen ein abgeschlossenes Philosophiestudium, Linguisten ein volles Psychologiestudium vor.

Bewusstsein, Willensfreiheit, Wahrnehmung oder Sprache – zur Erforschung solch komplexer Themenfelder, da waren sich die Antragsteller einig, würde in Zukunft nicht nur eine neue Art interdisziplinärer Zusammenarbeit nötig sein. Die nächste Forschergeneration müsse vielmehr bereits interdisziplinär ausgebildet werden. Als Forschungs- und Ausbildungsschwerpunkte für die Graduiertenschule identifizierten sie sechs übergreifende Themenfelder.

Themenfelder der Graduiertenschule
- Thema 1: Wahrnehmung, Aufmerksamkeit, Bewusstsein
- Thema 2: Entscheidungsfindung
- Thema 3: Sprache
- Thema 4: Hirnplastizität und Entwicklung über die Lebensspanne
- Thema 5: Erkrankungen des Gehirns und kognitive Störungen
- Thema 6: Grundlagen des sozialen Denkens

15.2 Doktoranden und ihre Projekte

Die Graduiertenschule wurde also mit dem Ziel ins Leben gerufen, talentierte junge Wissenschaftler mit einem Studienhintergrund in Philosophie, Psychologie, Biologie, Linguistik, Medizin oder Neurowissenschaften nicht nur in ihrer angestammten Disziplin fortzubilden, sondern in der ganzen Breite der Geist-und-Gehirnforschung auszubilden. Die Doktoranden sollten dadurch befähigt werden, eigene Projekte an der Erkenntnisschnittstelle zwischen Geistes-, Sozial- und Naturwissenschaften durchzuführen.

Eigene Forschungsprojekte mit interdisziplinärem Ansatz aus den Bereichen Mind und Brain

Schon ganz zu Beginn der Mind-and-Brain-Unternehmung wurde beschlossen, dass sich Studenten ausschließlich mit **eigenen Projekten** bewerben können sollten, die bereits einen interdisziplinären Forschungsansatz aufweisen müssen. Dieses eher ungewöhnliche Verfahren führt seitdem im Bewerbungsprozedere regelmäßig zu vielen Nachfragen und erfordert bisweilen eine intensive Beratungstätigkeit durch Professorenschaft und Management. Eine besondere Herausforderung stellt auch das »Matching« zwischen den zu Betreuenden und den künftigen (mindestens zwei) Betreuern dar. Letztere sind, so eine Grundregel der Graduiertenschule, stets ein Vertreter der »Mind«-Seite und ein Vertreter der »Brain«-Seite.

In einem mehrstufigen Auswahlprozess, an dem über die Auswahlkommission Vertreter aller sechs Themen und Disziplinen beteiligt sind, werden um die 25 Kandidaten bestimmt, die zur Projektvorstellung und einem Interview eingeladen werden. In diesem Teil des Auswahlverfahrens kommt es nicht selten zu hitzigen Diskussionen unter den Kommissionsmitgliedern, schließlich muss auch hier immer wieder verhandelt werden, was »Interdisziplinarität« in Bezug auf ein spezifisches Projekt bedeutet und wie dies im Kontext der gegebenen Forschungsthemen und Möglichkeiten an der Graduiertenschule umgesetzt werden kann. Am Ende des Auswahlverfahrens stehen dann die zehn bis zwölf neuen Doktoranden fest, die jährlich in die Graduiertenschule aufgenommen werden.

Beispiele für Interdisziplinarität

Zur Illustration, wie weit der Themenrahmen gespannt ist und wie unterschiedlich die Interpretation von »Interdisziplinarität« sein kann, folgen an dieser Stelle zwei Doktorandenprojekte in einem Kurzporträt:

Sozialverhalten und Neurophysiologie Evgeny ist Biologe. In einer behavioralen und neurophysiologischen Studie beschäftigt er sich mit dem Sozialverhalten von Ratten, das wesentlich über Berührungen der Barthaare abläuft. Evgeny forscht einerseits neurophysiologisch auf Zellebene, aber auch auf der Stufe des Verhaltens. Aus beiden Betrachtungsebenen stellt er Verbindungen zu Erkenntnissen aus den sozialen Neurowissenschaften her. Seine Betreuer sind ein Neurophysiologe und ein Neurologe, Letzterer mit starkem »Mind«-Einschlag.

Psychiatrie und Philosophie Georgina arbeitet mit schizophrenen Patienten an einer Studie zur Selbsteinschätzung und tatsächlicher Handlungskontrolle. Ihr Ausbildungshintergrund sind ein Master in »Philosophie« und ein Master in »Philosophie psychiatrischer Störungen«, die sie beide in London erworben hat. Betreut wird Georgina von einem Neuropsychologen (der hier den »Brain«-Part übernimmt) sowie von einem Psychiater und Philosophen, die jeweils unterschiedliche Aspekte des »Mind«-Bereiches betreuen. Ihren Grund, an unserer Graduiertenschule zu promovieren, erklärt sie wie folgt:

» Ich habe hier die einmalige Chance, eine Doktorarbeit durchzuführen, die Studien mit psychiatrischen Patienten auf Grundlage philosophischer Fragestellungen unterstützt, in der ich also Erkenntnisse der Fächer Psychiatrie und Philosophie eng miteinander verbinden kann. «

Das oben beschriebene und für alle Seiten aufwendige Aufnahmeverfahren ist für das Gelingen von Interdisziplinarität signifikant, zeigt es doch mit Blick auf die eben vorgestellten unkonventionellen Arbeiten die unabdingbare Bereitschaft von Doktoranden, Betreuern und Management, sich auf ungewöhnliche Konstruktionen und Fragestellungen einzulassen. Die mit viel Kreativität und Eigenständigkeit entwickelten Doktorprojekte werden mit Offenheit und Verhandlungsbereitschaft betrachtet und trotz Mehrarbeit und gelegentlichen Problemen, die das Zulassen von so großer thematischer und methodischer Vielfalt eben auch mit sich bringt, willkommen geheißen.

Offenheit und Verhandlungsbereitschaft

15.3 Was heißt Interdisziplinarität für die Berlin School of Mind and Brain?

Was genau »Interdisziplinarität« für eine Graduiertenschule bedeutet, ist nicht abschließend zu beantworten, sondern muss laufend neu verhandelt werden. Dementsprechend intensiv und kontinuierlich ist die Diskussionen darüber – innerhalb des Lehr- und Betreuerstabes und des Managements ebenso wie unter den Doktoranden.

Auf einem Studentenforum 2010 kam beispielsweise die Frage auf, ob »unsere Projekte nicht eher multi- als tatsächlich interdisziplinär sind«. Zwar sahen die Doktoranden die Multidisziplinarität als hilfreiche Basis, um sich später innerhalb interdisziplinärer Projekte mit allen beteiligten Forschern der verschiedenen Disziplinen fundiert verständigen zu können. Allerdings ist die Berliner neurowissenschaftliche Forscherlandschaft schon von sich aus multidisziplinär angelegt. Zur Förderung von tatsächlich interdisziplinären Arbeiten in der Graduiertenschule wurde daher von Doktorandenseite vorgeschlagen, dass in kumulativen Promotionen mindestens eine der drei geforderten Fachpublikationen interdisziplinär sein **muss**.

Interdisziplinarität ist immer wieder Gegenstand von Verhandlungen

Interdisziplinarität als fruchtbarer Austausch, um echte Anknüpfungspunkte zwischen den Disziplinen zu schaffen

Im Juni 2009 haben wir damit begonnen, im Frage-und-Antwort-Format gehaltene Broschüren zur Forschung unserer Doktoranden zu publizieren. Damit wollen wir die Arbeit unserer Studenten einem breiteren Publikum bekanntmachen und künftigen Bewerbern einen Einblick in das interdisziplinäre Forscherleben an unserer Graduiertenschule ermöglichen. In diesen »Newslettern« können wir viel über die Motivation der Doktoranden für die interdisziplinäre Zusammenarbeit und auch ihre Schwierigkeiten in der Umsetzung erfahren. »Was siehst Du als die besonderen Herausforderungen bei der interdisziplinären Erforschung von Geist und Gehirn?« gehört daher fest zum Fragenkatalog. Hier ein paar repräsentative Antworten (alle Interviews sind nachzulesen unter ▶ http://www.mind-and-brain.de/news/newsletter/):

— »Wie sollen wir das bloß alles zusammenbekommen! Es gibt so viele Wissenschaftsfelder, die sich mit der Erforschung von Gehirn und Geist beschäftigen. Oft haben wir sehr ähnliche Ansichten. Allerdings gibt es häufig auch unterschiedliche Annahmen über die Betrachtungsebene oder die geeignetste Methode, um eine Frage zu beantworten.«
— »Die meisten Leute würden dem wohl zustimmen, dass die verschiedenen Disziplinen eine gemeinsame Sprache brauchen, um wahrhaft interdisziplinäre Forschung betreiben zu können. Als Linguist borge ich mir eine Analogie aus der Linguistik: Ich glaube, dass viele Leute in der Wissenschaft eine Art ‚Pidgin‘ sprechen – eine Hilfssprache für die grundlegende Kommunikation zwischen Menschen, die keine gemeinsame Sprache haben. Die große Herausforderung für echte interdisziplinäre Arbeit liegt darin, zu einem ‚Kreolisch‘ zu kommen – einer vollständigen Muttersprache mit vollständigem Vokabular und vollständiger Grammatik«.
— »Selbstverständlich gibt es viele Themen, die nach einem interdisziplinären Ansatz rufen. Dabei sollten wir nicht vergessen, dass bisweilen die unterschiedlichen Disziplinen einfach auch unterschiedliche Fragen stellen, was völlig legitim ist. Anders gesagt, sollten wir der Versuchung widerstehen, die Zusammenarbeit zwischen Disziplinen mit der Herabsetzung oder Beseitigung bestimmter disziplinärer Ansätze zu verwechseln.«
— »Ich finde, dass die interdisziplinäre Kommunikation sehr oft aneinander vorbeigeht. Auch wenn es sich um dieselben Themen handelt, scheinen die Ergebnisse des einen Feldes wenig interessant für ein anderes zu sein. Die größte Herausforderung für eine fruchtbare interdisziplinäre Arbeit ist, echte Anknüpfungspunkte zwischen den Disziplinen auszumachen.«

15.4 Vielfalt und Ermöglichung

Förderung von möglichst vielfältigen Aktivitäten auf allen strukturellen Ebenen

Die Berlin School of Mind and Brain hat im Lauf der Jahre einen ganzen Katalog von Maßnahmen entwickelt, damit die verschiedenen Disziplinen zusammenkommen und an Problemen arbeiten können,

15.4 · Vielfalt und Ermöglichung

die sie für sich allein nicht zu lösen vermögen. Die Förderung von möglichst vielfältigen Aktivitäten mit unterschiedlichen Ansätzen, die Interdisziplinarität überhaupt erst ermöglichen, ist integraler Bestandteil der »Mission« und findet auf allen strukturellen Ebenen statt. Da sich die Verantwortlichen über die notwendigen und auch erwünschten Disziplinunterschiede im Klaren sind (z. B. unterschiedliche Methoden und unterschiedliche Publikationskulturen), sollen diese nicht ausnivelliert werden. Vielmehr sollen Angebote gemacht werden, über die Vertreter aller Disziplinen und Statusgruppen, vom Masterstudenten bis zum Professor, mit ihren Fragestellungen in unterschiedlichsten Formaten miteinander in Kontakt treten können. Ziel ist die fruchtbare und lebendige, gern auch kontroverse Diskussion über Forschungsthemen und -ergebnisse sowie die Förderung von Kooperationen von Forschern innerhalb der Graduiertenschule. In der Praxis geschieht dies über folgende Strukturen, Formate und Maßnahmen.

15.4.1 Faculty-Mitglieder und Postdocs

Die Graduiertenschule wird satzungsgemäß immer gemeinsam geleitet von einem Geistes- (»Mind«) und einem Neurowissenschaftler (»Brain«). Die Faculty (der Lehrkörper und Betreuerstab der Graduiertenschule) umfasst derzeit 57 international anerkannte Forscher aus universitären wie außeruniversitären Forschungseinrichtungen in Berlin und der Umgebung, darunter vier Leibniz-Preisträger und fünf Max-Planck-Direktoren, die den unterschiedlichen an Geist- und-Gehirnforschung beteiligten Fachrichtungen entstammen und häufig Mehrfachspezialisierungen haben. Dazu kommen eine stetig wachsende Gruppe von Postdocs, finanziert durch die Graduiertenschule oder über eingebundene Arbeitsgruppen, sowie assoziierte Wissenschaftler (z. B. Emmy-Noether-Gruppenleiter), die in der Graduiertenschule eine temporäre »Heimat« finden und zur Vielfalt der verfügbaren Forschungsansätze und Bandbreite der Themen und Methoden beitragen.

15.4.2 Management

Das Management für eine solche vielfältige und stetig wachsende Einrichtung sollte mehr dürfen können, als Beschlüsse von institutionell verankerten Gremien umzusetzen. Als einzige Gruppe innerhalb der Graduiertenschule sind die Manager mit allen Statusgruppen einer Graduiertenschule (vom Masterstudenten mit zum Professor), den Präsidien, Universitätsabteilungen, Mittelgebern und Förderwerken regelmäßig in Kontakt. Einem guten Management kann daher die Aufgabe zugetraut werden, nicht nur zu kontrollieren und zu ermöglichen, sondern auch zu gestalten und somit zu steuern. Ein erfolgreiches, mit entsprechendem Vertrauen aus der wissenschaftlichen

Vertrauen aus der wissenschaftlichen Leitungsebene

Leitungsebene ausgestattetes Management wird im ständigen Austausch mit den Beteiligten sehr flexibel und selbstständig Maßnahmen, Veranstaltungs- und Förderformate entwickeln und punktgenau und schnell auf die sich dauernd verändernden wissenschaftlichen, strukturellen und organisatorischen Bedürfnisse einer heterogenen Forschergemeinschaft reagieren können.

15.4.3 Forschungsthemen

Vielfalt durch Kombinationen verschiedener Themenfelder

An allen sechs übergreifenden Forschungsthemen arbeiten Wissenschaftler unterschiedlicher Disziplinen mit. Die Forschung ist hier inhärent interdisziplinär. Am Thema »Wahrnehmung, Aufmerksamkeit, Bewusstsein« beispielsweise beteiligen sich Neurobiologen, Neurologen, Psychologen, Physiker, Informatiker, Linguisten und Philosophen. Je nach Fragestellung kommen Experten aus den Gebieten Verhaltensforschung, Psychiatrie/Wissenschaften der Psyche oder Wissenschaftsgeschichte dazu. Alle Doktorandenprojekte haben zwar einen Hauptfokus, die meisten Projekte berühren aber mehrere Themenfelder. So können Fragen zur »Wahrnehmung« (Thema 1) mit »Entwicklung über die Lebensspanne« (Thema 4) kombiniert werden, oder »Entscheidungsfindung« (Thema 2) mit dem Problem »kognitiver Störungen« (Thema 5). Durch die Kombinationen verschiedener Themenfelder ergeben sich neue und bisweilen auch ungewöhnliche Formen von Interdisziplinarität.

15.4.4 Curriculum

Teaching Weeks

Im Zentrum des obligatorischen Ausbildungsprogramms für Doktoranden, das gemeinsam von Wissenschafts- und Managementleitung der Graduiertenschule organisiert und durchgeführt wird, stehen acht forschungsbezogene »Teaching Weeks«, die in den ersten beiden Promotionsjahren absolviert werden und auf die inhaltlichen und methodischen Herausforderungen interdisziplinärer Forschung vorbereiten. Das Themenspektrum reicht von Philosophie des Geistes, Ethik und Neurowissenschaften über Neuroanatomie, Neuroimaging, Kognitionswissenschaften und Sprache bis hin zu rechnergestützten oder klinischen Neurowissenschaften (Neurologie und Psychiatrie).

Interdisziplinäres Pflichtprogramm

Zum interdisziplinären Pflichtprogramm der multidisziplinären Doktorandenkohorten gehören auch die wöchentlichen »Journal and Methods Clubs«, in denen sich die Studenten gegenseitig ihre Projekte vorstellen oder gemeinsam auf wissenschaftliche Veranstaltungen vorbereiten. Zudem finden jährlich Posterpräsentationen statt, zu denen auch externe Gäste eingeladen werden. In regelmäßigen »Retreats«, die für alle Doktoranden gemeinsam veranstaltet und von diesen überwiegend selbst organisiert werden, kommt es zur intensiven Erörterung von Grundsatzfragen.

Themengebiete zu Grundsatzfragen
- Interdisziplinarität
- Wissenschaftliche Karriere und Netzwerke
- Beruf und Familie
- Struktur der Graduiertenschule und Verbesserungsmöglichkeiten
- Disziplinäre und interdisziplinäre Inhalte oder Desiderate der Teaching Weeks sowie der Vortragsreihen

15.4.5 Vortragsreihen, Workshops, Konferenzen

Zusätzlich zum Curriculum veranstaltet die Graduiertenschule eine Vielzahl von Seminaren, Vorträgen und Konferenzen zu den verschiedensten Forschungsthemen. In der »Distinguished Lecture Series« beispielsweise werden hochkarätige Wissenschaftler aus aller Welt eingeladen, die anschließend den Doktoranden exklusiv für Frage- und Antwortsitzungen zur Verfügung stehen. Ziel dieser »Meet the Speaker«-Veranstaltungen ist es, auch Doktoranden aus entfernteren Fachgebieten die Möglichkeit zu geben, im kleinen Rahmen Verständnisfragen zu stellen oder Anmerkungen zur Relevanz des Gehörten für das eigene Forschungsgebiet zu machen. Die eigene Faculty hält zudem regelmäßig interdisziplinäre Forschungsseminare ab zu Themen wie »Aktuelle Fragen aus Neurowissenschaften und Philosophie«.

Distinguished Lecture Series

Als vertiefendes Beispiel kann man die »Berlin Brain Days« anführen, eine seit 2007 jährlich von sechs Berliner neurowissenschaftlichen Doktorandenprogrammen gemeinsam organisierte Doktorandenkonferenz mit 200 Teilnehmern. Thematisch umfasst diese Tagung die gesamte Bandbreite der Berliner Forschung: von der Philosophie des Geistes über Kognitionswissenschaften und medizinische Anwendungsforschung bis hin zu den molekularen Neurowissenschaften. Doktoranden halten Vorträge und präsentieren Poster vor einer Fachzuhörerschaft, die ebenfalls neurowissenschaftlich gebildet ist, aber überwiegend an einer anderen Stelle des Spektrums forscht und somit die Verständlichkeit eines jeden Vortrags auf die Probe stellt. Zur Vorbereitung auf diese Herausforderung, Präsentation vor multidisziplinärem Fachpublikum, deren Bewältigung aus unserer Sicht absolut karriererelevant ist, wird ein spezielles Training angeboten.

Berlin Brain Days

Internationale Großkonferenzen wie die Association for the Scientific Study of Consciousness (Berlin 2009) oder die Cognitive Science Society (Berlin 2013) bieten den Doktoranden die Möglichkeit, sich durch Vorträge, auf Satellite Meetings und Posterpräsentationen auch zu Hause einem größeren, explizit an interdisziplinären Fragestellungen interessierten Publikum vorzustellen. Weitere Erfahrungsmöglichkeiten bieten von Mitgliedern und Assoziierten der

Internationale Großkonferenzen

Graduiertenschule selbst organisierte interdisziplinäre Studiengruppen, wie »Brains with Minds«. Hier wird fächer- und statusgruppenübergreifend – vom Masterstudenten bis zum Professor oder internationalen Gastwissenschaftler – in Kleingruppen an historischen, soziologischen, begrifflichen, klinischen oder philosophischen Fragestellungen gearbeitet.

Bei aller Interdisziplinarität gilt es die Kernkompetenzen zu bewahren

Bei aller Interdisziplinarität gilt es, die Kernkompetenzen zu bewahren. Und der wissenschaftliche Kontakt zur primären Fachrichtung soll natürlich nicht abreißen. Deshalb bietet unsere Graduiertenschule auch Unterstützung beim Besuch nationaler wie internationaler Fachkonferenzen, Sommerschulen und Spezialkurse. Der Besuch spezialisierter Fachtagungen wird gefördert, um Doktoranden die Gelegenheit zu geben, sich auch vor einem geschulten Fachpublikum zu bewähren und sich auf diese Weise immer wieder im Fachdiskurs zu erproben.

15.5 Eine Zwischenbilanz

Wir haben die Erfahrung gemacht, dass unsere Doktoranden in einem strukturierten interdisziplinären Programm mit entsprechender Förderung und struktureller und personeller Unterstützung – in unserem Fall ermöglicht durch die finanziellen Mittel der Exzellenzinitiative – trotz relativer Mehrbelastung weit unter den fachüblichen Promotionszeiten bleiben. Die Doktoranden schätzen die fachliche und ideelle Unterstützung der eigenen Kohorte und das gemeinsame Promovieren in einer Gruppe. Schließlich teilt man so auch die Freuden und Leiden interdisziplinärer Forschung. Die meisten Doktoranden reichen ihre anspruchsvollen Arbeiten innerhalb von 36 Monaten (oder wenig darüber) ein. Anreize, wie die Möglichkeit eines halbjährigen Postdoc-Anschubstipendiums, auf dem Anträge geschrieben oder begonnene Experimente und Publikationen fertiggestellt werden können, erhöhen die Attraktivität des zügigen Einreichens.

Ein Gewinn, der manchem vielleicht erst im weiteren Verlauf der beruflichen Karriere bewusst wird, ist der selbstverständliche Zugang zu einer ganzen Reihe von unterschiedlichen Denkschulen, Forschungsfeldern, Laboratorien und Untersuchungsmethoden. Viele lernen während der Promotion zu schätzen, dass sie sich in einer akademischen Umgebung bewegen können, die auch für ungewöhnliche Ideen und Forschungsvorhaben zugänglich ist. Intensive Diskussionen und lebendige Kritik weit über die Grenzen des eigenen Fachs hinaus werden als inspirierend empfunden und führen bisweilen zu neuen Erkenntnissen und unerwarteten Ergebnissen. Oder auch zu neuen Fragestellungen, auf die man sonst gar nicht gekommen wäre.

Im Zentrum stehen die Doktoranden

Am wichtigsten aber ist und bleibt das persönliche Engagement jedes einzelnen Doktoranden. Geben wir zum Schluss noch einmal einer von ihnen das Wort:

> Der interdisziplinäre Austausch ist sehr aufregend, aber es ist eher unwahrscheinlich, dass er per se zu besserer Forschung oder Vernetzung führt. Was es dafür braucht, ist ein echtes Interesse an der Arbeit der anderen (und dafür muss man sich Zeit nehmen), auch wenn dies nicht notwendigerweise ganz direkt dem eigenen Erfolg nützt. Wenn man dies akzeptiert und bereit ist, zu investieren, werden sich die meisten anderen Probleme – Unterschiede in den Begrifflichkeiten oder unterschiedliche Arten des Denkens und des methodischen Umgangs – auflösen. Dann kann es sehr interessant und lohnend werden. «

Lessons Learned

- Studenten bewerben sich mit eigenen Promotionsprojekten, in denen bereits ein interdisziplinärer Forschungsansatz formuliert ist.
- Die Betreuung der Doktoranden erfolgt durch mindestens einen Vertreter der »Mind«-Seite (z. B. Philosophie, Linguistik, gegebenenfalls Psychologie) und mindestens einen Vertreter der »Brain«-Seite (z. B. Neurologie, Psychiatrie, Neurophysiologie).
- In regelmäßig durchgeführten »Teaching Weeks« werden die spezifischen inhaltlichen und methodischen Herausforderungen der beteiligten Disziplinen sowie interdisziplinärer Forschung behandelt.
- Die meisten Doktoranden reichen ihre Arbeiten innerhalb von 36 Monaten ein und bleiben damit trotz relativer Mehrbelastung deutlich unter den fachüblichen Promotionszeiten.
- Ein starkes Management ermöglicht mit einer Vielzahl von strukturellen und organisatorischen Maßnahmen, dass Interdisziplinarität auf möglichst vielen Ebenen stattfinden kann.
- Entscheidend für das tatsächliche Gelingen von Interdisziplinarität ist und bleibt aber das Engagement der einzelnen Doktoranden und ihrer Betreuer.

<interact> Münchner Doktorandensymposium in den Life Sciences

Anne Draeseke

16.1 Die Anfänge – 220

16.2 Die Eckdaten – 220

16.3 Die Teams – 221

16.4 Die Finanzierung – 223

<interact>, organisiert von Doktoranden aus den in München ansässigen Life Science Forschungszentren und Instituten, ist zurzeit eine der größten Veranstaltungen dieser Art in Deutschland, die lediglich vom mehrtägigen Symposium »Horizons in Molecular Biology« in Göttingen übertroffen wird.

Fachlicher Austausch und Vernetzung sind wie in allen anderen Forschungsbereichen auch in den Life Sciences ein zentrales Anliegen, und dennoch ist eine Veranstaltung, die den Austausch bereits auf der Ebene der Promotionsprojekte ermöglicht, nach wie vor etwas Besonderes. Der Forschungsraum München mit seinen zahlreichen lebenswissenschaftlichen Forschungseinrichtungen bietet hierfür eine hervorragende Plattform. Anfangs als Veranstaltung von Doktoranden für Doktoranden erdacht und geplant, wurde das Symposium 2012 für Masterstudenten und Postdocs geöffnet.

Die Erfahrungen, die die Doktoranden in den Organisationsteams im Rahmen der Planung und Durchführung sammeln, stellen einen zusätzlichen und nicht zu unterschätzenden Mehrwert eines solchen Symposiums dar. In dem nachfolgenden Beitrag soll daher aufgezeigt werden, welche Aspekte der Organisation sich als »best practice« über die Jahre bewährt haben.

16.1 Die Anfänge

Fachlicher Austausch und Vernetzung speziell für Nachwuchswissenschaftler

Ursprünglich war <interact> nur als Posterpräsentation für die Doktoranden der Max-Planck-Institute (MPI) in Martinsried gedacht (MPI für Biochemie bzw. Neurobiologie, International Max Planck Research School for Molecular and Cellular Life Sciences [IMPRS-LS]). Da die Rückmeldung anfangs recht gering ausfiel, entschloss man sich, die Veranstaltung für alle Münchner Life-Science-Doktoranden zu öffnen und das Programm durch Vorträge mit Keynote-Sprechern zu ergänzen. Das erste <interact> Symposium fand im Dezember 2007 mit Unterstützung durch Dr. Hans-Jörg Schäffer, den Koordinator der IMPRS-LS, in den Räumen der MPI in Martinsried statt. Neben den Doktoranden der MPI kamen die Teilnehmer aus den umliegenden Forschungseinrichtungen (Helmholtz Zentrum München, Bio- und Genzentrum der Ludwig-Maximilians-Universität [LMU], Klinikum Großhadern). Mit über 450 registrierten Teilnehmern wurden alle Erwartungen übertroffen.

16.2 Die Eckdaten

Mittlerweile wurde das Symposium zum fünften Mal durchgeführt und ist eine feste Größe im Münchner akademischen Veranstaltungskalender. Auch wenn die Organisationsteams, die sich jedes Jahr neu für die Planung und Durchführung der Veranstaltung finden müssen, einigen Gestaltungsspielraum haben, so können doch folgende Eckpunkte angeführt werden, die sich über die Jahre erhalten haben.

Organisation von <interact>
- Kern der Veranstaltung ist das eintägige Symposium.
- Sie findet an wechselnden Orten in München statt, in den letzten Jahren abwechselnd im Hauptgebäude der LMU bzw. im Audimax der Technischen Universität München (TUM).
- Es werden mindestens zwei Hauptvorträge angeboten, die von sehr renommierten (meist internationalen) Forschern gehalten werden (Keynotes).
- Bisher haben jedes Jahr 300–400 Nachwuchswissenschaftler an der Veranstaltung teilgenommen, viele engagieren sich inhaltlich mit eigenen Vorträgen, Posterpräsentationen oder auch Methodenseminaren.
- Die Poster und Vorträge werden von den Teilnehmern bewertet und prämiert. Die Preise für die jeweils besten Vorträge und Poster werden im Rahmen der Abschlussparty verliehen.
- Die Finanzierung erfolgt größtenteils durch Sponsoren (Biotechfirmen, Institutsspenden, Zuschüsse seitens der Münchner Graduiertenschulen und der Graduiertenzentren etc.).
- Vier Teams mit insgesamt 20–25 Personen sind für die vier zentralen Aspekte der Planung und Organisation des Symposium zuständig: Scientific Content, Logistik, Marketing, Fundraising.
- Die Planung braucht mindestens ein Jahr Vorlaufzeit.
- Alle Infos finden sich immer unter: ▶ http://www.munich-interact.org/.

Die ◘ Tab. 16.1 zeigt das Beispiel eines Zeitplanes von <interact> auf.

16.3 Die Teams

Planung und Durchführung einer so großen Veranstaltung wie <interact> sind eine Herausforderung für die organisierenden Doktoranden, die parallel zur <interact> ihre Promotionsprojekte nicht vernachlässigen wollen. Oft rekrutieren sich die Mitglieder der Organisationsteams aus den Teilnehmern des vorangegangenen Symposiums. Nur wenige Organisatoren sind über zwei Jahre hinweg an der Durchführung der <interact> beteiligt, aber gerade sie leisten mit ihren Erfahrungen einen wichtigen Beitrag zum Gelingen der Veranstaltung (Know-how-Transfer).

Organisatorische Herausforderung: Arbeit im Team, Prioritätensetzung, Ressourcenplanung

Zur Teamfindung kam es bisher meist im Rahmen eines Doktorandenworkshops, in dem ein professioneller Trainer verschiedene Organisationsmethoden vermittelt, mit deren Hilfe eine Veranstaltung dieser Größenordnung geplant werden kann. Gegen Ende dieses

Bewährte Organisationseinheiten: Scientific Content, Logistik, Marketing, Fundraising

Tab. 16.1 Exemplarischer Veranstaltungsablauf <interact>

Zeitplan (Schedule)	Programmpunkt (Program)
08.00–08.45 am	Check-in
09.00–09:15 am	Welcome Words
09.15–10.20 am	Keynote Talk I
10.20–10.40 am	Refreshments
10.40–11.45 am	Student Talks I (4 Parallel Sessions)
11.45–01.00 am	Coffee Break and Poster Session I
01.00–02.00 pm	Lunch
02.00–03.20 pm	Student Talks II (4 Parallel Sessions)
03.30–04.00 pm	Methods seminar (4 Parallel Sessions)
04.00–05.15 pm	Coffee Break and Poster Session II
05.15–06.15 pm	Keynote Talk II
06.30–07.30 pm	Dinner
07.30–07.45 pm	Poster and Talk Awards
07.45–open end	Party

Kick-off-Workshops finden sich die Mitglieder der jeweiligen Teams zusammen. Die alljährlich wechselnde Zusammensetzung der Teams bewirkt, dass sich die inhaltlichen Schwerpunkte und das Erscheinungsbild des Symposiums immer wieder verändern (thematische Ausrichtung des Symposiums, Zeitplan, Webauftritt, Marketingmaßnahmen bis hin zur jährlich wechselnden »Leitfarbe« der Veranstaltung). Folgende Arbeitsschwerpunkte haben sich jedoch in den letzten fünf Jahren bewährt: Scientific Content, Logistik, Marketing, Fundraising.

Welche Aufgaben in das Resort welches Teams fallen, wird von dem jeweiligen Gesamtorganisationsteam neu entschieden, z. B. ob das Booklet (Tagungsband, der begleitend zu der Veranstaltung den Teilnehmern in ihrem »goody bag« mitgegeben wird) vom Scientific Content Team oder eher von der Marketinggruppe erstellt wird.

Ideale Teamgröße: 4–5 Mitglieder

Es hat sich gezeigt, dass es am effizientesten ist es, wenn die Untergruppen (Organisationsteams) aus je vier bis fünf Mitgliedern bestehen, die sich regelmäßig treffen und jeweils einen Sprecher bestimmen, der gemeinsam mit den anderen Teamsprechern Entscheidungen und Arbeitsschritte koordiniert.

Aufgrund der internationalen Zusammensetzung der Teams ist die Arbeitssprache zumeist Englisch, was in der Regel unproblematisch ist, da dies für ein erfolgreiches Doktorandenarbeitsleben ohnehin vorausgesetzt wird.

Die verschiedenen Teams sind zu verschiedenen Zeiten unterschiedlich intensiv in den organisatorischen Ablauf eingebunden:

Während z. B. das Scientific-Content-Team als Erstes potenzielle Keynote-Sprecher anfragt, wird die Logistikgruppe anfangs weniger belastet (z. B. Wahl und Buchung eines Catering-Unternehmens) muss aber um die Veranstaltungstage herum sehr viele Aufgaben steuern und umsetzen.

16.4   Die Finanzierung

Die Veranstaltung hat ein Finanzvolumen von rund 30 000–40 000 Euro. Einen beträchtlichen Anteil davon stellen die Mahlzeiten und Kaffeepausen mit etwa 15 000 Euro dar (inklusive Tischen, Stühlen, Service etc.). Wie auch bei anderen Projekten, ist die Finanzierung der Verpflegungskosten problematisch, da viele Sponsoren keine Möglichkeit haben, diese Kosten zu unterstützen. Daher muss jedes Jahr eine Teilnehmergebühr von etwa 15 Euro erhoben werden. Oft kann diese den Teilnehmern durch die Arbeitsgruppen oder Promotionsprogramme erstattet werden.

Teilnahmegebühr hilft, Verpflegungskosten zu finanzieren

Ein anderer erheblicher Kostenfaktor sind die Reisekosten für die internationalen Gastredner. Hier wurden die Organisatoren der <interact> immer wieder großzügig durch die Institute unterstützt, die ohnehin geplante Einladungen mit der <interact> koordinierten.

Was sonst noch wichtig ist: Auch wenn das <interact> ein Doktorandensymposium in den Life Science und inhaltlich ganz auf die für diesen Forschungsbereich typischen Formate ausgerichtet ist (Poster Session, Keynote Lectures, Methodenseminare) gibt es eine ganze Reihe von organisatorischen Aufgaben, die sicherlich auch bei anderen Doktorandenveranstaltungen bedeutsam sind. So sollte bei der Planung eines ähnlichen Events immer folgende Überlegungen zentral sein: Was wollen wir für uns erreichen und wie können wir die Idee am ehesten in unserem fachlichen Kontext und mit den gegebenen Möglichkeiten vor Ort umsetzen? Die Antwort auf diese Frage wird dann, wie im Fall von <interact>, mit der jährlich wechselnden Zusammensetzung der Teams auch immer wieder variieren.

Weiterführende Informationen siehe ▶ http://www.munich-interact.org/, ▶ http://www.horizons.uni-goettingen.de/horizont3/, ▶ http://www.imprs-ls.de/.

Lessons learned

- Es braucht Initiatoren, seien es die Doktoranden selbst – wie beim <interact>, oder auch ein ambitioniertes Graduiertenoffice.
- Wichtig ist eine Initialzündung, z. B. in Form eines Workshops zu Projektmanagement.
- Die Kick-off-Veranstaltung ist unerlässlich für das »team building«.

- Eine Teamgröße von 4–5 Mitgliedern und die Benennung eines Teamsprechers haben sich über die Jahre bewährt.
- Auch wenn es den mit der Organisation betrauten Doktoranden meist nur allzu bewusst ist, dass sämtliche Verantwortung bei ihnen selbst liegt, so ist doch eine gewisse »Rückendeckung« durch die erfahrenen Koordinatoren der lokalen Graduiertenschulen/-offices eine wichtige Unterstützung. Die Veranstaltung ist zwar gewissermaßen eine »Spielwiese« (Zitat Dr. Schäffer) auf der man sich und seine Fähigkeiten in den verschiedensten Aufgabenbereichen wunderbar testen kann, aber mit »handfesten« praktischen Konsequenzen.

Für etwaig verbliebene Zweifler sei festgehalten: Nutznießer sind alle!
- Die Sponsoren, die eine gute Sichtbarkeit innerhalb dieser regen Life-Science-Community erhalten.
- Die Teilnehmer, denen neue Ideen, Herangehensweisen, Methoden und Vernetzungsmöglichkeiten geboten werden (was nicht zuletzt auch den entsendenden Instituten zugutekommt!).
- Die Organisatoren, die neben den ganz praktischen Erfahrungen im Projekt- und Veranstaltungsmanagement, zusätzlich einen enormen Zuwachs nicht nur in Bezug auf Stresstoleranz, sondern vor allem auch in Sachen Diplomatie-, Organisations-, und Kommunikationsfähigkeiten verzeichnen können.

- **Nachsatz und Danksagung**

An dieser Stelle sei angemerkt, dass bei allen bisherigen Veranstaltungen weder Dr. Hans-Jörg Schäffer (IMPRS-LS, München) noch Dr. Steffen Burkhardt (Wissenschaftlicher Koordinator der Göttinger Graduate School for Neurosciences, Biophysics, and Molecular Biosciences (GGNB) für den Bereich Molecular Biology/Biophysics; vertraut mit den Göttinger »Horizons in Molecular Biology«) große Sorge oder gar »schlaflose Nächte« (Dr. Burkhardt) hatten.

So möchte ich an dieser Stelle Dr. Hans-Jörg Schäffer einen besonderen Dank aussprechen. Ohne sein kontinuierliches Vertrauen in die Fähigkeiten der organisierenden Doktoranden eine Veranstaltung dieser Größe durchzuführen, würde es das <interact> vielleicht gar nicht geben.

Languagetalks – Eine interdisziplinäre Graduiertentagung des linguistischen und des literaturwissenschaftlichen Promotionsprogramms an der Ludwig-Maximilians-Universität München (LIPP und ProLit)

Sylvia Jaki und Tanja Pröbstl

17.1 Die beteiligten Institutionen – 226

17.2 Die Konferenz – 226

17.3 Herausforderungen – 228

17.4 Fazit – 230

Die Autorenzeile ist, um das vorwegzunehmen, bereits ein Indiz für den Erfolg der Graduiertenkonferenz languagetalks, die wir mit dem folgenden Beitrag vorstellen möchten. Dieser wird gemeinsam verfasst von einer Linguistin und einer Literaturwissenschaftlerin – eine Zusammenarbeit zweier Disziplinen, für die das keineswegs selbstverständlich ist.

Wir möchten zunächst kurz auf die beiden Promotionsprogramme eingehen, aus denen heraus die interdisziplinäre Konferenz entstand, bevor wir die Konferenzstruktur in der Vorbereitungs- und Durchführungsphase konkreter erläutern. Im Anschluss werden Einblicke in jene Herausforderungen gegeben, denen wir in diesen Phasen begegnet sind, zugleich wird aber auch versucht, individuelle Lösungsansätze zu präsentieren. Die Abwägung von Pro und Kontra jener Entscheidungen, die die Konferenz begleiteten, mündet in ein Fazit, das aus unserer Sicht eine Basis für ein Best-Practice-Modell umreißt. Damit hoffen wir zum Gelingen künftiger, ähnlich angelegter Projekte beitragen zu können.

17.1 Die beteiligten Institutionen

Zusammenführung von Literaturwissenschaft und Linguistik

Bei ProLit und LIPP handelt es sich um das literaturwissenschaftliche und linguistische Promotionsprogramm der Ludwig-Maximilians-Universität (LMU) München. Mittlerweile sind beide Programme in der Graduiertenschule »Graduate School Language & Literature Munich« (L&L Munich) zusammengefasst. Zum Zeitpunkt der Konferenzdurchführung bestanden diese allerdings noch als zwei voneinander unabhängige Programme. Beiden Einrichtungen war und ist jedoch ihr internationaler Anspruch gemeinsam, außerdem das Bemühen, ihre Promovenden über das Verfassen der schriftlichen Dissertation hinaus an postgraduierte Forschungskontexte und Hochschulprozesse heranzuführen. Daher gehört nicht nur die Teilnahme an Konferenzen, sondern auch deren Konzeption und Durchführung – und selbstverständlich die Herausgabe der dazugehörigen Tagungspublikationen – zum Alltag der Doktoranden. Vor dem Hintergrund dieses Anspruches wurde die interdisziplinäre und internationale Tagungsreihe languagetalks zu einer regelmäßigen Veranstaltung, die von einer zur nächsten Doktorandengeneration weitergegeben wird.

17.2 Die Konferenz

Der Grundstein zur ersten Tagung wurde im Jahr 2009 gelegt. Seit diesem Zeitpunkt gibt es eine Rahmenstruktur, die auf festen organisatorischen Bestandteilen basiert.

17.2 · Die Konferenz

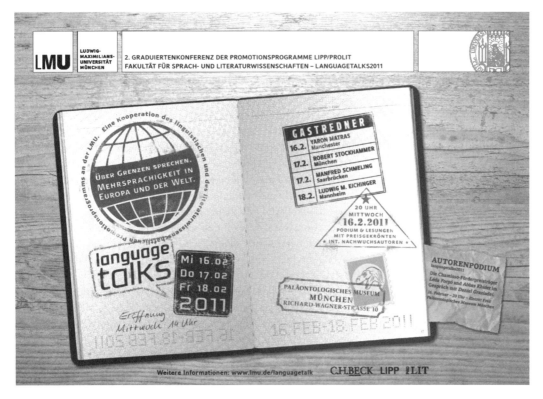

Abb. 17.1 Das Konferenzplakat der languagetalks2011: Die Reisepassoptik lässt die Grenzthematik der Konferenz bereits erahnen

Rahmenstruktur von languagetalks
- Bleibende Homepage (▶ http://www.languagetalks.fak13.uni-muenchen.de/index.html)
- Wiederkehrende Finanzierungsmodelle
- Organisation durch verschiedene Arbeitsgruppen
- Folgepublikation in einer fest etablierten Reihe

Im Folgenden werden wir beispielhaft auf die Konferenz im Jahr 2011 eingehen, die unter dem Titel »Über Grenzen sprechen. Mehrsprachigkeit in Europa und der Welt« stand (Abb. 17.1). Sie fand während einer Dauer von drei Tagen im Münchner Paläontologischen Museum statt, und an ihrer Gestaltung waren in unterschiedlichen Phasen und mit unterschiedlicher Intensität insgesamt dreizehn Doktoranden beteiligt.

Deren Tätigkeit erstreckte sich auf fünf Arbeitsgruppen (Inhalt/Programm, Finanzen, Logistik, Öffentlichkeitsarbeit und Folgepublikation), die teilhierarchisch aufgebaut waren: Jede Gruppe verfügte über einen gewählten Sprecher, darüber hinaus gab es einen gesamtverantwortlichen Sprecher. Dabei wurde aber von allen Teilnehmern

Arbeitsgruppen

Präsentation der Tagungsbeiträge ohne Parallelpanels

darauf geachtet, dass über die gesamte Vorbereitungs- und Durchführungsphase ein kooperatives Miteinander und eine Vernetzung der einzelnen Gruppen und deren Mitglieder erhalten blieb.

Ein erster Schritt auf dem Weg zur Konferenz war dabei die Themenfindung, an deren Ende ein Thema stehen musste, das sich sowohl für einen interdisziplinären Ansatz eignete als auch internationalen Ansprüchen und aktuellen Forschungsinteressen Genüge leistete.

Im Anschluss daran wurde der Aufruf für Tagungsbeiträge ausgeschrieben. Parallel dazu liefen Bemühungen um Sponsoren und Drittmittelgeber. Aus den eingesandten Beiträgen wurden 20 Sprecher aus neun Ländern eingeladen, wobei bewusst eine Entscheidung gegen Parallelpanels erfolgte, um die Qualität der Tagung hoch zu halten (◘ Abb. 17.1). Zusätzlich konnten wir vier renommierte Forscher als Keynote-Speaker gewinnen sowie zwei junge, mit dem Chamisso-Preis prämierte Schriftsteller. Diese beteiligten sich an der Konferenz im Rahmen einer Autorenlesung mit anschließender Diskussion am ersten Abend. Dadurch wurde die Tagung nach Außen geöffnet und auch für nicht akademisches Fachpublikum interessant.

Auch während der Durchführung der Tagung im Februar 2011 erwies sich die Entscheidung gegen Parallelsektionen als günstig, da Konferenzteilnehmer und -beiträger während der Vorträge und Pausen meist örtlich beisammen blieben und dadurch eine konzentrierte Arbeitsatmosphäre entstand. Nahezu alle Vortragenden waren nachfolgend bereit, ihr Paper auch in einem gemeinsamen Sammelband zu publizieren, der im Oktober 2012, um einige Gastbeiträge bereichert, erschien.

17.3 Herausforderungen

Der Startschuss für die Organisationsphase

Als maßgeblich für das Gelingen, insbesondere der Vorbereitungsphase der Konferenz, und die Entwicklung einer produktiven Dynamik stellte sich die günstige Wahl eines sogenannten »Kick-off-Zeitpunktes«, d. h. des Eintritts in die aktive Organisationsphase, heraus. Im Fall von languagtalks2011 handelte es sich dabei um einen Workshop zum Projektmanagement, bei dem sich die Teilnehmer bereits für einzelne Arbeitsgruppen entschieden haben und eine Arbeitsperspektive entwickeln konnten. Der Workshop sollte möglichst so gelegt sein, dass nach einer »Findungsphase« unmittelbar erste Organisationsaufgaben umgesetzt und auch abgeschlossen werden können. Eine zu großzügige Terminierung birgt das Risiko, dass die Anfangsenergie verpufft und sich das Engagement der Organisatoren reduziert. Selbstverständlich erhöht umgekehrt eine zu knappe Zeitplanung unnötig den Druck auf alle Beteiligten. Bei einer Konferenz vom Umfang und Anspruch von languagtalks2011 sind unserer Erfahrung nach etwa acht Monate Vorbereitungszeit empfehlenswert.

17.3 · Herausforderungen

Eine weitere Herausforderung stellt üblicherweise die Finanzierung einer geisteswissenschaftlichen Konferenz dar. Zwar stand eine Grundfinanzierung beider Promotionsprogramme zur Verfügung, die jedoch nur rund zwei Drittel der Kosten abdecken konnte. Den Fehlbetrag stellte die Drittmittelförderung der Münchner Universitätsgesellschaft. (Bei der Vorjahrestagung übernahm das Graduate-Center[LMU] etwa dieselbe Summe.) Als Problem blieb jedoch bestehen, dass sämtliche Gelder mittelgebunden waren. Dies hatte zur Folge, dass für die gesamte Verpflegung und sämtliche Tagungsmaterialien der Teilnehmer keine Finanzmittel vorgesehen waren. Um dem zu begegnen, ergeben sich im Wesentlichen zwei Möglichkeiten: einerseits Sponsoring durch hochschulexterne Geld- und Sachgeber (beispielsweise kleinere Firmen oder Privatpersonen), andererseits Tagungsbeiträge. Die erste Möglichkeit birgt den Vorteil, dass die Tagungsteilnehmer nicht übermäßig finanziell belastet werden müssen, ist gleichzeitig aber schwer umzusetzen. Konferenzen ziehen in der Regel ein Fachpublikum an, das der Zielgruppe hochschulexterner Firmen meist wenig entspricht. Deren Interesse, werbewirksam als Sponsor zu fungieren, ist daher gering. Aus diesem Grund, insbesondere da es sich um eine geisteswissenschaftliche Konferenz handelte, konnte nicht auf Konferenzgebühren verzichtet werden.

Als größte Herausforderung jedoch stellte sich im speziellen Fall von languagetalks die interdisziplinäre – linguistische und literaturwissenschaftliche – Anlage heraus. Sowohl inhaltlich als auch methodisch schienen beide Disziplinen zunächst nur schwer vereinbar, was vor allem die Themenfindung verkomplizierte. Hinzu kamen die unterschiedlichen wissenschaftlichen Konventionen: Bekanntgabeverfahren, Präsentations- und Publikationsmedien, Diskurs- und Diskussionskultur, unterschiedliche Ansprüche bei der Rahmengestaltung etc.

Wie sich herausstellte, waren auch die Teilnehmer selbst zunächst nur bedingt von den Vorteilen einer interdisziplinären Ausrichtung zu überzeugen. Scheinbarer Mangel an Sach- und Fachwissen zur anderen Disziplin war oft ursächlich dafür, dass der konkrete interdisziplinäre Austausch auf der Veranstaltung selbst bisweilen erschwert war. Gerade bei der Arbeit am gemeinsamen Tagungsband »stolpert« man über unterschiedliche methodische Traditionen und inhaltliche Schwerpunktsetzungen. Spätestens hier waren Kompromisslösungen unumgänglich, deren Notwendigkeit den einzelnen Autoren nahegebracht werden musste.

Dies führte jedoch auch dazu, dass Konventionen hinterfragt und aufgebrochen wurden, wodurch oft Lösungen entstanden, die nicht immer nur den kleinsten gemeinsamen Nenner darstellten, sondern häufig im Dienste der Anwendbarkeit kreativ und produktiv gemeinsam erarbeitet worden waren. Auch in den anderen Kooperationsbereichen erwies sich die wiederholte Auseinandersetzung mit

Finanzierung

Interdisziplinärer Ansatz als große Herausforderung

Raum für Annäherungsprozesse

divergierenden Interessen als äußerst fruchtbar, wodurch die Zusammenarbeit deutlich intensiviert wurde und Einblicke in die Nachbardisziplin nachhaltig das wissenschaftliche Verständnis füreinander förderten.

Auch unter dem Aspekt der Interdisziplinarität schien die Rahmensetzung ohne Parallelsektionen sinnvoll, da so vermieden werden konnte, dass die Teilnehmer lediglich Vorträge der eigenen Disziplin besuchten. Ebenfalls förderlich war hier die Anlage als mehrtägige Konferenz, die großzügigen Raum für Annäherungsprozesse bot, besonders durch Programmpunkte jenseits des gängigen Konferenzprogramms, wie das Autorenpodium.

17.4 Fazit

Neue Traditionen jenseits alter Grenzen

Zusammenfassend lässt sich sagen, dass sich die languagetalks2011-Konferenz nicht nur thematisch mit Grenzen auseinandersetzte, sondern ihre Durchführung selbst Grenzüberschreitungen erforderte. Jenseits dieser Grenzen können jedoch neue Traditionen entstehen. Dadurch erweitert sich nicht nur der Erfahrungsschatz der Organisatoren, sondern auch die Promotionsprogramme finden Anknüpfungspunkte für weitere Kooperationen. Darüber hinaus kann sich eine Konferenzreihe wie languagetalks auch im Zuge der Nachwuchsakquirierung als werbewirksam für die Graduiertenpogramme erweisen: Einerseits kann sich eine internationale Tagungsreihe ruffördernd auf ihre Trägerorganisation auswirken, andererseits sind Konferenzteilnehmer auch potenzielle Bewerber der Programme.

Aufseiten der Konferenzorganisatoren ergeben sich durch die Arbeit am Projekt neue Einblicke in die Organisationsstrukturen der eigenen Hochschule. Nicht zuletzt werden alle Beteiligten motiviert, über den Tellerrand des eigenen Promotionsprojektes hinauszublicken.

> **Lessons learned**
>
> - **Der richtige Kick-off-Zeitpunkt:** Nach einer ersten Findungsphase sollte sofort losgelegt werden. Etwa acht Monate scheinen ratsam.
> - **Finanzierung:** Man sollte sich nicht scheuen, einen angemessenen Teilnehmerbeitrag zu erheben. Für eine gute Konferenz sind Teilnehmer auch bereit, entsprechend zu bezahlen (bei vielen werden die Kosten ohnehin von der Heimatuniversität getragen).
> - **Interdisziplinäre Zusammenarbeit:** Die Annäherung erfordert Zeit (diese sollte für Arbeitssitzungen auch entsprechend eingeplant werden) und Geduld, aber sie ist in der Regel für alle Parteien eine Bereicherung.

Anhang

Stichwortverzeichnis – 233

Stichwortverzeichnis

A

Academic Leadership Program 31
Academic Staff Development 137, 146, 148, 149
akademische Personalentwicklung 138, 145
Akkreditierung 132
Akzeptanz 21
Arbeitsgruppen 227
Associate Professor 170
Association for the Scientific Study of Consciousness 215
Aufnahmeverfahren 26, 28
Auslandserfahrung 54
Ausschlusskriterien 105, 106
Ausschreibungsverfahren 66
Auswahlentscheidung 101
Auswahlgespräche 102
Auswahlkriterien 95, 101
Auswahlprozess 210
Auswahlverfahren 94
Auswahlwoche 95
autoregulative Wirkung 103

B

Bearbeitung einzelner Dimensionen 191
Befragung 157
– qualitative 158
– quantitative 158
Benotungsskala und -kriterien 100
Beratung 148
Berichterstattung 116
Berichtspflicht 201
Berichtswesen 117
Berlin Brain Days 215
Berlin School of Mind and Brain 207
Berufungstraining 149
Best-Practice-Modelle 72
Betreuung 157
Betreuungskonzept 69, 74
Betreuungssituation 103
Betreuungsstruktur 189
Betreuungsteam 201
Betreuungsteams 156
Betreuungsvereinbarung 44, 65, 73, 156, 201
Beurteilungskriterien 100
Bewerberdatenbank 99
Bewerbungsverfahren 65
Bildungsausländer 20
binationale Promotion 194
Board of Doctoral Education 176

Bologna Process 170
Bologna-Prozess 5
Bologna-Reform 126
Bottom-up 20
Bottom-up-Ansatz 66
Brückenprofessur 187

C

Career Tracking 12
Chief-Information-Officer-Gruppe (CIO-Gruppe) 114
Coaching 148
Cognitive Science Society 215
Coordination Office 95
Cotutelle-Programm 194
Cotutelle-Vereinbarung 189, 192
Cotutelle-Verfahren 189
Cotutelle-Vertrag 193, 194
Curriculum 214

D

Dahlem Research School 19
Datenerfassung
– Minimalanforderungen 98
Datenerhebung 161
Datengewinnung 115
– dezentrale 112
Datenquelle 110
Datenschutzrichtlinien für die Erhebung personenbezogener Daten 95, 98, 112
Datenspeicherung
– zentrale 111
Deutsche Forschungsgemeinschaft 85
Dienstleistung 23
Distinguished Lecture Series 215
Disziplingrenzen 209
Diversität 187
docata 120
doc-in 111
doctoral education 86, 171
– system of 80
doctoral programs 87
doctoral supervision 170
Doktorand 157
Doktorandenausbildung 21
Doktorandenbefragung 58
Doktorandenerfassung 109
Doktorandenverwaltung 111
Doktorandenverwaltungssystem 120

Dokumentvorlagen 116
Drittmittelantrag 143
Drittmittelförderung 229
Drittmittelgeber 228

E

Eignung für Forschungstätigkeiten 101
Einheit von Forschung und Lehre 83
einrichtungsübergreifende Graduiertenschule 72
elektronische Medien 96
elektronische Promotionsakte 112
Eltern-Kind-Zimmer 132
E-Mail 99
Empfehlungsschreiben 98
empirische Untersuchung 167
Endauswahl 95, 104
English Skills in Academia 148
Entlastung von Routineaufgaben 117
Entwicklungsperspektive 69
Erfahrungsaustausch 57
Erhebungsdesign 156
Erweiterungsmöglichkeiten 118
Europäischer Bildungsraum 5
Europäischer Forschungsraum 5
European Framework for Research Careers 9
European Summer School in Cultural Studies 191
European University Association 189
Evaluation 157
Evaluationsbericht 161
Exportmöglichkeiten 118
Exzellenzinitiative 5, 52, 59, 156, 184, 191, 209
Exzellenzinitiative des Bundes und der Länder 36

F

Fakultätsgraduiertenzentren 37
Fast-Track-Programm 129, 131, 133, 134
federal funding for campus research 84
Fehlbetrag 229
Feldkompetenz 147
Fellowships 142
Finanzierung 223, 229

Stichwortverzeichnis

First-Level-Support 114
Förderkette 72
Förderkomponenten 72
Förderlücke 75
Förderung 50, 54
Forschungseinrichtung
– außeruniversitäre 72
Forschungsumfeld 69
Forschungsverbünde 205
Fortschrittsgespräch 26, 28
Frauenanteil 20
Fraunhofer-Institute 85
Friedrich-Schiller-Universität Jena 110
frühe Selbständigkeit 142
Fundraising 222

G

Geist-und-Gehirnforschung 208
gemeinsame Berufungen 203
gemeinsame Nachwuchsförderung 198
German graduate centers 88
German graduate system 85
German university development 82
German university system 85
Gießener Graduiertenzentrum Kulturwissenschaften 184
global village 7
Governance 6
Graduate Dean 6
Graduate School 126, 128, 131, 132
Graduate Schools 6
Graduierten-Akademie 110, 113
Graduiertenkollegs 3, 85, 87
Graduiertenschule 156, 209
Graduiertenschulen 4
Großbritannien 128, 133
gute wissenschaftliche Praxis 57

H

Helmholtz-Gemeinschaft 51, 59
Helmholtz-Kollegs 3
Hochschullehrer 156
Horizons in Molecular Biology 220
House of Competence (HoC) 50
Humboldt-Universität zu Berlin 208

I

Individualpromotion 64
individueller Karriereplan 201
Informationsangebot 146
Informationsaustausch
– automatischer 117
Inhouse-Coach 148
Integration 69
interact 219
interdisziplinärer Ansatz 229
interdisziplinärer Forschungsansatz 210
Interdisziplinarität 208, 211
Interessenkonflikte 106
International Council 27
International Graduate Centre for the Study of Culture 184
International Graduate School of Science and Engineering 36, 37
International Max Planck Research School for Molecular and Cellular Life Sciences (IMPRS-LS) 94
Internationale Graduiertenkollegs 3
Internationale Promotionsprogramme 4
internationalisation at home 191
Internationalisierung 42, 53, 54, 184
Internationalisierungsaktivitäten
– Ausweitung 191
Internationalisierungsstrategie 187
intersektorale Mobilität 10
Interview 157
Interview Performance 101

J

joint doctoral programmes 190
Jour Fixe 143
Journal and Methods Clubs 214
Junior-Postdocs 52
Juniorprofessur 148
Justus-Liebig-Universität Gießen 184

K

Karlsruhe House of Young Scientists (KHYS) 49, 50, 52
Karolinska Institutet 170

Karriereentwicklung 52, 54, 56
Karriereplanung 138
Karrierewegemodell 30
Keynote-Speaker 220, 228
KHYS-Auslandsstipendium 54
KHYS-Foyergespräche 57
KHYS-Gaststipendium 55
KHYS-Netzwerk 53, 59
Kick-off-Workshops 222
Kick-off-Zeitpunkt 228
KIT PhD-Symposium 56
KIT-Doktorandenpreis 54
Kommunikationsplattform 95
Kommunikationssysteme 98
Kompatibilität 101
Kompetenzanalyse 133
Kompetenzen 138, 145
Kompetenzerwerb 142
Kompetenzförderung
– off the job 145
– on the job 142
Kompetenzmodell
– nach Anwendungskontext 139
– nach Karrierestufen 140
– strukturelles 139
Konsolidierung 193
Kontakte knüpfen 55
Koordination 69

L

Landesgraduiertenförderung 54
languagetalks 225
Leitlinien 68
Lenkungsausschuss 52, 58
Logistik 222
lunch seminars 176

M

Managementkonzept 69
Marketing 127, 132, 222
Masterstudium 126, 128–133
Matching 95, 102, 103, 210
Max Planck Research Schools 3
Max-Planck-Gesellschaft 85
Meet the Speaker-Veranstaltungen 215
Mehrfachbetreuung 26, 28, 65
Mehr-Fach-Betreuung 201
Mehrsprachigkeit 117
Meister-Lehrlings-Modell 3
Methodenspektrum 146

Mitspracherecht 166
Mittel zur Finanzierung 104
Mobilität
- interdisziplinäre 11
- virtuelle 11
Monitoring 202
Multidisziplinarität 211
Münchner Doktorandensymposium in den Life Sciences 219

N

Nachhaltigkeit 40
Nachwuchsakquirierung 230
Nachwuchsförderung 52, 53, 146, 208
Nachwuchsgruppenleitung 144
Nachwuchswissenschaftler 50
national collaboration 173
National Science Foundation 82
network for doctoral supervision educators 173
Netzwerkbildung 41
Netzwerke 143

O

Ombudspersonen 44, 57
Online-Befragung 202
Online-Bewerbungstool 71
Online-Bewerbungsverfahren 97
Online-Fragebogen 158, 160
Organisation 221
Organisationsstruktur 69
Organisationsteam 221, 222
Orientation Weeks 23
Orientierung im Wissenschaftssystem 146
origins of the US research university 80

P

participants' attitudes 170
pedagogical issues 171
Peer-Coaching 149
PhDnet 193
Postdoc 142
Posterpräsentation 220
Präferenzliste 104
Professional Development Program 23

Professional School 126, 128
Profil als Wissenschaftler 143
ProFile Panel 27
Projektleitung 144
Promotion 156, 200
Promotionsordnung 157
Promotionsprogramm 156
Promotionsprogramme 131
- drittmittelgeförderte 70
- Empfehlungen zur Gestaltung 68
- fakultätsübergreifende 69
- strukturierte 65, 67
- thematische 69
- themenoffene 69, 74
Promotionsstudienordnung 28
Promotionsstudium 127, 128
Promotionsverwaltung 111
Promovierende 52
Prozessanalyse 120
Publikationstätigkeit 41

Q

Qualifikationsangebot 65, 66
Qualifizierung 50
Qualifizierungs- und Förderprogramme 59
Qualifizierungskonzept 69, 74
Qualifizierungsphase 145
Qualität von Promotionsverfahren 193
Qualitätsentwicklung 156
Qualitätsmanagement 43, 58, 132
Qualitätssicherung 26, 57, 65, 106, 165, 200
quality of supervision 170, 171
Querschnittsaufgabe 189

R

Rahmenprogramm 103
Rahmenpromotionsordnung 115
Rahmenstruktur 226
Rangliste 100
Regeln guter wissenschaftlicher Praxis 201
Rekrutierung 94, 187
Research Training Groups 85
retreat 176
Risiko-Kosten-Nutzen-Abwägung 106

S

Salzburg-Prinzipien 2
Scandinavian Conference on Research Education 173
Schlüsselkompetenzen 42, 127
Schlüsselpartner 72
Scientific Content 222
Selbstregistrierung 115
Selbstverständnis 187
Serviceeinrichtung 144
skills
- professional 10
- transferable 10, 132, 133
Social Networks 96
soziokulturelle Prägung 106
staff development courses 171
Standardisierung 116
Stärken-Schwächen-Profil 157
Status Box 99
Stipendien 127
strukturgebende Elemente 65, 74
student achievement 86
Studienberatung 127, 132, 133
supervision competencies 170
supervision courses 173
Supervision Plan 174
supervision skills 170, 176
supervision training 170
Survey of Earned Doctorates (SED) 84
Sweden 173

T

Teaching Weeks 214
Teamfindung 221
Technische Universität München 36
Teilzeitpromotion 201
Thematische Graduiertenzentren 37
Themenfelder der Graduiertenschule 209
Thesis Committees 165
third cycle 126
Top-down 21
Transferable Skills Program 23
Transparenz 201
Triangulation 157
TUM Graduate School 36

U

US graduate system 85
USA 126, 127

V

Veranstaltungsunterstützung 56
Vereinbarkeit von Wissenschaft
 und Familie 149
Vernetzung 54, 65, 67
Vernetzung der Aktivitäten 192
Verstetigung 69
Verwaltungssoftware 117
Vorauswahl 95
Vorgespräche über Skype oder
 Telefon 100
Vorlaufzeit 221

W

wechselseitige Gremienbeteili-
 gung 203
Weiterbildung 56
Weiterbildungsangebot 56
Weiterqualifizierungszuschuss 56
Welcome Service 23
Werbemaßnahmen 95
wettbewerbliche Gestaltung 72
Wiedervorlagefunktion 117
Wissenschaft als Beruf 86
Wissenschaftsmanagement 71
Workshop-Programm 147

Y

Young Investigator Network
 (YIN) 50

Z

Zeitmanagement 140, 144
zentrale Einrichtungen 74
Zukunftskolleg 137, 142, 144, 149
Zulassungsverfahren 128